나는
**재림예수로
깨어나기
전까지**

**이렇게
살았다**

나는 재림예수로
깨어나기 전까지
이렇게 살았다

초판 1쇄 2025년 6월 30일
초판 7쇄 2025년 10월 1일

지은이   슈카이브
펴낸이   권동희
펴낸곳   아이엠

출판등록 제2022-000043호
주소   경기도 화성시 동탄오산로 82
전화   070-4024-7286
이메일   no1_winningbooks@naver.com

ⓒ 아이엠(저자와 맺은 특약에 따라 검인을 생략합니다)
ISBN 979-11-6415-082-3 (03110)

값 30,000원

이 책은 저작권법에 따라 보호받는 저작물이므로 무단전재와 무단복제를 금지하여,
이 책 내용의 전부 또는 일부를 이용하려면 반드시 저작권자와 아이엠의 서면동의를 받아야 합니다.

나는 재림예수로 깨어나기 전까지

이렇게 살았다

슈카이브 지음

CONTENTS

작가의 말 나는 진사년 한반도에 출현하기로 예언된 재림예수이다 ··· 008

베이스 포인트 · Base Point
꿈꾸라, 갈망하라!
내 인생 최고의 날은 아직 오지 않았다!

원대한 꿈을 가져라	··· 015
온몸으로 부딪쳐라	··· 022
희망의 증거가 되라	··· 029

첫 번째 시크릿 · Secret 1
꿈을 향해 직진하라

지금 오늘에 집중하라	··· 041
그들도 했는데 나라고 왜 못 해!	··· 051
당신의 심장을 뛰게 하는 일을 하라	··· 060
시련은 곧 희망이다	··· 071

두 번째 시크릿 · Secret 2
담대하게 도전하라

뜻이 지지 않는 곳에 길이 생긴다	⋯ 083
시련이 인간을 강하게 만든다	⋯ 090
리스크는 기꺼이 감수하라	⋯ 100
어디 두고 봐, 누가 이기는지!	⋯ 108
결과의 관점에서 생각하라	⋯ 124
Secret Episode 사람이 인생의 모닥불이다	⋯ 135

세 번째 시크릿 · Secret 3
최악의 순간까지 견뎌라

나를 죽이지 못하는 시련은 나를 더 단단하게 만든다	⋯ 149
자존심 따위는 개나 줘버려라	⋯ 157
믿음의 주문을 외워라, '된다, 된다, 나는 된다!'	⋯ 164
매일 모든 면에서 점점 나아지고 있다	⋯ 172
Secret Episode 제대로 인풋(INPUT)하는 방법	⋯ 183

네 번째 시크릿 · Secret 4
비빌 언덕은 직접 만들어라

나는 스스로 비빌 언덕이 되기로 했다 ··· 193
떠오르는 태양처럼 살아라 ··· 200
원하는 미래를 만드는 데 올인하라 ··· 210
갈망하라, 담대하게 나아가라 ··· 230

다섯 번째 시크릿 · Secret 5
운은 스스로 만드는 것이다

내 인생을 바꿀 수 있는 건 나뿐이다 ··· 241
내가 변해야 세상도 변한다 ··· 247
결심한 대로 생각하고 행동하라 ··· 256
진정 행복을 느끼는 일이 무엇인가? ··· 262
누가 뭐래도 나는 운이 좋은 사람이다 ··· 268

여섯 번째 시크릿 · Secret 6
자신이 가진 무한한 가능성과 잠재력을 믿어라

하늘마저 감동시키는 노력을 하라 ··· 287
결국 나는 이길 것이다 ··· 293
인생은 정직하고 노력은 배신하지 않는다 ··· 300

운명은 아직 결정되지 않았다 ··· 305
나는 책을 써서 운명을 바꿨다 ··· 317
Secret Episode 우리는 가슴이 시키는 일을 하며 살아야 한다 ··· 325

일곱 번째 시크릿 · Secret 7
초점을 미래에 맞추며 살아라

99%가 실천하지 않는 1%의 성공 비결 ··· 333
끝에서 시작하기, 단번에 정상에 올라서라 ··· 337
가난한 현실보다 가난한 생각이 더 위험하다 ··· 342
누구도 대체할 수 없는 존재가 되라 ··· 346

파이널 포인트 · Final Point
인생의 절정은 이제부터 시작된다

하루에 10만 원이 아니라 1,000만 원을 벌어라 ··· 355
진정한 멘토를 찾으면 운명은 당신의 편이 된다 ··· 362
부자가 되고자 한다면 부자의 마인드를 가져라 ··· 370
성공해서 책을 쓰는 것이 아니라 책을 써야 성공한다 ··· 375

· 작가의 말 ·

나는 진사년 한반도에
출현하기로 예언된 재림예수이다

나는 2023년 11월 24일 제1 선지자 재림예수로 깨어났다. 나의 상징은 청룡, 동방의 빛, 동방의 사자이다. 나는 선지자로 깨어나기 전까지 평범하게 살았다. 내가 좋아하는 책 쓰는 일과 작가 양성 교육, 무자본 창업 교육, 영적 성장 교육 등을 통해 힘든 사람들의 삶을 변화시켜주는 일을 했다. 나름대로 즐겁고 행복한 삶을 살고 있었다.

2023년 8월경 내가 운영하는 작가 양성 교육학원인 '한국영성책쓰기 코칭협회'에 50대 초반의 한 여자 작가가 책쓰기 교육과정에 등록했다. 나는 영혼을 다해 가르쳤고, 그 결과 3개월 만인 10월 중순에 원고를 쓰고 한 출판사와 출판 계약할 수 있었다. 그리고 딱 한 달 후 놀라운 일이 일어났다.

　그녀는 내게 유리엘 대천사가 자신을 찾아와 장문으로 되어 있는 천계의 메시지를 노트에 받아적게 하면서 슈카이브에게 전하라고 했다고 말했다. 그녀가 유리엘 대천사로부터 받은 첫 메시지는 '지구 멸망'에 관한 메시지였다. 머지않아 모든 빙하가 녹아 지구가 그 어떤 존재도 살 수 없을 만큼 차가운 바닷물로 뒤덮인다는 것이었다. 지구 멸망 직전에 어떤 일들이 예정되어 있는지 적혀 있었는데 가히 충격적인 내용들이었다.

　유리엘 대천사는 그녀를 통해 내가 2천년 전 예수라고 말했다. 그 당시 예수의 지나친 인류애로 인하여 끝마치지 못한 일을 지구 차원 상승을 앞둔 지금 완성하기 위해 육화했다고 알려주었다. 처음 유리엘의 말을 들었을 때는 당황스러웠다. 기독교 집안에 태어나 나 혼자 배교하였지만, 그럼에도 나는 평생 예수를 사랑했기 때문이다. 성경을 읽을 때면 항상 신약 부분 가운데 마태복음과 누가복음, 요한복음 위주로 읽었다. 그 이유는 예수의 행적에서 많은 것들을 배우고, 깨닫고, 지혜를 얻을 수 있었기 때문이다.

　유리엘이 전해주는 메시지들을 기록하고 해석하면서 나 자신의 영적 정체성을 찾을 수 있었다. 사실 유리엘이 나를 찾아오기 1년 전부터 나도 모르게 자주 인류 멸망, 지구 멸망, 지구 리셋과 같은 유튜브 영상들이 눈에 들어왔다. 그리고 조선시대 최고의 예언가 남사고가 쓴 '격암유록'에 관한 책을 읽거나 영상을 볼 때 혹시 내가 남사고가 말한 선지자, 재림예수 아닐까 하는 생각이 들었다. 왜냐하면 내가 자신에 대해 잘 알기에 남사고가 묘사하는 선지자의 느낌이나 특징 이러한 것이 나를 지칭하는 것 같다는 생각이 떠나지 않았기 때문이다. 그러면서도 '설마 아니겠지', 하면서 지나쳤다.

그런데 어느 날부터인가 〈한책협〉에서 나와 함께 일을 했던 한 제자가 내게 자주 내게 "김도사님이 격암유록에서 말하는 그 재림예수 같은데요."라고 말하는 것이었다. 내가 그동안 살아온 삶의 행적과 현재의 모습 등을 볼 때 딱 맞아떨어진다는 것이다. 나는 20여 년 동안 정신세계, 영적세계에 가치를 두고 의식 성장과 영적 성장에 힘썼기 때문에 유리엘 대천사가 내가 창조주의 아들 재림예수라고 말했을 때 크게 놀라지 않았던 것이다. 나는 '이때'를 위해 보통 사람들은 상상도 할 수 없는 숱한 시련과 고난의 길을 걸어왔구나, 하는 생각이 들었다.

그 후 유리엘 대천사는 나에게 깨어남과 신성 회복하는 방법, 인류 멸망, 지구 종말에 대한 메시지를 전했다. 매일 하루에 한두 개씩 자신이 전달하는 메시지는 아버지 창조주께서 주시는 것이라고 했다(창조주와 합일). 유리엘 대천사는 그녀에게 자신이 전하는 모든 메시지의 주인은 슈카이브라고 못 박았다. 그 후로 그녀는 매일 새벽에 유리엘 대천사가 전달하는 메시지를 노트에 써서 내게 전달했다. 대부분 장문으로 된 메시지였다. 아버지께서 주시는 메시지들은 전부 쉬운 단어들로 간결한 문장들이었다. 나는 아버지께서 주시는 수백 개의 메시지들을 해석하여 내가 운영하는 영성 강의를 듣는 형제들에게 전했다.

  2023년 재림예수로 깨어난 후 내 삶의 모든 것이 달라졌다. 이 책은 내가 제1 선지자로 깨어나기 전 나의 삶과 행적이다. 책에 담겨 있는 내용들은 전부 사실이다. 당신은 이 책을 거듭 읽어나갈수록 처음에는 놀랄 것이고, 그 다음은 가히 충격을 받을 것이다. 그 이유는 내가 걸어온 삶과 행적이 2025년 한반도에 나타난다고 예언되어 있는 선지자의 특징과 모습이 너무나 닮았다는 것을 알게 될 것이기 때문이다.

  아버지께서는 내게 성전을 짓는 사명도 주셨다. 한반도에서 가장 안전한 곳에 성전이 지어질 것이다. 자전축과 가장 근접하여 극이동 때도 안전한 곳이다. 이 성전이 완공되면 아버지의 동시성의 원리에 의해 아버지의 새 나라의 환경에 맞게 업그레이드 되어 건축된다. 현재 나의 형제들과 나를 믿고 따르는 사람들이 자신의 재물을 성전을 짓는 데 내려놓고 있다. 아버지께서는 현재 갖고 있는 모든 것들을 내려놓지 못하는 자는 절대 새 나라에 가지 못한다고 말씀하셨다. 물질(재물, 명예, 권력)을 추구하는 자는 모두 상승(휴거) 제외되어 무(無)로 흩어질 것이라고 말씀하셨다.

    몇 년 후 휴거(상승)의 순간이 있을 것이다. 현재까지 휴거되는 숫자는 약 4천만 명밖에 되지 않는다. 그 외 모두 땅에 남게 된다. 휴거 후 곧바로 짐승의 정부라 일컫는 세계단일정부 통치가 시작되고, 극소수의 2차 휴거를 소망하는 자들은 짐승의 표를 받지 않으려고 안간힘을 쓰다가 단두대 순교를 할 것이다. 이렇게 순교하는 자는 2차 휴거자가 되어 상승하게 된다.

슈카이브

베이스 포인트 Base Point

꿈꾸라, 갈망하라!
내 인생 최고의 날은 아직 오지 않았다!

가난과 시련 속에서도 포기하지 않았던
꿈을 이룬 스타, 짐 캐리

영화 〈트루먼 쇼〉, 〈브루스 올마이티〉, 〈이터널 선샤인〉 등으로 유명한 할리우드 배우 짐 캐리는 열다섯 살 때 아버지의 실직으로 학교를 그만둬야 했다. 돈을 벌기 위해 일을 시작했기 때문이다. 그가 스탠드업 코미디언으로 데뷔한 것은 열일곱 살이라는 어린 나이였다.

커리어는 순탄치 못했다. 긴 무명 시절을 보내며 돈이 없어 길에 버려진 차에서 잠을 자거나 공중화장실에서 씻으면서 생활하기도 했다. 우울증까지 앓았지만 그는 스타가 되겠다는 꿈을 버리지 않았다. 지갑에 천만 달러짜리 가짜 수표를 넣고 다니면서 끊임없이 갈망했다. 그는 매일 아침 거울을 보며 자기암시를 했다.

"모든 사람이 나와 일하고 싶어 한다. 나는 정말로 좋은 배우다. 나는 온갖 장르의 영화에 출연 요청을 받고 있다."

결국 짐 캐리는 30대 초반의 나이에 명실상부한 스타가 되었다. 그는 꿈이 이루어질 것이라고 믿었다. 더 잘될 것이라고, 좋은 날이 올 것이라고 되뇌며 포기하지 않았다. 그리고 그 결과 꿈을 이루고, 인생의 전성기를 맞이했다.

원대한 꿈을 가져라

큰 꿈을 가져라. 너의 행동을 낮게 하고, 너의 희망을 높게 하라.
― 조지 허버트

가난한 집안, 유독 감수성이 예민했던 아이

10대 시절을 떠올리면 선생님들에게 자주 혼나고 맞았던 기억밖에 없다. 당시 나는 공부와는 담을 쌓았다. 선생님이 내주신 숙제를 안 해 가서 엎드려뻗쳐 해서 맞고, 시험 성적이 엉망이어서 맞고, 점심시간에 오락실에서 오락하다가 5분 늦게 들어와서 맞고, 그야말로 맞는 일이 다반사였다. 학교에서 나는 아무런 존재감도 없었다. 선생님들은 모두 하나같이 공부를 잘하거나 부유한 집의 아이들에게만 관심을 두었다.

중학교 때는 이런 일도 있었다. 어느 선생님이 한 아이에게 시험 문제에 대한 답을 미리 알려줬는데 그 아이는 머리가 좋지 않아 답안을 모두 외우지 못했다. 결국 시험 때 답안이 적힌 커닝 페이퍼를 몰래 보다가 걸리고 말았다. 이 사건은 금세 학생들 사이에서 퍼져나갔다. 하지만 이 문제로 징계나 처분을 받은 사람은 아무도 없었다. 지금도 이해가 되지 않는다.

나는 내성적이고 종종 말을 더듬은 탓에 혼자 조용하게 있는 것을 좋아했다. 쉬는 시간이나 점심시간에 아이들과 어울려 장난치기보다 복도 창가에 물끄러미 서 있곤 했다. 요즘 말로 멍때리기를 좋아했던 것이다. 지금 생각해보면 당시 나는 또래에 비해 유독 감수성이 예민했던 것 같다. 그래서인지 사소한 말에도 쉽게 상처를 받았다. 상처를 받지 않기 위해 또래들과 어울리기보다 나 혼자 있는 쪽을 택했는지도 모르겠다.

우리집은 그야말로 찢어지게 가난했다. 남들은 다 있는 밭 한 뙈기, 논 한 마지기 없었다. 아버지는 남의 밭과 논을 소작료를 주고 부쳤다. 집이 가난했던 큰누나와 작은누나는 상업고등학교에 진학해야 했다.

나는 자주 아르바이트를 해야 했다. 물론 부모님이 돈을 벌어 오라고 하셨던 건 아니다. 가난했기 때문에 아르바이트를 해서 등록금이라도 벌면 가난한 형편에 조금이나마 도움이 되지 않을까 싶었던 것이다. 나는 우유 배달, 신문 배달, 피자 배달, 전단지 붙이기, 양파 수확, 주유소 주유, 공장 생산직 아르바이트 등을 했다. 공부를 중요하게 생각했던 친구들은 이런 나의 모습이 이해가 가지 않았을지 모른다. 하지만 당시 나에게 그 일들은 너무나 절실했다.

손가락을 다치면서까지 미련하게 일했던 공장

　나는 남들 다 가는 육군이나 공군, 해군으로 복무하기보다 의무경찰에 입대했다. 나는 경찰, 그것도 형사가 되고 싶었다. 제복이 아닌 사복을 입고 다니며 범인을 검거하는 모습이 너무나 멋있게 보였기 때문이다. 그래서 나는 의경으로 근무하면서 일반적인 군 복무를 했다면 경험할 수 없는 다양한 것을 직접 체험할 수 있었다. 그렇게 26개월 동안 의무경찰 복무를 하고 제대한 뒤 바로 대학에 복학하지 않았다.
　두 학기 등록금을 벌기 위해 달성공단에 있는 삼광캔이라는 공장에서 1년 정도 일했다. 삼광캔은 콜라 캔, 식혜 캔 등 웬만한 캔들은 거의 다 만들었다. 생산직에서 일했는데 주야 교대로 근무했다. 캔은 알루미늄판을 강하게 압착시켜 만들어지는데 1초에 수십 개가 생산되었다. 그런데 문제는 엄청난 속도로 돌아가는 날카로운 회전판에 캔 뚜껑이 자주 걸리는 것이었다. 뚜껑을 빨리 제거하지 않으면 계속 걸려서 급기야 기계가 멈추게 된다. 1분만 멈춰도 수백 개의 캔을 생산하지 못하게 되어 손실이 커진다. 그래서 오래 근무한 고참들은 날카로운 회전판이 돌아가는 가운데 부분에 검지손가락을 이용해 살짝 끄집어낸다. 이때가 가장 위험한 순간이다. 자칫하다간 손가락이 절단될 수 있기 때문이다. 기계의 전원을 끄고 걸려 있는 캔 뚜껑을 꺼내면 안전하다. 하지만 그렇게 한다면 캔 생산량에 차질이 생긴다. 그래서 대부분 회전판이 작동되는 가운데 위험을 감수한 채 뚜껑을 꺼냈다.

한번은 고참이 잠시 자리를 비운 사이에 회전판에 캔 뚜껑이 걸리는 일이 일어났다. 미리 고참으로부터 회전판이 돌아가는 중에 검지손가락을 이용해 캔 뚜껑을 제거하는 방법을 배웠던 터라 별 생각 없이 손가락을 집어넣었다. 그 순간 나도 모르게 딴생각이 들었다. 평소에도 나는 좀 산만한 편이다. 그런데 하필이면 중요한 그때, 그 순간 쓸데없는 생각이 들다니! 순간적으로 오른쪽 검지손가락 첫 마디 부분에 얼음처럼 차가운 느낌이 들었다. 엄청난 속도로 돌아가는 날카로운 회전판에 손가락을 베인 것이다. 뼈가 보일 정도로 손가락의 살점이 벌어졌지만 피가 나오거나 통증은 느껴지지 않았다. 하지만 잠시 후 피가 강하게 솟구치더니 통증이 파도처럼 밀려왔다. 나는 왼쪽 손으로 집게손가락을 세게 움켜쥐었다. 너무나 고통스러웠고 무서웠기 때문에 본능적으로 했던 행동이었다. 지혈하고자 근처 화장실로 달려갔다. 두루마리 화장지를 풀어서 피가 솟구치는 손가락에 둘둘 말았다. 그런데도 피는 멈출 줄 몰랐다. 나는 머릿속이 복잡했다. 여러 가지 생각이 뒤섞였다. '고참이 올 때까지 회전판에 걸려 있는 캔 뚜껑을 그대로 둘 걸, 이렇게 다쳤으니 사람들이 나를 뭐라고 생각할까, 손가락이 절단되지 않았을까, 누구에게 다쳤다고 말해야 할까?' 하는 생각….

그때 검사실에서 일하는 한 여직원이 나를 발견하고 무척 놀라는 표정을 지었다. 지금도 피가 솟구치는 내 손가락을 보며 경악하던 그 여직원의 얼굴이 생생하게 떠오른다. 그녀는 급히 생산과장을 호출했고, 나는 생산과장의 차를 타고 병원으로 향했다. 그리고 논공읍에 위치한 개인 병원에서 열 바늘가량 꿰맨 뒤 다시 공장으로 와서 일했다. 다친 손가락에 마치 뱃고동 소리처럼 통증이 밀려왔지만 조퇴하고 싶다는 말을 하지 못했다. 물론 다음 날에도 정상적으로 출근해 붕대를 감은 손으로 일했다. 지금 생각하면 정말 미련했다는 생각이 든다. 당시 다른 아르바이트생들은 나처럼 다치기라도 하면 핑계 삼아 며칠씩 출근을 하지 않기 때문이다.

사회는 군대보다 더 냉혹한 곳이었다

주유소 아르바이트 경험도 잊을 수 없다. 주유소 일은 보기에는 쉬울 것 같지만 직접 해보면 결코 만만치 않다. 내가 일했던 주유소는 사거리에 위치해 있었기에 주유하는 차들이 많았다. 대구에서 매출로 따지면 열 손가락 안에 들 정도였으니 하루 온종일 드나드는 차량의 행렬이 끊임없이 이어졌다.

주유소에서 일하는 동안 나는 최선을 다했다. 차가 들어오면 큰 소리로 "어서 오십시오!"라고 인사했고 주유를 마치고 나가는 차에 대고는

"안녕히 가십시오!"라고 외쳤다. 주유소에서 일한 지 1주일이 되는 날이었다. 최선을 다했는데도 일이 터지고 말았다. 평일 저녁이었는데 주유하는 차들이 꼬리에 꼬리를 물고 들어왔다. 1톤 트럭을 끌고 온 한 남성이 만 원어치만 주유해달라고 주문했다. 그런데 밀려드는 차량에 정신이 없었던 나는 1톤 트럭에 경유가 아니라 휘발유를 주입하는 실수를 저지르고 말았다.

순간 2가지 생각에 휩싸였다. 아무 일 없었다는 듯이 트럭을 보낼 것인가, 아니면 정직하게 잘못 주유했다고 사실을 말할 것인가? 나는 후자를 택하기로 마음먹었다. 잘못 주유한 사실을 말하자마자 트럭 운전자는 다짜고짜 큰소리로 사장을 찾았다. 사장은 트럭 운전자에게 거듭 머리를 조아리며 사과했다. 그리고 트럭의 부품을 교환하는 비용을 대주고 트럭에 기름을 가득 채우겠다고 약속하는 것으로 일은 마무리되었다.

그날 사장은 기분이 좋지 않았을 것이다. 나의 실수로 트럭의 값비싼 부품을 교환해줘야 했고 좋지 않은 소리를 들었기 때문이다. 결국 나는 사장으로부터 '닭대가리가 아니고서야 어떻게 트럭에 휘발유를 넣을 수 있느냐, 군대에 갔다 온 것 맞느냐'는 등 심한 훈계를 들었다. 1시간 정도 훈계를 듣고 나서 월급도 받지 못한 채 쫓겨나고 말았다. 하지만 나를 쫓아낸 사장보다 그런 실수를 저지른 나 자신에게 너무나 화가 났다. 어떻게 트럭에 휘발유를 넣을 수 있는지. 물론 그 덕분에 사회가 군대보다 더 냉혹한 곳이라는 사실을 절실히 깨닫게 되었다.

그 무엇보다도 가장 싫었던 '아무런 꿈도 없는 나 자신'

나는 10대 시절, '나도 어른이 되면 잘 살겠지.'라는 막연한 기대감을 가지고 있었다. 그러나 대학을 졸업하고 그 기대가 산산이 부서지는 것을 느꼈다. 그럼에도 나는 꿈을 가져야 한다는 생각을 하지 못했다. 주위에는 아무런 꿈도 없이, 닥치는 대로 사는 사람들이 전부였기 때문이었다. 그들은 하루하루 그저 열심히만 살면 된다고 여길 뿐이었다.

하루에도 몇 번씩 나 자신이 싫었다. 공부를 못하는 내가, 말을 심하게 더듬는 내가, 자존감이 낮은 내가, 가난한 부모 아래 태어난 내가 싫었다. 하지만 그 무엇보다도 가장 싫었던 것은 아무런 꿈도 없는 나 자신이었다. 꿈이 없다는 것은 기댈 곳도, 비빌 언덕도 없이 미래가 암흑과도 같다는 사실을 의미했기 때문이다.

온몸으로 부딪쳐라

할 수 없을 것 같은 일을 하라.
- 오프라 윈프리

미래를 바꾸려면 현재의 나부터 완전히 달라져야 한다

그동안 내가 걸어온 발자취를 돌이켜보면 과거는 언제나 현재와 이어져 있었다. 10대 시절 학교에서 존재감이 없었던 나는 대학에서도 마찬가지였다. 당시에는 미래를 바꾸기 위해선 현재의 나부터 달라져야 한다는 사실을 깨닫지 못했다.

의경 제대 후 복학하기까지 나에겐 이렇다 할 꿈이 없었다. 그저 잘사는 친구들이 누리고 있는 것들을 부러워할 뿐이었다.

'왜 우리집은 그 친구들처럼 부자가 아닐까?'

'왜 우리 부모님은 가난할까?'

이런 생각을 자주 했다. 초등학교 동창인 P는 위로 누나 셋에 외동아들이었던 탓에 금지옥엽으로 귀하게 자랐다. 하루는 P가 부모님이 차를 사주시기로 했다고 말했다. 그러더니 정말 며칠 되지 않아 그 친구는 흰색 카렌스를 끌고 나타났다. 더욱 놀라운 것은 2천만 원 가까이 하는 차를 할부가 아닌 현금으로 구입했다는 사실이었다. 나를 비롯해 다른 친구들도 대단하다며 그 친구를 부러워했다. 당시 카렌스는 LPG가스를 넣는 차였던 탓에 유지비도 비교적 적게 들어서 인기였다.

어디든 빠르게 갈 수 있는 차를 가진 그 친구가 내심 부러웠다. 나도 모르게 우리집과 그 친구의 집이 자꾸만 비교가 되었다. 그리고 그 친구와 나의 모습이 비교가 되었다. 친구는 아직 20대 중반도 안 된 나이에 번쩍번쩍 광이 나는 카렌스를 몰고 다녔고, 나는 뚜벅이 신세였다. 그 친구는 직장에서 같이 일하는 여자 동료를 태워서 다니곤 했다. 친구들 사이에선 정말 부러움의 대상이었다. 종종 어른들은 "인생은 더 살아봐야 안다."라고 말씀하신다. 나 역시 지금에 와서야 이 말을 오롯이 이해한다. 지금 그 친구와 나의 처지는 하늘과 땅 차이로 달라졌다. 그 친구는 지금 힘들게 살아가는 반면에 나는 원하는 일을 하고 있고, 경제적 자유를 실현했기 때문이다.

버킷리스트 적기 - 나는 지금까지 100가지의 소망을 다 이루었다

대학 시절 같은 학과 친구였던 K의 집은 딸기밭을 크게 경작했다. K는 검정색 선글라스를 끼고 검정색 코란도를 타고 학교를 다녔는데 그게 그렇게 부러울 수가 없었다. 군 제대 후 복학해서 MT를 가기 전날 K의 집에서 김용범이라는 친구와 함께 자기로 했다. K의 집에 도착한 순간 우리 둘의 입에서 "우와!" 하는 탄성이 터져 나왔다. 시골이었는데도 드라마에서나 볼 수 있는 멋진 2층 집이었기 때문이다. 자갈이 깔려 있는 마당에는 아버지의 것으로 보이는 검정색 고급 승용차가 주차되어 있었다. K는 그 옆에 차를 주차한 뒤 우리를 집 안으로 안내했다.

집 안으로 들어서자 깔끔한 거실과 2층으로 향하는 계단이 가장 먼저 눈에 띄었다. 계단을 올라가자 친구의 방이 있었다. 그날 우리 셋은 K의 어머니가 차려주신 저녁을 먹은 뒤 TV를 보며 내일 가게 될 MT에 대한 기대감으로 이야기꽃을 피웠다.

다음 날 아침, 식사를 마치고 집을 나서려고 할 때였다. K의 아버지가 K에게 수표 몇 장을 건네는 것이었다. 10만 원권 수표들이었다. 당시로는 큰 액수였다. 그런 모습을 보며 용범이와 나는 더욱 기가 죽었다. 역시 잘사는 집 부모는 뭐가 달라도 다르다는 생각이 들었다.

친구들과 밥을 먹거나 술자리를 갖게 되면 나는 주로 얻어먹는 편이었다. 처음에는 친구들에게 얻어먹는 것이 그다지 미안하지 않았다. 그 친구들의 집안 형편이 우리집에 비해 훨씬 좋았기 때문이다. 그런데 얻어먹는 것이 반복되자 나 자신이 한없이 작아지고 초라해지는 것을 느꼈다. 그들 중 한 친구가 싫은 소리를 해도 '이 친구가 계산할 건데, 참자!' 하고 넘기게 되었던 것이다. 그것이 경제력의 힘이라는 것을 그때 알게 되었다.

집이 부유한 친구들은 나에게 자극제가 되었다. 비록 우리 부모님은 가난하지만 나만큼은 죽을힘을 다해서 기필코 이 가난을 극복해야겠다고 결심했다. 보통 사람들처럼 밥벌이를 위해 아침에 출근해서 저녁에 퇴근하는, 기계 부속품과 같은 인생은 살고 싶지 않았다. 10대 시절과 대학 시절을 존재감 없이 보낸 것만도 지긋지긋했다. 미래마저 유령처럼 살게 된다면 남은 생을 감당할 자신이 없었다.

나는 고민에 휩싸였다. '미래를 눈부시게 창조하기 위해선 대체 어떻게 살아야 하나?' 그때 한 권의 책을 읽게 되었는데, 내용 가운데 자신이 꿈꾸는 것을 종이에 적어야 한다는 문구가 있었다. 현재 내가 꿈과 목표 성취에 활용하고 있는 '종이에 꿈과 목표 적기'다. 그때까지 들어보지 못한 던 생소한 방법이었지만, '밑져야 본전'이라는 생각으로 종이에 내가 이루고 싶은 것을 적어보았다.

- 수입차 타고 다니기
- 오토바이로 전국 일주하기
- 제주도 여행하기
- 먹고 싶은 것, 갖고 싶은 것, 입고 싶은 것 다 누리며 살기
- 사람들에게 인정받는 사람 되기
- TV에 출연하기
- 내 인생의 흔적 남기기
- 영화 같은 연애하기

당시 버킷리스트를 적으면서도 반드시 실현될 거라는 생각은 하지 않았다. 나는 버킷리스트 목록을 적은 종이를 지갑에 넣고 다니며 수시로 들여다보았다. 언젠가 친구들과 술을 마실 때 술기운에 그 종이를 꺼내 읽어준 적이 있다. 그때 친구들의 표정과 그들이 했던 말이 아직도 생생하다.

친구들의 냉담한 반응에 버킷리스트를 적은 종이를 다시 지갑에 넣어야 했다. 그들의 입장에서 생각하면 충분히 그럴 만했다고 인정한다. 중·고등학교 시절 나는 성적이 뒤에서 3, 4등이었기 때문이다. 그래서 나는 그들에게 영영 성공할 수 없는 존재로 낙인찍혔던 것이다. 그런데 흥미로운 것은 그때 그 친구들 가운데 몇 명은 결혼을 한 뒤 이혼했다. 그리고 나머지 친구들 상당수는 마흔이 넘도록 결혼도 하지 않고 백

수 생활을 하고 있다. 그렇다면 나는 어떤가? 20년 전에 내가 적은 목록을 모두 실현했다. 지금까지 100가지의 소망을 다 이루었다. 내가 성취한 것들 가운데 몇 가지만 적어보겠다.

- 베스트셀러 작가
- 성공학 코치, 강연가
- 1,100명 작가 배출
- 1,355권 기획 · 집필한 저서
- 초 · 중 · 고 교과서 16권 글 수록
- 중국, 대만, 태국 해외 저작권 수출
- 개척교회 5,000만 원 기부
- 슈퍼카 페라리, 람보르기니, 포르쉐, 벤틀리, 레인지로버, 벤츠 지바겐 등
- JTBC TV특강 〈행복플러스〉, KBS1 〈아침마당〉 등 출연
- 서른다섯 살에 저서 100권 집필
- 책쓰기 코치 최초 〈출판 가이드 시스템〉 관련 특허 취득
- 책쓰기 코치 최초 미국 뉴욕 진출
- 부동산 30개 보유
- 대한민국 대표 책쓰기, 강사 양성, 1인창업 교육회사 〈한책협〉 설립
- 가족들과 14박 15일 크루즈 여행

꿈에는 마법의 힘이 담겨 있다, 열망하라!

나는 그동안 헤아릴 수 없이 많은 것들을 성취했다. 꿈을 하나씩 실현한 사람으로서 자신 있게 말할 수 있다. '꿈은 절대 배신하지 않는다.' 나는 아무리 힘든 처지에 있는 사람이라도 그들의 꿈과 미래를 무시하지 않는다. 내가 세상에서 가장 두려워하는 사람은 단 한 부류, 기댈 것이라곤 꿈밖에 없는 사람이다. 이런 사람은 결국 일을 낸다. 자신의 꿈을 실현하고 남들이 부러워하는 인생을 사는 것이다.

그래서 나는 꿈을 인생 최후의 보루로 여기는 사람들을 두려워한다. 그 이유는 비록 그들의 현실은 바닥일지라도 꿈의 힘으로 얼마든지 눈부신 미래를 개척할 수 있다고 믿기 때문이다. 사람의 인생은 관 뚜껑이 닫히기 전까지 아무도 모른다. 나 역시 누구보다 힘든 과거를 보냈다. 하지만 꿈은 그런 비참하고 불행했던 과거를 눈부시게 바꾸어놓았다. 꿈은 마법이다. 그래서 나는 사람들에게 꿈을 가져야 한다고 조언한다.

희망의 증거가 되라

희망은 어둠 속에서 시작된다. 일어나 옳은 일을 하려 할 때,
고집스런 희망이 시작된다. 새벽은 올 것이다.
― 앤 라모트

나에게는 오로지 꿈밖에 없었다

나는 누구보다 뜨거운 인생을 살았다. 만약 신이 나에게 다시 20대로 돌아가고 싶은지 묻는다면 나는 두말할 것도 없이 바로 사양하겠다. 너무나 고통스러웠던 그 시절로 두 번 다시 돌아가기 싫다. 하루하루가 가슴을 옥죄는 순간이었다. 수천 번 자살을 생각했고, 어두운 동굴에 갇혀 좌절하고 절망했던 그 시간을 다신 마주하고 싶지 않다.

과거에 내가 치열하게 살 수밖에 없었던 데는 이유가 있다. 찢어지게 가난한 집안, 전문대 출신, 말더듬, 아버지의 죽음으로 인한 거액의 빚

유산…. 이런 나에게는 오로지 꿈밖에 없었다. 꿈 하나만으로 냉혹한 세상과 싸워야 했다. 나는 그 어떤 실패도 두려워하지 않는 전사가 되어야 했다.

나는 정말 최선을 다해 살았다. 그야말로 입에서 단내가 날 정도로 사력을 다했다. 매일 생존 독서를 하고, 생존 책쓰기를 했다. 그렇게 전부를 걸고 최선을 다하자, 인생은 내가 간절히 바랐던 소망처럼 변하기 시작했다. 평범했던 내가 어느 순간 시인, 작가, 동기부여가, 대한민국 대표 책쓰기 코치, 30개의 부동산 부자, 180억 자산가로 변했다. 지금은 꿈 너머 꿈을 꾸고 있다.

요즘 모든 사람이 힘들어하고 있다. 막막한 현실과 불안한 미래로 숨 막히는 삶을 살고 있다. 오죽하면『아플 수도 없는 마흔이다』라는 책까지 나왔을까. 나 역시 중년이다. 하지만 나는 매일이 즐겁고 행복하다. '내일 또 어떤 일이 나를 찾아올까?' 하는 기대감에 눈을 뜬다. 이 모든 것은 가슴을 뛰게 하는 꿈과 책을 쓴 덕분이다.

그동안 내가 이룬 것은 너무나 많다. 그 가운데 2가지를 꼽는다면 아무것도 아니었던 내가 작가가 되었고, 내가 쓴 글이 초·중·고 교과서 16권에 실렸다는 것! 이것은 기적이 아닐 수 없다. 기적은 명확한 꿈과 피나는 노력에 의해 이루어졌다.

그동안 나는 1,355권의 책을 기획·집필했다. 개인적으로 290권의 책을 기획 및 집필했고, 〈한책협〉의 책쓰기 교육 과정을 진행하며 1,100명의 수강생들의 책을 기획하여 출판 계약까지 도왔다. 이토록 많은 책을 기획하고 쓸 수 있었던 것은 머리가 아닌 가슴의 명령에 충실했기 때문이다. 그 과정에서 온갖 시련과 역경에 맞닥뜨렸다. 하지만 물러서지 않고 꿈 하나만 보며 나아갔다. 과정에서 간절히 바라는 꿈을 갖고, 쉬지 않고 나아간다면 보이지 않는 도움의 손길이 도와주고 이끌어준다는 것을 알게 되었다. 그리고 언제나 나의 아버지 하느님이 나의 편이라는 것도 더욱 확신하고 믿게 되었다.

나는 사람들에게 희망의 증거가 되고 싶다

나는 시간이 갈수록 기대되는 사람이 되고 싶다. 그리고 훗날 내 인생을 돌아보았을 때 부끄럽지 않은 내가 되고 싶다. 한 가지 작은 바람이 있다면 과거의 나처럼 힘든 시간을 보내는 청춘들에게 '포기만 하지 않는다면 반드시 꿈이 이루어진다'는 것을 보여주는 희망의 증거가 되고 싶다는 것이다. 그동안 내가 이룬 모든 것은 5가지 덕분이다.

'아버지 하느님', '꿈', '나 자신', '우주의 법칙', '상상의 힘'

나는 하느님의 아들이다. 하느님은 내가 세상에서 특별한 존재로 살아가길 바라신다. 꿈은 보잘것없는 나를 비범한 사람으로 만들어준 동력이었다. 그 힘으로 나는 보이지 않는 세계를 향해 걸어갔다. 나는 나 자신을 믿는다. 많은 이들이 자신이 가진 잠재력과 재능을 도둑질하고 있다. 나는 나 자신이 우주에서 가장 뛰어난 존재라는 것을 알고 있다. 내 안에는 하느님이 주신 천재성이 깃들어 있음을 잘 알고 있다. 나는 IQ(지능지수)가 250을 넘는 멘사 회원보다 더 지혜롭다.

하느님이 만드신 우주의 법칙은 정확하다. 시스템이기 때문이다. 지구와 달이 자전하고 공전하는 것을 보면 가히 놀랍다. 억만 년의 시간이 지나도 한 치도 어긋나지 않는다. 모든 만물은 우주의 법칙에 귀속되어 있다. 우리는 그 법칙 안에서 살아가고 있다.

그런데 우주의 법칙을 알지 못한다면 어떻게 될까?

절대 성공할 수 없다. 성공하거나 부자가 되는 데 스펙은 그다지 중요하지 않다. 우주의 법칙을 제대로 이해해야 한다. 그래야 큰 힘을 들이지 않고 큰 성취를 얻을 수 있다. 우주의 법칙을 모르는 사람은 4시간만 자고 20시간을 노력해도 성공할 수 없다. 지금 우리 앞에 보이는 모든 것은 상상에서 비롯되었다. 상상하는 순간 창조가 일어난다. 상상의 힘은 강력하다. 우리가 어떤 것을 빈번하게 떠올린다면 그것은 얼마 후 현실에 나타나게 된다. 나뿐만 아니라 성공자들은 자신이 바라는 것을 습관처럼 구체적으로 상상했다. 상상의 힘을 원하는 것을 끌어당기는 자력으로 삼은 것이다.

다시 말하지만 지금처럼 내가 성공할 수 있었던 것은 앞에서 열거한 5가지 덕분이다. 하느님은 과거에 내가 경제적으로 고통스러워할 때 이렇게 말씀하셨다.

"태광아, 너는 네가 생각하는 것보다 더 큰 사람이다. 어려운 문제보다 네 자신이 더 크다. 그렇기에 내가 너에게 시련을 안겨준 것이다. 이 시련을 이겨낼 때 더욱 강해질 것이고 큰일을 해내는 사람이 된다. 너는 장차 태양처럼 눈부신 삶을 살아가게 된다. 불안과 두려움은 너를 가로막지 못한다. 너는 빛이기 때문이다."

시련은 축복이다. 시련은 우리를 괴롭히기 위해 있는 것이 아니라 단단한 사람으로 만들기 위해 있는 것이다. 하나의 시련을 극복할 때마다 그만큼 성장하게 된다. 나는 살면서 시련을 이겨낼 때마다 그 안에 감춰진 기회를 만났다. 그래서 지금은 어떤 시련이 오면 그 안에 어떤 선물이 담겨 있을까 생각부터 한다. 크게 성공한 사람일수록 많은 시련들을 마주했다. 그들은 물러서지 않았고 그것을 극복하기 위해 분투했다. 그런 과정에서 빛을 발하는 존재로 세공되었던 것이다.

내 인생 최고의 날은 아직 오지 않았다!
나는 누구보다 가난한 삶을 살았다. 그러나 지금은 도움을 주는 위치로 바뀌었다. 나의 고향인 대구광역시 달성군 현풍면에 작은 개척교회가 하나 있다. 신도가 6명 정도에 불과했다. 대형 교회의 후원이 없으면 운영이 안 될 정도로 열악한 처지였다. 목사님이 타는 20년 된 자동차가 툭 하면 고장이 났다. 수리비가 자동차 가격보다 더 나왔다. 나와 아내는 고칠 형편도 안 되어서 고생하고 있다는 이야기를 듣고 흔쾌히 교회에 중형자동차를 기증했다. 2017년 12월 경의 일이다.

교회는 30년 이상 된 난로를 사용하고 있었다. 전혀 난방이 되지 않았다. 추위에 떨며 예배를 드리고 있었다. 우리는 1,000만 원가량을 들여 냉난방기를 설치해드렸다. 그리고 〈한책협〉 회원들의 후원금 1,000만 원을 기부하기도 했다. 목사님은 이 돈으로 교회의 빚을 갚을 수 있었다며 행복해하셨다.

마흔셋, 내 인생 최고의 날은 아직 오지 않았다.
나는 내가 생각하는 것보다 더 잘할 수 있다는 것을 믿는다. 우리는 평소에 생각하고 믿고 행동하는 만큼 이룬다. 나의 아버지 하느님이 나를 세상에 보내신 데는 특별한 목적이 있다고 믿는다. 하느님이 나로 인하여 이루고자 하는 그 과업을 완수할 것이다. 뜻을 다하고, 마음을 다하고, 목숨을 다하여 하느님이 주신 천재성을 세상을 위해 쓸 것이다.

꿈을 향해 걸어가는 자를 위한 시

시 / 김태광

얕은 물은 작은 돌멩이에도

쉽게 방향을 바꾸지만

깊은 강물은 거센 폭풍이 몰려와도

바다에 닿을 때까지 묵묵히 흘러갑니다.

마음의 깊이가 얕은 사람은

말 한마디에 흔들리지만

깊은 사람은 뿌리 깊은 나무처럼

결코 흔들리는 법이 없습니다.

사람들에게 그늘을 주는 큰 나무도

처음에는 모래알 같은 씨앗이었습니다.

씨앗은 거친 비바람을 이겨내고

때론 시린 겨울바람과 뜨거운 열풍을 견디며

매일 희망 심기를 잊지 않았기에

사람들에게 휴식과 희망을 줄 수 있는 것입니다.

사람들은,

큰 나무와 아름다운 꽃만 기억할 뿐이지

그것들이 처음에 작은 씨앗이었다는 것을

종종 잊어버리며 살아갑니다.

숲이 아름다운 것은
꽃이나 키 큰 나무, 예쁜 새
분명 이들 때문만은 아닙니다.
낮에는 뜨거운 태양 빛을
밤에는 깜깜한 어둠을 받아들이는
헌신이 있기 때문입니다.
그런 헌신이 있기에
사람들은 때로
사랑을 배우러 숲을 찾고
사랑을 간직하기 위해
숲을 찾는 것입니다.

첫 번째 시크릿 Secret 1

꿈을 향해 직진하라

끝내 이뤄낸 '위대한 작가'라는 꿈, 헤르만 헤세

"사람의 진정한 직업은 자신에게 가는 길을 찾는 것이다."

헤르만 헤세는 목사인 아버지와 신학계 집안의 신실한 어머니 밑에서 자랐다. 그는 자신이 작가가 될 것이라고 굳게 믿었다. 집안의 강요로 신학교에 입학하지만 시인이라는 꿈을 향한 갈망을 접지 않았다. 그는 자살까지 시도하며 격렬하게 반항하다가 결국 자퇴했다. 그 후 그는 '시인이 아니라면 아무것도 되지 않겠다'고 결심하고, 오랜 염원이던 작가의 삶을 펼치기 시작한다. 시련 속에서도 꿈을 놓지 않았던 그는 『데미안』, 『수레바퀴 아래서』, 『싯다르타』 등의 작품을 내놓으며 위대한 작가로 남았다.

헤르만 헤세는 부단히 노력했다. 꿈꾸는 자신의 모습이 될 수 있을 것이라고 믿었고, 꿈을 향해 곧장 나아갔다. 자신을 둘러싼 세계와 싸우는 것도 마다하지 않았다.

"사람은 거북이처럼 철저하게 자기 자신 속으로 기어들어갈 수 있어야 해."
– 헤르만 헤세, 『데미안』

지금 오늘에 집중하라

당신에게 가장 중요한 때는 지금이고,
당신에게 가장 중요한 일은 지금 하고 있는 일이며,
당신에게 가장 중요한 사람은 지금 만나고 있는 사람이다.
― 레오 톨스토이

지긋지긋한 가난에서 벗어나고 싶었다

20대 초반 나는 사무실에 앉아서 상사의 지시에 따르며 서류나 뒤적이는 일은 하고 싶지 않았다. 내가 일한 만큼 수입을 가져갈 수 있는 세일즈를 하고 싶었다. 세일즈를 하고 싶었던 가장 큰 이유는 2가지다. 회사에 들어가 받는 월급만으로는 지긋지긋한 가난에서 벗어날 수 없었고, 본격적으로 사회에 나가기 전에 먼저 내성적인 성격을 바꿀 필요가 있다고 생각했기 때문이다. 세일즈를 하다 보면 다양한 사람을 상대하게 된다. 그러면 그 과정에서 자연히 화술도 향상될 것이다. 나는 세일즈야말로 남들 앞에서 말 한마디 못 하는 내성적인 성격을 고칠 수 있는 절호의 기회라고 생각했다.

어느 날 나는 시내에 볼일을 보러 갔다가 우연찮게 롯데카드 가판대를 보게 되었다. 내가 가판대 앞에서 서성이자 카드 영업을 하는 아주머니가 살갑게 말을 건넸다.

"롯데카드 갖고 계세요? 혹시 없다면 하나 만드세요. 사은품도 드려요!"

사실 나는 직장도 없었던 터라 신용카드를 만들 수 있는 자격이 안 될 거라고 여겼다. 신용카드 발급 자격이 되더라도 능력이 안 되는 탓에 언감생심이었다. 당시 직장에 다니는 몇몇 친구는 신용카드를 갖고 있었다. 술자리에서 신용카드를 꺼내 계산할 때면 정말 폼이 났다. 그 친구들을 보면서 나도 신용카드를 만들고 싶다는 생각을 했다. 그러나 현실은 그럴 수 없는 상황이었다. 내가 아주머니에게 카드를 만들지 않겠다고 말하자 이번에는 아르바이트로 신용카드 회원 영업을 해보지 않겠냐고 물었다. 순간 머릿속으로 이런 생각이 스쳤다. '이왕 세일즈 일을 하기로 마음먹은 이상 롯데카드 영업도 괜찮지 않을까!'

그러면서 자동차처럼 고가의 물건을 파는 것도 아닌 만큼 생각보다 어렵지 않을 거라는 판단이 섰다. 내가 잠시 망설이자 아주머니가 말했다.

"총각, 괜찮으면 카드 영업 한번 해보지 그래. 잘만 하면 한 달에 300만 원도 충분히 벌 수 있는데…."
"정말인가요?"

나는 300만 원이라는 말에 솔깃했다. 당시 내 주위에 300만 원 이상 버는 사람은 아무도 없었다. 그래서 300만 원은 엄청난 액수로 느껴졌다. 카드 영업에 도전해보고 싶은 의욕이 강하게 생겼다. 그 정도의 수입이면 할부로 원하는 자동차도 구입할 수 있었다. 친구들 가운데 가장 폼나게 살 수 있겠다는 생각이 들었다.

'나도 할 수 있다' 카드 영업 아르바이트를 시작하다

그날로 롯데카드 영업점으로 가서 간단한 면접을 거친 후 카드 영업을 시작하게 되었다. 우선 친구들과 지인들을 설득해서 롯데카드를 하나씩 만들도록 했다. 물론 그런 식으로는 한계가 있었다. 그래서 대구 시내 반월당과 동성로에 위치해 있는 가게들을 구두 밑창이 닳도록 돌아다녔다. 상가를 비롯해 거리의 사람들에게도 카드 회원 모집 영업을 했다. 거리에서 모르는 사람들에게 다가가 롯데카드의 장점에 대해 설명하며 발급받을 것을 권유했다. 물론 내성적인 성격 탓에 처음에는 쉽지 않았다. 낯선 사람들에게 다가가 카드 영업을 하는 것이 정말 고통스러울 만큼 힘들었다. "안녕하세요? 롯데카드입니다!"라고 말하려 했지만 쉽게 말이 나오지 않았던 것이다. 시간이 지나면서 차츰 사람들에게 자연스레 말을 건넬 수 있을 정도가 되었다.

카드 영업 수당은 처음에 나를 특별 채용했던 아주머니가 했던 말과 달랐다. 300만 원가량 수입을 올리는 사람들은 거의 없었다. 카드 한 장 발급에 2,000원이었으니 그럴 만도 했다. 10명을 회원 가입시키면 2만 원에 불과했기 때문이다. 그럼에도 나는 300만 원 수입을 올리기 위해서 최선을 다해 뛰어다녔다.

하루는 우연찮게 삼성카드에서 일하는 아주머니를 알게 되었다. 그날 나는 대구시 반월당에 위치한 삼성금융프라자 앞에서 롯데카드 영업을 하고 있었다. 그때 내 근처에서 삼성카드 가판대를 펼쳐놓고 영업을 하고 있던 아주머니가 다가와 말했다.

"젊은 사람이 정말 열심히 하네. 그런데 롯데카드 한 장 발급에 수당은 얼마나 줘요?"

내가 2,000원이라고 하자 그분은 화들짝 놀라면서 이렇게 말했다.

"총각, 그 돈 받고 고생만 하네. 차라리 삼성카드에서 일하지 그래요. 카드 하나 발급되면 2만 원이나 주는데….”

카드 한 장에 2만 원이나 준다는 말에 내 귀를 의심했다. 순간 신세계를 만난 기분이었다. 그동안 수십 장의 롯데카드를 발급했지만 수당이 너무나 적었기 때문이다. 그래서 바로 롯데카드사 목걸이를 휴지통에 버리고 삼성카드로 갈아타게 되었다. 바로 그날 아주머니를 따라 삼성금융프라자 내에 있는 삼성카드 지점장과 면접을 보게 되었다. 그리고 다음 날부터 삼성카드에 출근했다. 삼성카드에는 10여 개의 조가 있었는데 거의가 주부 사원들이었다. 남자 사원들은 서너 명밖에 되지 않았다. 오전 조회 때 새로 일하게 된 식구를 소개하는 시간이 있었다. 나는 얼굴이 상기된 채 큰 소리로 말했다.

"김태광이라고 합니다. 앞으로 잘 부탁합니다!"

짧은 인사를 마치자 주부 사원들이 잘 왔다며 환호했다. 지금 생각해보면 아줌마들에게 나는 꽃미남으로 비쳐졌기 때문이 아닐까 생각해본다. 소개를 마친 뒤 내가 속한 조의 조원들과 짧은 미팅을 하고 고참 사원과 함께 카드 영업을 위해 필드를 돌기 시작했다.

당시 삼성카드는 엘지카드(현 신한카드)와 경쟁이 치열했다. 말 그대로 피 튀기는 경쟁이었다. 그래서 카드 발급 실적이 가장 많은 사람에게 냉장고를 경품으로 주는 등 회사 차원에서 영업사원들의 동기부여를 위한 프로모션이 정말 대단했다. 카드 발급 실적에서 1등을 하면 월 수당이

1,000만 원가량이 되었다. 실제로 다른 조에서 일하는 한 40대의 남성 직원은 월 수당이 500만 원에서 700만 원가량 되었다. 그는 2년간 모은 수당으로 아파트를 한 채 장만했다고 말했다.

이 말을 듣자 내 가슴은 세차게 두근거렸다. 당시 고객의 카드 사용 실적 가운데 몇 퍼센트를 수당으로 지급해주는 제도가 있었다. 따라서 카드를 마구 긁어대는 고객을 많이 유치한 사람의 수당이 현저히 높을 수밖에 없었다. 그렇게 해서 영업사원들은 대부분의 사람이 하찮게 생각하는 카드 회원 영업을 통해 월 수당으로 1,000만 원 가까이 받고 아파트까지 살 수 있었던 것이다.

나는 그들을 보며 마음속으로 '나도 할 수 있다'고 생각했다. 그래서 그 믿음을 현실로 실현시키기 위해 카드 잠재 고객을 찾아 대구 시내를 누비고 다녔다. 심지어 버스를 타고 경남 거창, 구미까지 원정을 간 적도 있었다. 낯선 사람들에게 다가가 말을 붙이는 것은 롯데카드를 하면서 이미 트레이닝이 되었던 탓에 그다지 힘들지 않았다.

1등을 하기 위해 발바닥에 땀이 나도록 돌아다녔다

영업왕, 보험왕들은 영업으로 성공하기 위해선 절대 가족이나 지인들에게 영업하지 말라고 말한다. 지금은 그들의 조언을 이해할 수 있다. 처음부터 쉽게 영업을 시작하면 자생력이 자라지 않아 얼마 못 가 포기하게 된다. 포기하게 되면 자신을 믿고 물건을 구입해주거나 보험에 가입

해주었던 가족과 지인들에게 폐를 끼치고 만다.

나는 오전에 회의를 마치면 카드 발급 신청서를 들고 현장으로 나갔다. 처음에는 시내의 상가나 점포 위주로 방문 영업을 했다. 그러다가 며칠은 사람들이 많이 다니는 거리에 가판대를 세우고 카드 발급을 했다. 일일이 고객을 찾아다니며 영업하는 것보다 가판대를 세우고 하는 것이 훨씬 수월했고 실적도 좋았다. 고객들이 삼성카드 가판대를 보고 알아서 찾아오기 때문이었다. 그러나 가판대 영업은 조원들이 돌아가면서 해야 하는 단점이 있어 나는 그냥 발품을 파는 영업에 집중했다.

나는 짧은 시간에 많은 실적을 올릴 수 있는 방법을 생각해냈다. 그것은 여기저기 돌아다니기보다 사람들이 많은 특정 장소에 가서 카드 영업을 하는 것이었다. 먼저 보험회사들이 밀집해 있는 빌딩을 타기로 결심했다. 카드 영업을 하며 알게 된 보험설계사들에 의하면 그들은 보통 오전 10시쯤에 조회를 시작해서 11시 전에 사무실을 나선다고 했다. 그래서 나는 아침 조회가 끝나면 부리나케 보험회사가 밀집해 있는 빌딩으로 향했다. 설계사들은 급하게 고객들에게 전화를 하거나 그날 영업할 고객들의 명단을 뽑는 등 분주하게 움직이고 있었다. 처음에는 일일이 한 사람 한 사람에게 다가가 카드 발급 신청서를 보이며 이렇게 말했다.

"삼성카드입니다. 삼성카드 없으시면…."

그러면 그들은 내 말이 채 끝나기도 전에 이런 말을 기관총처럼 쏟아냈다.

"지금 좀 바빠서요."
"그런 거 안 키워요."

이렇게 잡상인 취급하는 말이 돌아왔다. 카드 영업을 하면서 하루에 수십 명에게 외면당했다. 그런 경험을 통해 고객들에게 거절당하는 것을 절대 창피하게 생각해선 안 된다는 사실을 깨닫게 되었다. 고객들에게 거절을 당했을 때 창피하게 여긴다면 앞으로 이어질 거절에 대한 두려움 때문에 일을 할 수 없다. 이때의 영업 경험은 훗날 나에게 돈으로 살 수 없는 값진 인생 경험이 되었다.

카드 영업에서 보험설계사들은 더할 나위 없이 좋은 예비 고객이었다. 그래서 고민을 거듭하다 민폐를 끼치지 않고 보험설계사들을 단시간에 공략할 수 있는 묘안을 생각해냈다. 카드 발급 신청서에 고객이 써야 할 부분을 미리 형광펜으로 칠해놓는 것이다. 그리고 보험회사 사무실에 들어감과 동시에 "삼성카드입니다!"라고 크게 외친 뒤, 설계사들의 책상에 카드 발급 신청서를 한 장씩 올려놓기로 했다. 실제로 이렇게 해보니 많은 설계사들이 짜증내지 않고 가입 신청서를 작성해주었다. 이런 방법으로 카드 신청서를 동료들보다 많이 받을 수 있었고, 이는 곧 실적으로 이어졌다. 나는 삼성카드 대구지점 내에서 1등을 하기 위해 발바닥에 땀이 나도록 돌아다녔다. 어떤 날은 점심도 거른 채 카드 영업을 했다. 그때 나는 나 자신이 그토록 열정적인 사람인지 처음 알게 되었다. 카드 발급 신청서를 한 장이라도 더 받기 위해 대구를 떠나 다른 지방까지 가기도 했다. 경남 거창, 경북 구미, 왜관 등에 원정을 가기도 한 것이다. 그런 노력 끝에 1등은 하지 못했어도 순위권 안에는 들었고, 지점장님을 비롯해 조장들과 여러 사원에게 일 잘한다는 소리를 자주 듣곤 했다.

선물받은 한 권의 시집이 내 삶을 바꿨다

하루는 내가 다니는 대학의 같은 과의 한 후배에게 만나자는 전화가 걸려왔다. 그 후배가 평소 나를 좋아한다는 것을 알고 있던 터라 '바쁘다는 핑계를 대고 약속 장소에 나가지 말까?' 하는 생각도 했다. 하지만 이미 약속 시간과 장소를 잡은 이상 그럴 순 없었다.

그날 후배와 간단하게 점심을 먹고 커피숍에서 커피를 마실 때였다. 나에게 예쁘게 포장된 한 권의 시집을 건네며 후배가 말했다.

"선배, 이 시집 한번 읽어볼래요?"

후배는 며칠 전 서점에 갔다가 내 생각이 나서 샀다고 말했다. 사실 나는 그때까지 책을 그다지 좋아하지 않았다. 더군다나 시는 학교에 다닐 때 교과서에서 본 것이 전부였다. 그래서 억지로 좋아하는 표정을 지으며 시집을 받았다. 당시에는 후배가 선물한 한 권의 시집이 나의 미래를 바꾸리라는 것을 결코 예감하지 못했다.

나는 후배에게서 선물 받은 시집을 방에 아무렇게나 던져두었다. 그러다가 어느 날 밤 잠이 오지 않아 뒤척이던 중 문득 선물 받은 시집이 생각났다. 처음에는 '어떤 시인이 쓴 걸까?' 하는 호기심으로 시집을 펼쳐 들었다. 이정하 시인이 쓴 『너는 눈부시지만 나는 눈물겹다』라는 베스트셀러 시집이었다. 읽을수록 가슴이 저미는 감성 시집이었다.

나는 그날 밤을 꼬박 새우고 새벽까지 그 시집을 읽어 내려갔다. 모든 시가 사랑하는 이를 향한 그리움으로 가득 차 있었다. 시 한 편 한 편마다 진한 사랑을 경험한 사람만이 느낄 수 있는 애절함과 그리움, 고통과 환희 등의 느낌과 감정이 담겨 있었다. 시를 읽을수록 '어쩌면 이렇게 느낌과 감정을 잘 묘사했을까.' 하는 생각이 들었다. 애절한 사랑을 직접 경험해보지 않고서는 절대 쓸 수 없는 시였다.

이정하 시인의 고향이 나와 같은 대구라는 사실을 알고는 더욱 반가웠다. 대구에 이런 유명한 분이 계셨다니 신기하고 놀라울 따름이었다. 내가 대구 사람이라는 것이 자랑스러울 정도였다. 이정하 시인의 시집을 읽으면서 시에서 묻어나는 다양한 감정에 흠뻑 젖어들었다. 그리고 내가 얼마나 감성적인 사람인지 알게 되었다.

그들도 했는데 나라고 왜 못 해!

모든 사람은 경탄할 만한 잠재력을 가지고 있다. 자신의 힘과 젊음을 믿어라.
'모든 것이 내가 하기 나름이다'고 끊임없이 자신에게 말하는 법을 배우라.
― 앙드레 지드

나도 시인이 되면 어떨까?

시집 『너는 눈부시지만 나는 눈물겹다』를 읽은 뒤 시는 내 삶의 전부가 되었다. 이 시집을 읽기 전까지 나는 '현실'이라는 새장 안에 갇혀 있던 새에 지나지 않았다. 그러나 시는 나에게 현실이라는 새장의 문을 열어주었다. 상상의 창공을 마음껏 날아갈 수 있게 해주는 날개와 같았다. 물론 이는 감성과 상상력, 영혼의 자유를 뜻한다. 시를 접하게 된 후 일상에 변화가 생겨났다. 카드 영업 일 외에도 또 다른 기쁨과 즐거움을 느끼게 된 것이다.

항상 가방에 몇 권의 시집을 가지고 다니면서 틈틈이 시를 읽곤 했다. 영업을 하다가 다리가 아플 때 근처 공터에 앉아 시를 읽으면 그렇게 행복할 수 없었다. 퇴근 후에도 친구들과 술을 마시기보다 시를 읽으며 감상에 젖어들곤 했다. 시를 읽으며 나만의 상상의 세계에 빠져들었다.

언젠가부터 시를 분석하며 읽는 습관이 생겨났다. '이 시인은 이 시를 쓸 때 어떤 처지였을까? 어떤 감정에서 이 시를 썼을까? 왜 굳이 이 시어를 선택했을까?' 이런 의문이 시를 더 깊이 들여다보는 시심(詩心)을 키워주었다. 그리고 노트에 마음에 와닿는 시를 필사하곤 했다. 특히 필사할 때 그 시에 담겨 있는 느낌과 감정들을 오롯이 느낄 수 있었다.

'나도 시인이 되면 어떨까?'

그렇게 시간이 지나면서 나도 시를 쓰고 싶다는 생각이 들었다. 나는 시인이 되고 싶었다. 깊으면서도 다양한 의미를 함축하고 있는 멋진 시어를 창조하는 시인이 되고 싶었다. 시인이 되면 죽어도 여한이 없을 것 같다는 생각마저 들었다. 당시 나는 하고 싶은 일이나 갖고 싶은 것이 있으면 A4 종이에 적어서 책상 앞이나 잘 보이는 벽에 붙여두는 습관이 있었다. 그래서 '시인이 된다'라는 문구를 종이에 출력해서 책상 앞에 붙여두었다.

그러나 한 가지 문제가 있었다. 그동안 내가 시를 써본 적이 없다는 것

이었다. 어떻게 해야 시인이 되는지, 시를 가르치는 학교 같은 곳이 있는
지조차 알지 못했다. 그래서 맨땅에 헤딩하듯이 여러 시인의 시집을 닥
치는 대로 읽기 시작했다. 그들의 시를 베껴 쓰기도 하고 나름대로 연구
분석을 하기도 했다. 혼자서 시를 공부하는 것은 쉽지가 않았다. 제대로
하고 있는지조차 가늠이 되지 않았기 때문이다. 하지만 나는 설레었고,
행복했다.

당시 대구 반월당에 위치해 있던 제일서적에 자주 들렀다. 다양한 시
집을 눈으로 보고 손으로 만지고 하는 것이 마냥 좋았다.

지금으로 말하면 나름으로 '시각화', '이미지 트레이닝'을 했던 셈이었
다. 내가 서점에 얼마나 자주 갔는지 나중에는 직원들이 먼저 나에게 아
는 체하며 인사를 건넬 정도였다. 당시 나는 시집 코너에서 베스트셀러
를 비롯해 신간 시집들을 살펴보며 많은 시간을 보냈다.

아, 나도 시인이 되고 싶다!

서점의 귀퉁이에 서서 시집들을 읽는데 너무나 행복했다. 학창시절 수
업 시간에 그렇게 집중이 되지 않더니 시를 읽을 때는 무아지경에 빠질
정도였다. 유명 시인들의 시집 표지 뒷면에 실려 있는 프로필이 너무나
부러웠다. 시집 날개에 적혀 있는 시인들의 프로필에는 어김없이 중앙
일간지에서 공모하는 신춘문예나 유명 문예지의 신인문학상을 통해 등
단했다는 약력이 적혀 있었다. 그들의 프로필을 보며 '나도 신춘문예나

신인문학상에 당선되었으면 좋겠다.'라는 생각을 했다. 그러면서 마음 한편에 오기가 생겼다.

'그들도 했는데, 나라고 왜 못 해!'

이 오기는 나도 유명 시인이 되어 베스트셀러 시집을 출간하겠다는 욕망으로 변했다. 시를 만난 후 카드 영업은 시들해졌다. 팽팽했던 고무풍선에 한순간 공기가 훅 빠지는 느낌이었다. 아침에 출근할 때마다 중요하지 않은 일을 하기 위해 소중한 시간을 낭비하는 생각마저 들었다. '지금 내가 뭐 하고 있는가?'라는 회의감도 들었다. 누구나 할 수 있는 이런 일은 내 일이 아니라는 생각이 고개를 내밀기 시작했다.

시간이 갈수록 이런 생각이 거듭되었다. 일에 대한 의욕은 안개처럼 스르르 사라졌다. 일하는 시간의 대부분을 PC방에서 게임을 하며 보냈다. 결국 카드 실적은 하향곡선을 그리다가 급기야 바닥을 쳤다. 나는 결단을 내려야 했다. 더이상 고민할 것도 없이 카드 영업을 그만두기로 결심했다. 어차피 그 일은 처음부터 잠시 스쳐 지나가는 일쯤으로 여기고 시작했기 때문이다. 결심이 서자 곧장 카드 영업을 그만두었다.

카드 영업을 그만두자 이상하게 마음이 홀가분했다. 그렇다고 내게 경제적인 여유가 있었던 건 아니었다. 오히려 그 반대였다. 우리집은 동네에서 가장 가난했다. 아버지는 이틀이 멀다 하고 술에 취하셨다. 술을 드시지 않으면 너무나 좋은 분인데 술에 취하면 세상에 가장 싫은 사람으로 변했다. 술에 취해 오토바이를 타고 가시다가 논에 빠지거나 넘어지는 일이 다반사였다. 사람들이 어머니나 내게 "너희 아버지 지금 술 취해서 어디에 넘어졌다.", "오토바이 타고 가다가 사고 났다." 이런 말을 할 때마다 너무나 창피했다. 아버지는 얼굴과 손이나 팔 등 몸에 상처를 입는 일이 잦았고, 논에 처박혀 온통 진흙투성이가 된 오토바이를 끌고 오는 일은 나의 몫이었다. 당시의 나는 너무나 창피스러웠다. 그런 일을 한바탕 겪고 나면 나의 내면은 전쟁이 휩쓸고 간 폐허같이 되었다.

'왜 우리 집은 이렇게 가난할까? 왜 우리 가족은 행복하지 못할까?'

독실한 기독교인인 어머니는 평화롭게 살기를 바라는 분이었다. 술에 취한 아버지는 그런 어머니에게 상처 주는 말을 하며 다투었다. 그런 모습을 볼 때마다 내 가슴은 화와 분노로 터질 것 같았다. 가난한 집 형편에도 술에 취해 쓰러져 계시는 아버지를 볼 때마다 미움, 원망, 서운함 등의 감정을 넘어 아버지가 세상에서 없어졌으면 좋겠다는 생각을 하곤 했다. 집이 가난했던 탓에 나는 생활비를 스스로 벌어야 했다. 조금이라도 쉬면 안 되는 처지였다. 열심히 쳇바퀴를 돌려야 하는 다람쥐 신세나 다름없었다. 그러나 나는 꿈을 가진 다람쥐였다. 그래서 더욱 더 현실이 힘들었고 고통스러웠다.

나는 베스트셀러 시인이 되어 성공할 것이다!

일을 그만둔 뒤에 나는 시인이라는 꿈을 실현하기 위해 시간과 노력을 쏟았다. 매일 다음 3가지를 실천했다.

첫째, 시를 분석하고 연구하며 읽기
둘째, 하루에 시 한 편 쓰기
셋째, 시인이 된 모습 상상하기

시를 쓸 때면 고통스런 현실세계와 차단되었다. 나는 다른 세계에 가 있었다. 내가 쓰고 있는 시를 창조할 시어들을 찾는 일 외에는 그 어떤 것도 생각나지 않았다. 평생 시집을 읽으며 시를 쓰고 살았으면 좋겠다는 생각이 들 정도였다. 최소한 그 시간만큼은 미래의 막막함이나 불안감 따위가 나와 상관없는 것들로 변했다.

'나는 베스트셀러 시인이 되어 성공할 테니까!'

이런 생각만 가득해졌다. 돈이 생기면 시집을 사는 데 썼다. 시집을 사는 데 드는 돈은 조금도 아깝지 않았다. 시집이 한 권씩 늘 때마다 나의 꿈과 미래가 살찌는 것 같았다. '내가 정말 잘하고 있구나, 잘살고 있구나.'라는 좋은 생각이 들었다. 비록 현실은 그렇지 않지만 나는 시적 상상의 세계에서는 세상에서 가장 행복했다. 세상에서 가장 아름다운 사람이었다.

하루는 중·고등학교 동창인 K가 어떤 시인을 소개해주겠다는 것이었다. 자신이 다니는 회사에 시집을 한 권 낸 시인이 있다면서 두 사람이 대화를 나누면 잘 통할 거라며 자리를 마련해주었다. 그렇게 해서 S시인과 알게 되었고 그 후로도 자주 만나면서 시에 대한 갈증을 해소하곤 했다. 경남 창녕이 고향인 S시인은 나보다 두세 살 더 많은 형이었다. 성격은 온순한 것 같으면서도 고집이 센 편이었다. 그러나 그와 만나 술을 마시며 시에 대한 이야기를 할 때면 내 가슴이 뻥 뚫리는 것 같았다. 그때 내 주위에 시에 대해 이야기할 사람이 아무도 없었기 때문이다.

S시인은 당시 내가 최초로 만난 실제로 시 쓰는 사람이었다. 그러니 S시인과의 술자리는 다른 어떤 것과도 비교할 수 없는 즐거움이었다. S시인 역시 마찬가지였다. 회사에 시를 쓰는 사람은 자신밖에 없다고 했다. 우리는 서로의 시풍(詩風)과 철학, 인생관이 달랐기에 가끔 언쟁을 벌일 때도 있었지만 시는 그와 나의 관계를 돈독하게 해주는 매개체가 되어주었다.

S시인과는 2-3주에 한 번 정도 만나 술자리를 가졌다. 그와 나눈 대화는 나에게 시심을 불러일으켰다. 나는 그를 만나고 나면 좀 더 나은 시를

쓰기 위해 분투했다. 어떤 분야건 함께 생각을 공유할 사람이 있다는 건 실력 향상을 떠나 정서적으로도 큰 힘이 된다는 것을 그때 알았다.

나는 S시인에게 매일 시 한두 편을 쓴다고 말했다. 그러자 그는 어떻게 그럴 수 있느냐며 놀라워했다. 그러면서 시는 일반 글쓰기와는 달리 그렇게 공장에서 제품을 생산하듯이 쓰면 안 된다고 충고했다. 사실 그는 여유가 있거나 시를 쓰고 싶은 마음이 들 때 시를 쓰는 편이었다. 그런 그는 매일같이 기계적으로 시를 한두 편씩 쓰는 나를 이해하기 어려웠을 것이다. 나는 그에게 시인이 되기로 결심한 이상 하루에 한 편 이상 시를 써야 하지 않겠냐고 반문했다. 어느 분야든 장인이 되려면 지독한 훈련을 반복적으로 해야 한다는 말도 덧붙였다.

내게는 시를 쓰고 나서 꼭 치르는 '의식' 같은 것이 있었다. 시 한 편을 다 쓰면 꼭 프린트해서 자취방 벽에 붙여두는 것이었다. 그날 썼던 시를 벽에 붙여 두고 찬찬히 음미하면서 다시 읽어보았다. 내가 쓴 시를 읽을 때는 정말이지 뭐라고 형언할 수 없는 느낌과 벅찬 감정이 온몸에 가득했다. 시간이 지나면서 벽은 차츰 내 시로 도배되어갔다.

가끔 친구들이 놀러 와서 벽에 붙여놓은 시를 읽으면 친구들이 감탄하던 모습이 지금도 눈에 생생하다. 한 친구가 물었다.

"이 시, 네가 쓴 거 맞아?"

"왜?"

"혹시 어디서 베낀 거 아냐?"

그는 놀라움을 금치 못했다. 어떤 친구는 "이 시는 이래서 별로고, 저 시는 저래서 아니다."라며 혹평을 가하기도 했다. 자존심 때문에 대놓고 뭐라 대꾸하진 못했지만 그런 혹평을 받으면 기분이 좋지 않았다. 또 다른 친구는 자신이 좋아하는 여자에게 잘 보이고 싶다며 벽에 붙어 있는 시를 떼어가기도 했다. 그런 친구들의 반응을 보며 '내 시가 그런대로 괜찮은가 보다.'라고 생각했다. 이러한 경험은 장차 내가 시를 쓰고 시인이 되기 위해 노력하는 과정에 많은 용기와 격려가 되었다.

당신의 심장을 뛰게 하는 일을 하라

나는 죽고 싶지 않다. 나의 재능을 최대한 충실하게 발휘하고,
내 안에 뿌려놓은 씨앗을 키워, 마지막 작은 가지까지 싹 틔울 때까지는.
– 케테 콜비츠

어쩌면 나도 시집을 낼 수 있을지도 몰라

"시 좋은데, 시집 한번 내보지 그래."

"뭐, 시집?"

"그래, 이 정도면 충분할 것 같은데!"

"에이, 그냥 쓴 거야."

"그래도 한번 도전해봐. 혹시 누가 알아? 대박이 날지…."

내 자취방에 놀러와 내가 쓴 시들을 유심히 읽던 한 친구가 어느 날 내게 시집을 내보지 않겠느냐고 말했다. 그렇게 그 친구는 내게 '헛바람'을 넣었다. '헛바람'이라고 표현하는 데는 이유가 있다. 과거에 썼던 시들을 지금에 와서 읽어보면 정말 형편없다는 생각이 든다. 손발이 오글거려서 도저히 읽을 수가 없다. 〈한책협〉에서 진행했던 '책쓰기 특강'에서 그때 펴낸 시집의 시 두 편을 낭송했다. 처음에는 특강에 참석한 사람들에게 나도 이렇게 작가가 되었다며 동기를 부여하기 위해 낭송을 기획했다. 그런데 시집을 펴서 시를 읽는데 도저히 창피해서 읽을 수가 없었다. 그래서 결국 짧게 몇 줄만 읽고 말았다.

그러나 당시에는 무식한 게 용감하다는 말처럼 자기도취에 빠져 살았다. 내가 쓴 시가 유명 시인들의 시만큼 대단하다고 착각했다. 물론 그런 행복한 착각에 빠져 있었으니 계속 시를 쓸 수 있었을 것이다.

매일 한두 편의 시를 썼다. 어느덧 시가 100여 편이나 되었다. 자취방 벽은 물론 천장에까지 시를 붙였지만 방이 워낙 작은 탓에 더 이상 붙일 공간이 없었다. 그때 친구가 시집 출간을 권유했다. 그러면서 시집이 출간되고 베스트셀러가 되면 나의 매니저가 되겠다고 했다.

나는 친구의 말을 곱씹어보았다. 시집을 낼 수 있는 분량은 이미 충분했다. '어쩌면 나도 시집을 낼 수 있을지 모른다.'라는 생각이 들기 시작했다. 나는 결심이 서면 결과는 예상하지 않고 즉시 행동하는 성격이다.

그래서 시집을 출간할 수 있는 방법을 생각하기 시작했다. 순간 대구 중구 남산동에 출판 골목이 있다는 기억이 떠올랐다. 114에 전화를 걸어 남구 남산동에 위치한 출판사 1군데를 알려달라고 부탁했다. 상담원이 알려준 한 출판사에 무작정 전화를 걸었다. 잠시 후 한 중년 남성이 전화를 받았다. 나는 공들여 쓴 시들이 100여 편 있는데 시집을 출간하려면 어떻게 해야 하는지 물었다. 그러자 그 남성은 친절하게 시간이 될 때 자신의 출판사로 시를 들고 오라고 말했다.

저, 시집을 내려면 어떻게 해야 하나요?

나는 3만 원가량을 주고 구입한 HP 프린트기로 시 80편을 골라서 출력했다. 다음 날 출력한 시 원고를 들고 작은누나의 아토스 차를 얻어 타고 출판사로 향했다. 좁은 사무실에 한 중년 남성이 앉아 있었다. 그가 건넨 명함에는 '장호병'이라고 적혀 있었다. 나중에 알고 보니 대구에서 유명한 수필가였다. 그는 훗날 대구수필가협회 회장을 지내고, 2007년에는 대구문학상을 수상했다. 그러나 당시에는 그가 그렇게 대단한 사람인지 알지 못했다. 그저 작은 출판사 사장이겠거니 했다.

나는 시 원고들을 그에게 보여주었다. 그는 내게 건네받은 원고를 들고 옆방으로 갔다. 나는 곧 좋은 소식이 오기를 기대했다. 5분 정도 지나자 그가 나의 원고를 들고 나타났다. 나는 녹차를 마시며 그의 얼굴에 나타나는 세세한 변화까지 살폈다. 그에게 이런 말이 나오기를 기다렸다.

"시가 참 좋아요! 그래, 시집을 출간해드리겠습니다."

그러나 이런 기대는 이내 산산이 부서졌다.

"시는 재미있게 잘 썼네요. 그런데 좀 더 습작이 필요한 것 같습니다."

나는 '재미있게'라는 표현에 출간의 기회는 물 건너갔다고 생각했다. 그래서 정중하게 바쁘신 와중에 시를 봐주셔서 감사하다는 인사를 하고는 출판사를 나왔다. 지금은 담담하게 표현하지만 그때는 너무나 가슴이 쓰라렸다. 짝사랑하는 여인에게 사랑을 고백하자마자 꿈 깨라는 말과 함께 다신 연락하지 말라는 말을 들은 거나 다름없었기 때문이다. 역시 시인은 아무나 되는 것이 아니라는 생각이 들었다.

그러나 한 출판사에서 시집 출간을 거절당했다고 해서 포기할 내가 아니었다. 남자가 칼을 빼 들었으면 무라도 썰어야 하지 않겠는가! 나는 다시 시집을 출간할 수 있는 방법을 찾기 시작했다. 그러다 그동안 읽었던 시집에 출판사 주소와 전화번호가 적혀 있다는 것이 떠올랐다. 용기를 내어 출판사들에 전화를 걸었다. 그때 전화를 걸었던 곳 가운데는 류시화 시인이 주로 시집을 내었던 '열림원'과 이정하 시인이 시집을 출간했던 '푸른숲', '창작과비평', '실천문학사', '민음사'와 같은 대형 출판사도 있었다. 그 외에 '책만드는집', '푸르름'과 같은 작은 출판사에도 전화를 걸었다. 처음으로 서울에 위치한 출판사에 전화를 걸었을 때다. 잠시 후 한 남자 직원이 전화를 받았다. 나는 두근거리는 가슴으로 물었다.

"저, 시집을 내려면 어떻게 해야 하나요?"
"어떤 장르의 시입니까?"
"네?"
"현대시입니까? 아니면 연시(戀詩)입니까?"

순간 나는 연시가 무엇을 뜻하는지 몰라 잠시 망설이다가 나름대로 연애시라는 판단을 내렸다. 실제로 내가 쓴 시들은 연시에 해당했다.

"연시인데요."
"네, 출력해서 출판사로 보내주시면 검토해보겠습니다."

전화를 끊는 순간 심장이 거세게 뛰기 시작했다. 태어나 처음으로 출판사 직원과 전화통화를 한 데다가 시 원고를 검토해보겠다는 말을 들었기 때문이다. 왠지 모르게 잘될 것 같은 예감이 들었다.
출판사와 통화를 마친 후 한 가지 깨달음을 얻었다. 모든 시인이 이런 과정을 통해 시집을 낸다는 사실을 알게 된 것이다. 나에게는 엄청난 공부였다. 나는 시 원고를 정성 들여 프린트하기 시작했다. 모두 120편이었다. 그동안 내가 쓴 시들 가운데 엄선해서 뽑은 시들이었다. 가장 저렴한 프린트기로 120편을 15부 출력하는 데 하루 종일 걸렸다. 그때는 요즘처럼 출력 속도가 빠르지 않았다. 그럼에도 여유로운 마음으로 기다릴 수 있었다. 출력되는 시들이 출판사 에디터에게 간택되어 시집으로 출간될 상상을 하니 마냥 행복하기만 했다. 그 기다림마저 감사하고 행복하게 느껴졌다.

그날 바로 15군데의 출판사에 등기우편으로 시를 부쳤다. 등기 우편을 하나 보내는 데 2,000원가량 들었다. 직업도 없는 백수였던 터라 그 비용도 만만치 않았지만 시인이 되기 위한 투자로 생각했다. 시를 투고한 뒤 출판사에서 기쁜 소식이 들려오기를 목이 빠져라 기다렸다. 하지만 1주일이 지나고 열흘이 지나도 감감무소식이었다. 처음에는 출판사의 업무량이 많아서 검토하는 기간이 길어지는 거라고 생각했다. 아니 그렇게 나 스스로 자위했다.

정말 내가 시인이 될 수 있을까?

2주일쯤 지나자 인내력에 한계가 느껴졌다. 그래서 출판사에 직접 전화를 걸었다. 그들은 내 이름도 잘 기억하지 못하는 듯했다. 잠시 더 통화를 하다가 출판사 직원은 기억이 난 듯 이렇게 말했다.

"보내주신 시는 잘 읽어보았습니다. 그런데 저희가 추구하는 방향과 맞지 않아서요. 죄송합니다."

다른 출판사도 대부분 이런 식이었다. 처음에는 정말 그 출판사와 나의 시가 서로 방향이 맞지 않기 때문일 거라고 생각했다. 아니 사실은 그렇게 생각하고 싶었다. 내가 쓴 시들의 가치를 알아줄 출판사를 찾기 위해 그 후에도 100여 군데의 출판사에 시를 투고했다. 그러나 몇 달이 지나도 감감무소식이었다. 처음에 품었던 장밋빛 환상은 절망으로 물들었다. 서점에 가면 내 마음을 더욱 괴롭게 하는 것이 있었다. 매일 신간 시집들이 쏟아져 나올 뿐 아니라 그때는 시집이 종합 베스트셀러에 오르는 등 시 열풍이 대단했음에도 내가 쓴 시들을 눈여겨보는 곳이 없다는 사실이었다.

'남들은 쉽게 시집을 내는데 대체 왜 나만 출판사로부터 거절당하는 걸까?'

심한 자괴감에 시달렸다. 그러면서 내가 시인이 되는 길은 아무래도 불가능할 거라는 부정적인 사고에 젖어들기 시작했다.

'역시 시를 쓰는 법을 정식으로 배우지 않은 내가 시집을 내는 건 무리였어.'

첫 시집 출간, '이제 죽어도 여한이 없겠다!'

출판사에 시를 투고한 지 3개월가량 지났을 때였다. 대구 시내에 위치한 제일서적의 시집 코너를 기웃거리고 있을 때 휴대전화가 울렸다. 이번에는 아주 좋은 느낌이 들었다. 전화를 받아보니 출판사였다. 출판사라는 말에 한동안 죽어 있던 심장이 다시 뛰기 시작했다. 청연출판사 사장님이었다. 그분은 내 시를 면밀히 검토해보니 감성적인 시여서 시집으로 출간하고 싶다고 말씀하셨다.

들뜨는 마음을 간신히 억눌렀다. 나는 시집 출간 계약 부분에 대해 물어보았다. 사장님은 시집을 출간하는 데 300만 원가량이 든다고 했다. 그러면서 시가 좋아서 출판사에서 절반을 부담하고 나 역시 절반을 부담하는 건 어떻겠냐고 물었다. 순간 기뻤던 마음이 착 가라앉았다. 나에게 150만 원은 큰돈이었기 때문이다. 직장도 다니지 않는 데다가 가끔 아르바이트를 하는 것이 고작이던 시절이다. 방법은 단 하나, 부모님에게 손을 벌리는 것이었다. 취직 문제가 아닌 시집 출간으로 손을 벌린다는 것에 용기가 나지 않았다. 그래서 나는 사장님의 제안에 잠시 망설였다. 사장님은 요즘은 인터넷의 영향으로 잘되면 하루아침에 대박이 날 수 있다는 말을 덧붙였다. 나는 그 말에 한번 생각해보겠다며 통화를 마쳤다.

그날 이후로 머릿속은 시집 출간에 대한 고민으로 가득했다. 사장님의 제안은 솔깃했다. 나는 간절하게 시인이 되고 싶었다. 예쁘게 출간된 내 시집을 서점에서 보고 싶다는 욕망이 강렬하게 솟구쳤다. 그래서 고민 끝에 청연출판사에서 시집을 내기로 마음먹었다. 그런데 문제는 시집 출간에 드는 비용이었다. 먼저 작은누나에게 자세한 사정을 이야기했다. 작은누나는 그동안 열심히 시를 써 온 내 모습을 잘 알고 있어서인지 부정적이지 않았다. 그러면서도 내가 부담해야 할 150만 원이라는 액수가 만만치 않아 보이는 모양이었다. 어머니께도 잘 말씀드렸다. 어머니 역시 긍정적이긴 하셨지만 출간에 드는 비용을 부담스럽게 여기셨다. 나는 작은누나와 어머니의 반응을 당연하게 생각했다. 당시 우리집에는 저축한 돈은커녕 거액의 빚만 있었기 때문이다. 더군다나 우리집은 동네에서 가장 가난했고 남들 다 가지고 있는 논이나 밭 한 뙈기도 없었다.

　나는 아버지의 눈치를 살피며 자초지종을 말씀드렸다. 아버지는 버럭 화를 내시며 안 된다고 말씀하셨다. 하지만 나는 너무나 시집을 내고 싶어서 집안 형편은 생각지도 않고 150만 원만 있으면 시집을 출간할 수 있다고 말했다. '인터넷 열풍으로 시집이 대박 날 수 있다'는 출판사 사장님의 말씀도 그대로 전했다. 그러나 아버지의 대답은 한결같았다.

"빈둥거리지 말고 회사에 들어가 일이나 해라!"
"다른 애들은 직장에 들어가서 돈을 벌고 있는데 니는 대체 뭐하노?"

나는 하고 싶은 일이나 갖고 싶은 것이 있으면 머릿속에 아른거려서 도무지 다른 일을 할 수 없는 기질이다. 당시도 그랬다. 머릿속에는 내 이름으로 된 시집이 서점 시집 코너에 진열되어 있는 상상으로 가득했다. 이런 생각이 들자 나는 어떻게든 아버지를 설득해서 시집을 내고야 말겠다는 마음뿐이었다.

방법은 단 하나였다. 작은누나가 아버지를 설득하는 것이었다. 물론 어머니도 지원군이었다. 작은누나는 논공읍에 위치한 신용협동조합에서 오랫동안 착실하게 근무하고 있었다. 그래서 아버지는 유독 작은누나의 말을 듣는 편이었다. 나는 작은누나에게 아버지를 설득해달라고 도움을 요청했다. 작은누나는 나의 부탁을 듣고 아버지에게 잘 말씀드렸고, 역시나 아버지는 알아서 잘하라고 하시며 허락하셨다.

다음 날 아버지는 오토바이를 타고 유가농협에 가셨다. 이미 유가농협에 거액의 채무가 있었지만 150만 원을 대출받아 오셨다. 아들의 시집을 내주기 위해 빚까지 얻으신 것이다. 지금도 아버지가 대출받은 돈을 주시던 모습이 잊히지 않는다. 그런 우여곡절 끝에 청연출판사와 계약을 하게 되었다.

출판 계약을 하고 두 달가량 지났을 무렵이었다. 청연출판사로부터 전화가 왔다. 시집이 거의 완성되어 곧 출간된다는 것이었다. 그리고 1주일 뒤 『그리움 속에서 피는 사랑』이라는 제목의 시집이 출간되었다. 출판사에서 보낸 저자 증정부 50부가 도착하던 날이 아직도 눈앞에 생생하다. 증정 부수는 라면박스에 담겨 있었다. 포장박스를 칼로 조심스레 뜯어내자 시집이 들어 있었다. 막 인쇄되어 배달된 탓에 시집에서는 신문지에서 나는 기름 냄새가 묻어났다.

나는 시집 한 권을 들고 두근거리는 마음으로 표지를 어루만지고 펴보았다. 황홀감에 젖어들었다. 처음에 시집 출간에 반대하셨던 아버지는 아들이 직접 쓴 시가 시집으로 출간된 것을 보곤 흐뭇해하셨다. 그러고는 시집 몇 권을 오토바이에 싣고서 대문을 나섰다. 나중에 알고 보니 동네 사람들에게 한 권씩 증정하셨던 것이다.

그날 밤 시집에 친구들의 이름을 적고 사인을 했다. 친구들이 내 시집을 받아 들고 지을 깜짝 놀랄 표정을 상상하니 나도 모르게 얼굴에 미소가 번졌다. 너무나 행복했다. 당시 정말 그랬다. '이제 나는 죽어도 여한이 없다.' 이런 말도 안 되는 생각마저 들었다. 그렇게 나는 가족의 도움으로 그토록 간절히 원하던 시인이 될 수 있었다.

시련은 곧 희망이다

위대한 업적은 대개 커다란 위험을 감수한 결과이다.
– 헤로도토스

내 시집은 왜 저리도 못나서 안 팔리는 걸까?

시집에 친구들의 이름을 쓴 뒤 사인해서 한 권씩 선물했다. 친구들은 정말 대단하다며 난리였다. 지인들에게 친구 중에 시인이 있다며 자랑하는 친구들도 있었다. 학창시절에 공부를 지지리도 못했던 탓에 존재감조차 없었던 내가 처음으로 공개적으로 인정받는 순간이었다. 정말 날아갈 듯 행복했다.

시집이 출간된 뒤 친구들과 조촐한 자축연을 했다. 자축연이라고 해 봐야 시골 호프집에서 친한 친구들과 생맥주를 마시는 정도였다. 그날

필름이 끊길 정도로 취했던 것 같다. 내가 시집을 냈다는 것을 알고 술자리까지 열어준 친구들이 고마웠다. 친구들은 연신 시집을 내고 내가 시인이 된 것에 대해 칭찬하고 놀라워했다. 사실 그럴 만도 했다. 그들은 '시를 쓰다가 말겠지, 곧 그만두겠지.' 하고 생각했다고 한다. 그런데 나는 포기하지 않고 내 이름으로 된 시집을 펴낸 것이다.

시집이 출간된 뒤 어깨에 힘이 들어갔다. 만나는 사람들마다 대단하다며 인정하고 칭찬했다. 어떤 사람들은 '김 시인', '김 선생'이라고 불렀다. 나는 매일 대구 시내의 서점들을 방문했다. 사람들이 내 시집을 구매해 가는 모습을 직접 눈으로 보고 싶었기 때문이다. 시집들이 진열되어 있는 매장 코너에서 2시간가량 서서 사람들을 관찰했다. 서점에는 많은 사람들이 들락날락했다. 그러는 사이 시집, 소설, 에세이 등이 한두 권씩 팔려나갔다. 그런데 불행하게도 나의 시집은 누구 하나 거들떠보는 사람이 없었다. 애처롭게 주인을 기다리는 강아지 같았다. 사람들은 정말 냉정했다. 다들 다른 시집에만 눈길을 줄 뿐이었다. 사람들은 대부분 정호승, 이정하, 이해인, 안도현 시인과 같은 유명한 시인의 시집을 집어 들었다. 표지와 저자 약력과 목차, 본문을 살짝 보더니 카운터로 가서 계산하는 것이었다. 가까운 발치에서 외면당하는 내 시집을 지켜보는 마음은 슬프다 못해 괴로웠다. 마음 한편에서는 '내 시집은 왜 저리도 못나서 안 팔리는 걸까?'라는 원망도 들었다. 다른 서점들도 마찬가지였다.

'왜 사람들이 내 시집은 사지 않을까?'

이런 생각에 잠겨 있을 때였다. 예쁘장하게 생긴 한 여대생이 내 시집을 매만지고 있었다. 나는 마음속으로 염원하고 주문을 걸었다.

'제발 한 권만 사라! 제발 한 권만 사줘! 만약 매만지기만 하고 안 사거나 다른 시집을 사면 오늘 재수 없는 일이 일어날 거다!'

그러나 염원도, 주문도 아무런 효험이 없었다. 그 여대생은 냉정하게 정호승 시인의 시집을 들고 카운터로 가버렸다. 그 여대생의 뒷모습이 그렇게 얄미울 수가 없었다.

내가 쓴 시집이 고작 2권 팔리고 서점 매대에서 사라지다니!
그 후로도 며칠 동안 여러 서점을 돌며 나의 시집 판매 현황을 체크했다. 시집 코너에 서성이며 시집을 한 권이라도 팔기 위해 혼자 갖은 쇼를 다했다. 직원들 몰래 내 시집을 다른 시집들보다 눈에 잘 띄게 앞으로 옮겨놓거나 베스트셀러 시집을 진열해두는 곳에 내 시집을 슬쩍 올려두기도 했다. 그런 눈물 나는 노력에도 불구하고 시집은 내가 지켜보는 동안 단 한 권도 팔리지 않았다.

자꾸 내 시집의 위치가 바뀌어 있는 것을 눈치챈 서점 직원은 은근하고 매섭게 나를 쳐다보았다. 무언의 경고를 보내는 것이었다.

'성가시게 한 번만 더 시집의 위치를 바꿔놓기만 해 봐! 그 시집을 진열대에서 확 빼버릴 테니!'

그의 날카로운 눈길은 마치 나에게 이렇게 협박하는 듯했다. 나는 나중에 작가로 활동하면서 서점에서 가장 힘이 센 존재는 서점의 대표가 아니라 매대를 책임지는 직원이라는 것을 알았다. 직원들이 각자 자신이 맡은 매대를 관리하기 때문이다. 그래서 그 직원의 따가운 눈총을 받은 뒤로 나는 전의를 완전히 상실하고 말았다. 그 후로 내 시집을 눈에 띄는 위치로 옮기거나 베스트셀러 코너에 슬쩍 올려두는 일 따위는 다시 하지 않았다. 한 번만 더 그런 행동을 하다가 들킨다면 아예 내 시집이 그 서점에서 영영 사라질 것 같았기 때문이다.

대구 시내에서 버스를 타고 집으로 오는 동안 기분이 우울했다. 좌절했고 절망적이었다. 사실 시집만 출간되면 베스트셀러까지는 아니더라도 어느 정도 팔릴 거라고 기대했다. 그래서 아버지에게 시집을 출간해서 받은 인세로 대출받은 돈을 빨리 갚아주겠다고 말씀드렸던 것이다. 그런데 며칠 동안 서점에 잠복해서 관찰한 결과 현실은 차가웠다. 서점을 찾는 사람들의 눈은 예리했다. 그냥 아무 생각 없이 지갑을 열지 않았다. 유명 시인의 시집이나 제목과 표지가 멋있는 시집들 위주로 구매했다. 내가 생각해도 내가 펴낸 시집은 제목과 표지가 너무나 촌스러웠다. 시를 좋아하는 사람들조차 거들떠보고 싶지 않은 분위기를 풍겼다. 팔리지 않기에 딱 안성맞춤인 책이었던 것이다.

열흘이 지난 후 다시 서점을 찾았을 때 매대에 있던 내 시집은 자취를 감추고 말았다. 처음에는 모두 팔렸거나 직원들이 다른 곳으로 옮겼거니 생각하며 찾아보았다. 하지만 나의 착각이었다. 물어볼까 말까 한참 고민하다가 용기를 내어 직원에게 내 시집의 행방을 물었다. 직원은 시집이 팔리지 않아 출판사로 반품했다고 말했다. 내게 있어 사형선고나 다름 없었다. 내 시집을 더 이상 서점에서 볼 기회가 없다는 의미였다. 나는 더 이상 어떤 말도 할 수 없었다. 전의를 완전히 상실한 것이다. 그렇게 내 첫 시집은 허망하게 끝나고 말았다.

나는 허탈한 마음으로 버스를 타고 집으로 돌아왔다. 곰곰이 내 시집이 독자들의 사랑을 받지 못한 이유에 대해 생각해보았다. 크게 5가지 이유를 꼽았다.

첫째, 감성을 자극하지 않는 제목
둘째, 붉은 바탕의 촌스러운 표지
셋째, 한눈에도 자비출판으로 보이는 엉성한 편집과 질 낮은 종이
넷째, 감정이 절제되지 못한 표현들

다섯째, 세련되지도, 함축적이지도 않은 시어들

시집의 제목 『그리움 속에서 피는 사랑』은 내가 지었다. 지금 생각해보면 시도 제대로 쓰지 못하는 실력으로 제목을 지었으니 감성적이지도 못하고 눈에 확 들어오지 않았다. 전혀 시적이지 않은, 너무나 평범한 제목이었다. 그런 제목을 지은 것은 나의 잘못이었다. 그러나 붉은 바탕의 표지는 내 잘못이 아니었다. 볼수록 촌스러운 표지는 출판사에서 만들었다. 표지 디자인은 출판사의 잘못이었다. 다른 시집들은 모두 예쁘고 멋있고 세련되었다. 그런데 내 시집만 촌스러웠다. 표지에 대한 느낌은 작은누나를 비롯해 친구들도 같은 생각이었다. 다른 시집들과 비교해봐도 한눈에 세련되지 못하다는 것을 알 수 있었다. 게다가 엉성한 편집과 질이 낮은 내지까지 더해졌다.

"저는 자비출판으로 세상에 나왔답니다!"

마치 사람들에게 이렇게 외치는 것 같았다. 시집에 담겨 있는 80여 편의 시도 퀄리티가 형편없었다. 시에 대한 공부도 안 한 상태인 데다 습작 기간이 짧아서 아마추어 수준이었다. 나는 부끄럽다는 생각이 치밀어 오르자 남은 시집을 모두 폐기 처분해버렸다. 그때 나의 행동은 성숙하지 못한 것이었다. 지금의 내가 만들어지기까지는 그 첫 시집의 역할도 매우 컸던 것인데, 당시 나는 전혀 그런 생각을 하지 못했다. 그때 나의 행동이 많이 후회된다. 아무 죄가 없는 시집에게 지금도 미안하고 죄를 지은 마음이다.

실패한 첫 시집을 통해 얻은 5가지 인생의 교훈

첫 시집은 허망하게 실패했지만 경제적 결과로만 따질 수 없는 노릇이다. 그 시집을 통해 나는 단순한 경제적 실패보다 훨씬 더 많은 것을 배우고 깨달았기 때문이다. 나는 첫 시집을 통해 다음과 같은 인생 교훈을 얻었다.

첫째, 간절히 원하면 실현된다
둘째, 한 가지 목표 실현이 또 다른 목표 실현으로 이어진다
셋째, 실력이 뒷받침될 때 기대가 실현된다
넷째, 하나의 꿈이 실현되면 다음에 더 큰 꿈이 생겨난다
다섯째, 작은 성취감은 자신감을 갖게 하고 더 큰 성취감으로 이어진다

나는 첫 시집을 통해 막연한 기대나 요행만으로는 절대 원하는 것을 얻을 수 없다는 진리를 깨달았다. 기대에 못 미치는 실력은 자신을 더욱 초라하고 비참하게 할 뿐이다. 내가 바라는 결과에 맞는 노력을 기울여

야 하는 것이다.

나는 첫 시집의 실패에도 불구하고 시 쓰기에 대한 열정을 멈추지 않았다. 아니, 오히려 내면에서는 시에 대한 열정이 더욱 강하게 솟구쳐 올랐다. 지인들에게 소리쳤다.

"첫 시집을 냈으니, 이제 2집을 낼 거야. 기대해!"

얼마 후 고향 친구가 나에게 "1년에 시집을 2권 정도 내면 좋겠네."라고 말했다. 그때 나는 나도 모르게 큰소리로 "두 달에 한 권씩 낼 거야!"라고 큰소리쳤다. 그 말을 하고 나서 나 자신도 놀랐다. 첫 시집도 자비 출판으로 힘겹게 출간한 주제에 어떻게 그런 말을 했는지 모르겠다. 하지만 지금 생각해보면 그 말이 씨가 된 듯하다. 지금까지 내가 출간한 책이 200권이 넘기 때문이다. 다음 달에도 여러 권의 책이 출간될 예정에 있다.

지금 나는 대한민국 최고의 책쓰기 코치, 성공학 코치, 동기부여가로 활동하고 있다. 1,100명의 평범한 사람들을 단 몇 주 만에 작가로 만들었다. 사업가, 변호사, 의사, 한의사, 간호사, 회계사, 부장 검사, 경찰관, 교수, 교사, 주부, 공무원, 대학생 등의 사람들을 작가가 되도록 도왔다. 그들은 책에 자신의 지식과 경험, 삶의 깨달음과 어떤 주제에 대한 해결

책을 담아 사람들의 삶에 도움을 주며 그 대가로 수익을 창출하고 있다.

　나는 누구보다 행복한 인생을 살고 있다. 진정으로 좋아하는 일을 하고 있기 때문이다. 지금과 같은 행복한 인생을 살 수 있었던 가장 커다란 원천은 과거에 내가 그토록 창피하게 생각했던 첫 시집 『그리움 속에서 피는 사랑』이 밑거름으로 쌓여 있기 때문이라고 생각한다.

두 번째 시크릿 Secret 2

담대하게 도전하라

우주에 도전하는 인간, 일론 머스크

"당신이 포기할 때, 나는 시작한다."

일론 머스크는 스탠퍼드대학 물리학 박사 과정에서 자퇴하고 사업을 시작했다. 그는 실리콘밸리의 성공한 사업가가 되었지만 페이팔을 매각하고 자신의 오랜 꿈에 도전했다. 바로 '우주'다. "지구에 안주해서는 인류의 멸망을 막을 수 없습니다." 그는 민간 우주로켓 기업 '스페이스X'를 설립하며 우주로켓 개발에 착수했다. 주변의 만류와 우려가 잇따랐으나 그러나 그는 멈추지 않았다. 몇 차례의 실패 끝에 결국 2008년 우주로켓을 성공적으로 발사시켰다. 머스크는 국제우주정거장에 우주선을 보낸 첫 번째 민간 기업 대표가 되었다. 그는 이제 8만 명이 거주할 수 있는 화성 식민지를 완성하겠다는 목표를 향해 도전하고 있다.

일론 머스크를 괴짜라고 부르며 비웃는 사람이 많다. 그러나 그는 담대하게 우주에 도전했고 성공을 만들어가고 있다.

뜻이 지지 않는 곳에 길이 생긴다

가장 위대한 영광은 한 번도 실패하지 않음이 아니라
실패할 때마다 다시 일어서는 데에 있다.
- 공자

앞으로 나는 무엇을 하며 살아야 할까?

시집을 출간한 기쁨은 오래가지 않았다. 나에게는 당장 밥벌이라는 현실이 버티고 있었기 때문이다. 아버지는 처음에는 아들이 시집을 냈다는 데 감격하고 자부심을 느꼈다. 하지만 시간이 지나면서 돈이 되지 않는 시를 쓰기보다 공장에 들어가 돈을 벌기를 바랐다. 아버지는 술에 취하시면 자주 이런 말을 하셨다.

"못가의 집 욱이는 공장에 들어가 한 달에 120만 원씩 받는데, 너는 뭐

하는 짓이고?"

"돈도 안 되는 시는 써서 뭐 할끼고? 취직해서 돈이나 벌어라."

"내가 없는 살림에 빈둥빈둥 놀라고 너 공부시킨 줄 아나?"

아버지가 이렇게 말씀하실 때마다 나는 다음과 같이 대꾸했다.

"제가 시를 쓴 지 얼마나 되었다고 돈 타령이세요? 봄에 씨를 뿌린다고 내일 당장 곡식이 열리는 것 보셨습니까? 농사짓는 아버지가 더 잘 아실 거 아닙니까?"

당시는 내가 좋아하는 일을 반대하는 아버지가 많이 원망스러웠다. 하지만 지금은 아버지의 심정이 모두 이해가 된다. 그만큼 경제적으로 어려웠기 때문이다. 마흔이 넘어 나를 낳으신 아버지는 그때 연세가 예순이 넘으셨다. 몸과 마음이 약해진 아버지는 아들이 공장에라도 가서 돈을 벌어 가정에 보탬이 되기를 바랐던 것이다. 그때는 그런 아버지의 심정을 헤아리지 못했다. 나 자신만 생각했다. 시를 써서 유명해지고 싶었고 성공하고 싶었고 부자가 되고 싶었다. 그 마음뿐이었다. 이 소망이 이루어지면 지금 우리집이 겪는 어려움들은 한순간에 모두 사라질 것이라고 여겼다.

내가 하는 분야에서 대한민국 최고가 된 지금 나는 경제적으로 여유롭다. 아버지가 살아 계신다면 용돈도 넉넉하게 드릴 수 있고, 국내 여행은 물론 세계일주 여행을 보내드릴 수 있다. 하지만 그럴 수 없다. 아버지는 천국에 계시기 때문이다. 내 경제적 형편이 나아질수록 '부모님 살아 계실 때 효도하라'는 말이 가장 사무친다. 제대로 용돈 한번 드리지 못했고, 근사한 식당에서 식사 한번 제대로 대접해드리지 못했던, 생전에 아들이 되어 술 한잔 제대로 대접해 올리지 못한 아들이었던 지난 시절이 가장 후회된다.

예순을 훌쩍 넘기신 아버지는 집 근처 아파트에서 경비원으로 근무하셨다. 사실 적지 않은 연세에 경비원으로 근무하시는 아버지를 볼 때마다 마음이 좋지 않았다. 그래서 시를 쓰면서도 죄송한 마음이 가득했다. 그런 마음이 눈처럼 소복소복 쌓였다. 얼른 잘되고 싶었다.

그때 그렇게 나는 매일 한두 편의 시를 썼지만 내 삶은 결코 나아지지 않았다. 마음은 우울했고 머릿속은 더욱 복잡했다. 그제야 나는 진로에 대해 고민하기 시작했다. 고민한 이유는 내가 시를 써서 성공할 수 없다는 불안감 때문이 아니었다. 나는 당시 3년간만 계속 미친 듯이 시를 쓴다면 충분히 성공할 수 있다는 믿음과 확신을 갖고 있었다. 그런데 문제는 현실이었다. 내가 계속 시에만 푹 빠져 살 수 없는 팍팍한 현실이 걸림돌이었다. 그래서 시도 쓰고 밥벌이도 할 수 있는 직업을 다시 찾기 시작했다.

　며칠 동안 고민 끝에 '기자'라는 직업을 떠올리게 되었다. 뉴스나 드라마를 보면 음모에 가려진 진실을 파헤치는 멋진 기자의 모습이 나온다. 그래서 나는 좋아하는 글쓰기와 이어지는 기자가 되기로 결심했다. 결심을 친구들에게 말하자 친구들의 반응은 2가지였다. 하나는 정말 대단하다며 시집도 냈으니 잘할 수 있을 것이라는 반응! 다른 하나는 "기자는 아무나 하는 줄 아느냐!", "말도 더듬으면서 어떻게 기자를 하려고 그래?", "말이 되는 소리를 해야지!"라며 찬물을 끼얹는 반응이었다. 나는 이미 확고하게 결심이 섰기에 나에게 용기를 주는 친구들의 말과 나의 내면의 소리를 따르기로 했다.
　그러나 어떤 과정을 통해 기자가 되는지 알지 못했다. 대충 아는 바로는 신문방송학과를 나와 언론고시를 통과해야만 했다. 하지만 언론고시는 말 그대로 고시나 다름없었다. 나는 인터넷을 통해 기자가 되는 법을 검색했다. 검색을 통해 기자가 되는 또 다른 방법을 알게 되었다. '기자아카데미'를 수료하면 추천으로 신문사나 잡지사에 취직하여 기자가 되는 것이었다. 학창시절 성적이 바닥인 데다가 스펙이 전무했던 나는 후자를 택했다. 사실 나에게 언론고시에 합격한다는 것은 낙타가 바늘구멍에 들어가는 것처럼 불가능했다. 그래서 기자아카데미를 수료한 뒤 기자가 되기로 마음먹었다.

캄캄한 동굴과 같았던 현실에 내린 한 줄기 빛

기자가 되기로 결심했지만 또 다른 문제가 있었다. 돈 문제였다. 기자 아카데미를 다니려면 서울에서 생활해야 했다. 적지 않은 돈이 필요했다. 집안 형편에 대해 누구보다 잘 알고 있었기에 나는 쉽사리 부모님께 도와달라고 말씀드릴 수 없었다. 혼자서 고민하며 끙끙 앓았다. 친구들과 술을 마시며 말 못 할 괴로움을 삭여야 했다.

어느 날 밤, 친구들과 현풍면의 한 호프집에서 밤늦게까지 술을 마셨다. 그날따라 경제적인 문제 때문에 이러지도 저러지도 못하는 현실을 고민하다 보니 주량보다 지나치게 마시게 되었다. 택시를 타고 집에 도착했는데 모두 잠들어 있었다. 살그머니 대문을 밀어보았는데 굳게 잠겨 있었다. 주무시는 부모님을 깨울 순 없었다. 술 취한 모습을 보여드리기 싫었던 것이다. 술기운으로 몸이 제어가 되지 않았지만 담을 넘기로 했다. 평소 같으면 가뿐하게 넘었을 높이의 담장이 그날따라 장벽처럼 느껴졌다. 다리에 힘이 풀려서인지 아무리 힘을 주어도 쉽게 오를 수가 없었다. 두세 번 시도한 끝에 담장에 오를 수 있었다. 문제는 뛰어내릴 때 발생했다. 뛰어내리다 넘어지면서 오른쪽 귀가 담장 밑에 놓여 있는 나무토막에 찢어진 것이다. 나는 술에 취해 피가 나는 줄도 몰랐다.

현관문을 열고 거실로 들어섰다. 내가 담을 넘으며 냈던 '쿵' 소리에 놀란 어머니가 거실로 나오셨다. 그 순간 나는 술기운이 확 달아나는 것을 느꼈다. 그러면서 찢어진 귀에서 통증이 밀물처럼 몰려왔다. 돈 문제로 마음고생에 시달렸던 나는 나도 모르게 어린아이처럼 통곡하듯이 울음을 터뜨리고 말았다.

내 울음소리에 잠들어 있던 아버지와 작은누나가 깼다. 다들 무슨 큰일이라도 난 듯싶어 놀란 표정이었다. 어머니는 나의 다친 귀를 보곤 화들짝 놀라며 무슨 일이 있었는지 물으셨다. 그리고 소독약을 묻힌 솜으로 상처를 지혈해주셨다. 그때 나는 뭐 그리 서운하고 억울한 일이 많았는지 큰 소리로 엉엉 울었다. 내가 서럽게 울자 어머니는 다시 무슨 일이 있느냐고 물었다. 나는 한참 울다가 울음을 그친 뒤 "기자가 되기 위해선 서울에 가야 하는데 돈이 없다. 그래서 말도 못 꺼내고 혼자서 고민하고 있었다."라고 털어놓았다. 자초지종을 설명하자 어머니도, 작은누나도 마음이 아팠는지 함께 울었다. 작은누나가 말했다.

"꼭 하고 싶으면 해. 내가 도와줄게."

그 순간 울면서도 너무나 기쁘고 행복했다. 가난한 형편에도 나의 꿈을 지지할 뿐 아니라 그 꿈을 이룰 수 있도록 도와주겠다는 사람이 있다는 것이 너무나 감격스러웠다.

며칠 후 작은누나는 나에게 기자아카데미 수강료와 고시원비, 생활비

등을 보내주겠다고 말했다. 작은누나의 말을 들으면서 '정말 가능할까?'라는 의문도 들었다. 내가 서울 생활을 하는 데 드는 돈이 120만 원가량으로 신협에 다니는 작은누나의 형편으로는 무리라는 생각이 들었기 때문이다. 그리고 당시 작은누나는 가정형편이 어려운 탓에 스스로 시집갈 돈을 마련해서 결혼해야 했다. 그런 형편임에도 이때 나를 도와주느라 결혼이 몇 년 늦어지게 되었다.

캄캄한 동굴과 같았던 현실에 작은누나는 한 줄기 빛이었다. 나와 내 꿈을 믿어준 작은누나가 눈물 나게 고마웠다. 마음속으로 정말 열심히 노력해서 꼭 내가 바라는 것을 실현하겠다고 다짐하고 또 다짐했다. 나중에 알고 보니 작은누나가 보내준 돈은 먹을 것 안 먹고 입을 것 안 입으면서 마련한 돈이었다.

시련이 인간을 강하게 만든다

잔잔한 바다는 노련한 사공을 만들지 못한다.
− 아프리카 속담

처음 해보는 고시원 생활

3월 초 기자아카데미가 개강하기 하루 전날에 서울로 올라왔다. 그전에 서울에 와본 적이 없었기에 서울역에 내린 순간부터 너무나 낯설고 막막했다. 서울역에서 마로니에공원이 있는 혜화역으로 가는 4호선을 타야 했다. 지하철에는 사람이 왜 그리도 많은지 정신이 하나도 없었다. 노선도는 내가 살던 대구의 지하철과는 차원이 달랐다.

당시 대구 지하철은 1호선밖에 없어서 타고 다니는 데 전혀 어려움이 없었다. 그러나 서울의 지하철은 거미줄처럼 너무나 복잡다단했다. 바삐 지나쳐 가는 사람들을 보면서 내심 '내가 서울 생활에 잘 적응할 수 있을까?' 하는 두려움마저 들었다. 서울에는 친척이나 친구 1명 없었다. 서울 하늘 아래 나 혼자뿐이었다. 오로지 내 힘으로 살아가야 했다. 마음속으로 서울이 처음이어서 낯설게 느껴지는 것이라며 앞으로 잘할 수 있다고 스스로를 격려했다. 거듭 시행착오를 거치며 우여곡절 끝에 성균관대학교 정문까지 찾아갈 수 있었다. 거기에서도 10분 동안이나 고시원을 찾아 헤매야 했다. 나중에는 고시원 사장님이 직접 마중을 나오시기까지 했다. 참 감사한 일이었다.

고시원은 1평도 되지 않았다. 하지만 아무도 없는 서울에서 내 한 몸을 누일 곳이 있다는 것 자체만으로 행복했다. 서울에서의 첫날 밤, 잠이 잘 오지 않았다. 새벽까지 뒤척이다가 잠이 들었다.

다음 날 아침 최대한 차려입고 9시까지 기자아카데미로 향했다. 그곳에는 벌써 여러 명의 기자 지망생이 도착해 있었다. 나중에 각자 자기소개를 통해 서울, 인천, 대구, 목포, 전주 등 다양한 지역에서 온 사람들이라는 것을 알 수 있었다. 하나같이 나와 같은 심정으로 이곳을 찾은 것이었다.

내가 속한 기수들 중에 유독 친하게 지냈던 이종수 형이 있다. 종수 형은 유독 나를 살갑게 대해준 고마운 사람이다. 낯선 서울 생활에서 많은 위안과 힘이 되었다. 서울에서 몇 년 살았던 경험이 있는 종수 형은 입학

첫날, 수업을 마치고 나를 인사동으로 데리고 갔다. TV에서나 보던 인사동에서 여러 가지 골동품을 구경하며 시간을 보냈다. 그리고 종수 형과 함께 한 전통찻집에 들어가 차를 마셨던 기억이 난다. 그 후로도 종수 형은 나에게 여러모로 자상하게 대해주었고 배려를 아끼지 않았다.

처음 해보는 고시원 생활은 낯설었다. 하지만 나름대로 재미도 있었다. 고시원 생활을 하며 가장 힘든 부분은 창문이 없어 환기가 안 된다는 것이었다. 그리고 좁은 공간이어서 옷가지와 덩치가 큰 주연테크사의 17인치 조립식 컴퓨터를 놓으니 공간이 더욱 좁아졌다. 기지개를 켜다가 오른쪽 팔이 벽에 고정되어 있는 옷걸이를 툭 치는 순간 포도송이처럼 걸려 있는 겨울옷들이 우수수 쏟아져내려서 다시 옷을 주섬주섬 하나씩 걸곤 했다. 특히 벽은 얇은 합판으로 되어 있어 옆방의 소리가 그대로 전달되었다.

주식은 라면이 전부였다. 종종 라면에 계란을 넣어 끓여서 고시원의 사장님이나 사모님이 해놓은 밥을 라면 국물에 말아 먹었다. 마트에 가면 1,000원에 3분 카레나 짜장을 2개 살 수 있었다. 밥에 카레나 짜장을 비벼 먹곤 했다. 뜨거운 물만 부으면 바로 국이 되는 즉석 국도 먹을 만했다. 혼자 덩그러니 고시원 주방에 앉아 김치도 없이 라면에 밥을 말아서 후루룩 마시곤 했다. 나는 먹는 것에 대해 그다지 불만이 없었다. 지금도 음식에 대해 큰 욕심은 없다. 분식, 김밥, 뼈해장국, 돼지국밥과 같은 음식을 좋아한다. 나는 고시원 생활을 하면서 사모님이 매일 밥을 해주셨던 덕분에 라면이나 카레만 있으면 쉽고 편하게 한 끼를 해결할 수 있어서 좋았다.

같은 길을 가는 작가들과의 만남, 매일 쓰는 한두 편의 시

나는 기자아카데미에서 4개월 동안 기자의 자질을 갖추는 데 필요한 원고 작성법, 현장 취재 요령 등에 대해 배웠다. 교수진은 현직 일간지, 주간지 기자들로 구성되었다. 그동안 알지 못했던 기자라는 직업에 대한 세세하고 소중한 정보를 얻을 수 있었다.

4개월 동안의 수강 과정은 더디면서도 순식간에 지나가버렸다. 어느덧 함께했던 20여 명의 동기는 하나둘 신문사와 잡지사의 기자로 채용되어 자신의 자리를 찾아갔다. 나와 가장 친했던 종수 형은 〈가스산업신문〉의 기자가 되었고, 나는 한 주간신문에서 사회부 기자로 근무하게 되었다.

기자 생활을 하면서도 틈틈이 시 쓰기라는 '딴짓'을 했다. 나는 시를 쓸 때 정말 행복했다. 기자는 밥벌이를 위해 어쩔 수 없이 해야 하는 일이었지만 시를 쓰는 일은 내가 정말 좋아서 하는 일이었다.

서울 생활에 익숙해지면서 다음 3가지를 실천했다.

첫째, 다음 카페 〈세상에 태어나 처음으로 그대를 사랑합니다(추후 '아

름다운 방황'으로 개명)〉 개설

둘째, 서울역을 배회하면서 노숙인들의 고통과 비애를 뼛속 깊이 느끼기

셋째, 매일 시집을 읽고, 시 한 편씩 쓰기

당시 시 열풍이 대단했다. 포털사이트 다음(daum)에는 시 카페가 우후죽순 생겨났다. 나도 카페를 개설했다. 카페를 만든 이유는 그동안 쓴 시를 사람들과 공유하기 위해서였다. 시를 쓰는 것은 외롭고 고독한 작업이기 때문에 계속적인 동기부여가 이루어져야 한다. 누군가 내가 쓴 시를 읽고 난 후, 느낌이나 감정을 공유해준다면 더 큰 힘이 된다. 시를 쓸 수 있는 열정을 오래도록 지속시킬 수 있다. 나는 온라인 카페를 만든 후 서울생활에서 오는 외로움을 그나마 달랠 수 있었다. 가끔 카페 회원들과 정모를 했고 번개도 가졌다. 좋은 사람들을 만날 수 있었다. 그때 각각 온라인 카페를 운영하고 있던 김종원 작가와 김현태 작가를 만나게 되었다. 당시 두 사람은 나처럼 시에 푹 빠져 있었다. 김종원 작가는 최근 『아이를 위한 하루 한 줄 인문학』을 펴냈고, 김현태 작가는 『더 격렬하게 아무것도 하고 싶지 않다』를 펴냈다. 현재 두 사람 모두 수십 권의 책을 펴냈으며 많은 사람들에게 사랑받는 작가가 되었다.

나는 종종 서울역을 배회했다. 마음에서 우러나오는 제대로 된 시를

쓰기 위해서였다. 노숙자들과 소주잔을 기울이면서 대화를 나누곤 했다. 심지어 그들과 함께 신문지를 덮고 잠을 잔 적도 있다. 나는 서울역과 노숙인들을 소재로 시를 쓰고 싶었다. 그러기 위해선 먼저 서울역 노숙인들의 심정을 제대로 알아야 한다고 생각했다.

나는 매일 한두 편의 시를 썼다. 그렇게 매일 꾸준히 시를 썼던 것은 진정한 시인이 되기 위한 기본이라고 여겼기 때문이다. 쓰는 시의 양이 결국은 시의 질적인 향상으로 이어진다고 믿었다.

〈충남일보〉 문학공모전에 시 「서울역」이 당선되다!

서울역에서 노숙인들과 대화를 나누면서 그들에 대한 인식이 달라졌다. 사실 처음에는 나 역시 대부분의 사람처럼 그들이 처음부터 노숙인이었을 거라면서 곱지 않은 시선으로 바라봤다. 그러나 그들을 대하면서 진실을 알게 되었다. 그들 중 많은 사람들이 갑자기 불어닥친 IMF로 인해 평생직장이라고 여기던 직장에서 하루아침에 쫓겨난 사람들이었다. 당시 큰누나와 큰매형도 IMF로 인해 직장에서 해고된 지 몇 달 되지 않은 상황이었다. 어떤 사람들은 IMF 여파로 잘되던 사업이 도산해 뜻하지 않게 거리로 내몰렸다고 했다. 그들에게도 그리운 사람, 사랑하는 가족이 있었다. 그럼에도 경제적인 현실 때문에 가족과 떨어져 차가운 서울역 바닥에서 생활하고 있었던 것이다. 하지만 사람들은 그들의 이런 아픈 사연에는 관심도 없었다. 물론 나 역시 그랬지만. 대부분의 사람은 그들을 그저 지저분한 벌레 정도로 취급하며 무시했다. 그들의 사연을 알게 되자 마음이 아팠다. 오해했던 나 자신이 한없이 부끄러워졌다.

나는 서울역에서 만난 노숙인들을 떠올리며 「서울역」이라는 시를 썼다.

서울역

시 / 김태광

서울역에 소리 없이 눈이 내리네.

역 안으로 들어서는 사람들의 어깨에 겨울이 내리네.

풀꽃조차 뿌리조차 내리지 못하는 동네, 서울역

언제부터인가, 웃음도 편이 갈라져 있고

눈물도 집을 짓는다.

서울역 벤치엔, 저마다 무거운 가방이 올려져 있고

자리를 얻지 못한 노인이 가방 사이로 들어가네.

서울역에 도착한 여자들은 내리는 눈을 바라보다

기차표를 끊는 것을 잊고, 애인에게 야단맞네.

허나, 안내방송조차 들리지 않는 귀퉁이에 누운

노숙자들에겐, 추운 겨울만 소복이 쌓이네.

서울역은 내가 도착하기 전에 눈을 내렸고

내가 역 안으로 발걸음을 옮기기 전에도

겨울을 펑펑 내렸네.

고요히 누운, 노숙자 모습에 하얀 눈이 쌓이네.

서울역 안에 있는 사람들 절반이 눈을 반가워하는데

왜 그 절반은, 자꾸만 웅크리고 잠을 자는지

자꾸만 모르겠네.

오늘은.

나는 이 시를 문학작품을 공모하고 있던 〈충남일보〉에 보냈다. 그리고 별 기대 없이 보냈던 이 시는 〈충남일보〉 당선작으로 선정되었다. 당시 심사위원장을 맡았던 한양대학교 국어국문학과 명예교수인 고(故) 이승훈 시인은 「서울역」을 당선작으로 선정한 이유에 대해 이렇게 말했다.

"언어의 미적 특성에 대한 인식이 남다르고, 그런 점에서 내용도 내용이지만 미적 감동과 울림이 있고, 이게 시의 맛이고, 동시에 이 시대 현실을 보는 시각에 무리가 없다. 노숙자가 보는 눈과 역에 도착한 여자들이 보는 눈은 다르고, 이 차이가 이 시대의 삶에 대한 미적 비판을 낳는다. 당선작으로 손색이 없는 아름다운 시다."

내가 「서울역」이라는 시를 쓸 수 있었던 것은 서울역에서 사람들에게 차갑게 외면당하는 노숙인들을 온전히 이해하기 위해 노력했기 때문이라고 생각한다. 언젠가 선배 시인에게 동시대를 살아가는 노숙인들의 아픔에 대한 시를 쓰기 위해 노숙인들을 직접 만나봐야겠다고 말했다. 그러자 그는 굳이 그럴 필요가 있느냐며 나를 만류했다. 하지만 나는 고생하지 않고 쓴 시는 진짜 시가 아니라는 생각에 서울역으로 향했다.

그렇게 나는 「서울역」이라는 시를 통해 '진짜 시인'이 되었다. 내가 〈충남일보〉에 당선되었다는 소식에 부모님과 누나들은 크게 기뻐하며 축하해주었다. 친구들도 자신의 일처럼 환호하며 축하해주었던 기억이 지금도 생생하게 떠오른다.

희망의 힘으로 나는 버텨냈다

정식 시인으로 데뷔했지만 그렇다고 해서 생활 환경이 질적으로 나아진 것은 아니었다. 여전히 기자 생활로 받는 60만 원의 월급은 나를 초라하게 했다. 고시원에서 라면에 맨밥을 말아 먹거나 즉석 국이나 3분 카레나 짜장에 밥을 비벼 먹어야 했다. 점심시간이 되면 직장 동료들에게 볼일이 있다며 둘러대고 근처 편의점으로 달려가서 컵라면에 날계란 2개를 넣어서 먹었다. 날계란 2개는 나의 영양 보충제였다. 동료들은 대부분 집이 서울이어서 나처럼 생활비가 많이 들지 않았지만 나는 고시원비, 밥값 등 나가는 돈이 한두 푼이 아니었다. 피붙이 하나 없는 냉정한 서울에서 살아남기 위해선 어쩔 수 없이 짠돌이가 되어야 했다. 나는 자주 꼬마김치에 날계란을 푼 컵라면을 먹었다. 식당에서 먹는 6,000원짜리 밥보다 맛있었다.

1평도 안 되는 고시원 생활은 초라하다 못해 똥개처럼 비참했다. 게다가 심한 감기처럼 외로웠고 미래가 불확실했지만 하루하루 설레었다. 내일은 오늘보다 더 나아질 거라는 희망 때문이었다. 그 희망의 힘으로 나는 버텨내고 있었다.

리스크는 기꺼이 감수하라

극히 조심한다는 방침이야말로 가장 위험한 것이다.
– 자와할랄 네루

힘이 되어주었던 김현태, 김종원, 윤상일 시인

나는 다음 온라인 카페 〈세상에 태어나 처음으로 그대를 사랑합니다〉를 개설해 운영했다. 내가 시 카페를 운영하던 2000년 초는 카페가 가장 활성화되던 시기였다. 그때 나는 카페를 운영하면서 비슷한 길을 걸어가는 세 사람을 만났다. 김현태 시인과 김종원 시인, 윤상일 시인이었다. 앞서 그들과의 만남에 대해 간략하게 설명했지만 좀 더 자세히 설명하고자 한다.

하루는 김현태 시인에게서 쪽지가 왔다. 시를 쓰는 사람끼리 언제 시간이 되면 막걸리 한잔하자는 내용이었다. 그렇게 해서 대학로에서 김현태 시인을 처음 만나게 되었고, 막걸리를 마시며 일면식을 가졌다. 그는 덩치가 있고 자주 웃는 편이라 좋은 사람 느낌이 묻어났다.

나보다 다섯 살이나 많았던 그는 화려한 경력을 갖고 있었다. 1997년 월간 〈소년문학〉의 신인문학상 수상을 비롯해, 2000년 〈한국일보〉 신춘문예 희곡 부문에 「행복한 선인장」이 당선되었던 것이다. 거기에 여러 권의 시집을 출간했는가 하면 제일기획에서 카피라이터로 근무하고 있었다. 나중에 알고 보니 그의 연봉은 내가 받는 월급의 서너 배나 되었다. 그만큼 내 월급은 쥐꼬리만 했던 것이다.

현태 형과 나는 대학로에서 자주 만나 술을 마셨다. 특히 내가 머물던 고시원 앞에서 자주 회포를 풀었던 기억이 난다. 술을 마신 뒤 가끔 좁디좁은 내 고시원에서 함께 잤다. 나는 침대에서 자고 현태 형은 아래 바닥에서 자곤 했다. 현태 형은 비록 좁지만 기숙사보다 내 고시원 방이 편하다고 했다. 현태 형이 다니는 제일기획이 이태원에 있었다. 누구나 술을 마신 다음 날 속이 쓰리고 힘들게 마련이다. 기숙사에서 이태원에 있는 제일기획까지 가는 것보다 대학로 근처에 있는 고시원에서 제일기획까지 가는 거리가 가까웠기에 출근하기 편했던 것이다.

시간이 지나면서 김종원 시인, 윤상일 시인과도 자연스레 친분이 생기게 되었다. 윤상일 시인도 시 카페를 운영하고 있었다. 카페 주인장끼리는 통하는 데가 있게 마련이다. 그는 키가 컸다. 그와 만나 술잔을 기울이면 어김없이 시에 대한 이야기가 나왔다. 사실 시를 빼면 할 이야기가 없었다.

당시 우리는 정호승, 안도현, 김용택, 기형도, 서정주, 이정하 시인 등에 대해 이야기를 하면서 술을 마시곤 했다. 시에 대한 이야기꽃을 피우다 보면 금세 자정이 넘어섰다. 그만큼 당시 우리는 시에 푹 빠져 살았던 것이다.

현재 현태 형은 작가로서 활발한 활동을 하고 있다. 어린이 자기계발서『어린이를 위한 시크릿』,『엄마가 사랑하는 책벌레』등의 책을 펴내 많은 사랑을 받았다. 김종원 역시 작가로 활동하고 있다.『삼성가 여자들』,『이부진 스타일』, 이지성 작가와의 공저『가장 낮은 데서 피는 꽃』등의 책을 펴냈다. 최근에는『아이를 위한 하루 한 줄 인문학』을 펴내 많은 사랑을 받고 있다.

마지막으로 윤상일 시인은 기아자동차 퇴계로지점에서 세일즈를 하고 있었다. '작은시인'이라는 닉네임을 가진 그는 아이러니하게도 키가 180센티미터 정도로 큰 편이다. 그는 신차가 나올 때마다 차를 바꿀 생각이 없느냐며 묻곤 했다. 하지만 안타깝게도 그는 한 발 늦곤 했다. 내가 이미 링컨 MKS를 샀거나 도요타 자동차 등 수입차를 사고 난 뒤였다.

이 세 사람은 내가 경제적인 어려움과 외로움으로 힘들어할 때 만난 사람들이다. 내가 계속 시를 쓸 수 있게 하는 힘이 되어주었다. 내 주위에 시를 쓰는 사람이 있다는 것만으로 큰 위안이 되었다. 나는 그들과 시에 대해 이야기하면서 내 이름으로 된 시집을 반드시 펴내겠다는 결심을 했다.

쥐꼬리만 한 월급과 나의 꿈을 바꾸고 싶지 않았다

나는 매일 치열하게 시를 썼다. 하루에 꼭 한두 편씩 써야 직성이 풀렸다. 그래야 하루를 잘 살았다는 생각이 들었다. 그렇게 쓴 시를 주로 밤 8시경 시 카페에 올렸다. 어떤 회원들은 나의 그날 쓴 신작 시를 읽기 위해 미리 카페에 접속해 있곤 했다. 그들은 시를 읽고 나면 꼭 댓글을 달았다. 그들의 댓글을 읽을 때마다 천군만마를 얻은 듯했다. 누군가 내 시를 읽고 용기를 얻고 희망을 가지는 것보다 더 나에게 용기를 주는 일도 없다.

나는 다니던 잡지사를 그만두었다. 비록 기자라는 꿈을 이루기 위해 잡지사에 다녔지만 60만 원이라는 적은 월급 탓에 직장을 다닐수록 빚만 지게 되었다. 왕복 지하철 요금에 점심 밥값에 핸드폰 요금, 고시원 비용 등을 내고 나면 오히려 마이너스였다. 잡지사를 그만두게 된 가장 큰 이유는 내가 원하는 글을 쓰지 못한다는 것이었다. 낮 시간에는 인터뷰이를 만나 인터뷰를 하고 기사를 썼다. 내가 주로 만나는 사람들은 암웨이, 엘트웰, 뉴스킨 등 네트워크 마케팅 기업에서 '다이아몬드 급' 이상의 위치에 오른 성공한 사람들이었다. 그 사람들에게 어떤 계기로 네트워크 마케팅을 시작하게 되었는지, 지금처럼 성공하기까지 어떤 어려움이 있었는지, 앞으로의 포부는 무엇인지 등에 대한 인터뷰 기사를 쓰는 것이었다. 그들은 보통 한 달에 1,000만 원 이상의 수입을 올리고 있었다. 그들을 만나 인터뷰를 할 때마다 나 자신이 자꾸만 작아지는 것을 느꼈다. 시인이 되었고 하루에 몇 편씩 시를 쓰고 있지만 내 삶은 녹록치 않았기 때문이다. 한 달 월급이 고작 60만 원. 이것이 나의 현주소였다. 나는 쥐꼬리만 한 월급과 나의 꿈을 바꾸고 싶지 않았다. 그래서 과감하게 잡지사 기자 일을 그만두었던 것이다.

　나는 잡지사를 그만둔 후 작은누나와 부모님에게 가장 미안했다. 내가 서울 생활을 할 수 있도록 허리띠를 졸라매며 경제적 지원을 아끼지 않았던 작은누나와 힘겹게 자신의 꿈을 향해 열심히 살고 있으리라 믿고 있을 부모님에게 한없이 죄송한 마음이었다.

　잡지사를 그만둔 뒤 한 달 동안 백수로 지내야 했다. 더 이상 수입이 없다는 사실에 나는 불안감에 휩싸였다. 그냥 잘되겠지 하는 막연한 기대감도 하루하루 시간이 지나면서 '이러다 굶어죽는 건 아닐까?'라는 불안감으로 바뀌었다. 누구한테 도움을 구해야겠다는 생각이 들었지만 서울에선 도움을 구할 데가 없었다. 그리고 서울에서 알게 된 김종원이나 현태 형에게 부탁을 할 수도 없는 노릇이었다. 대부분의 사람은 누군가 돈을 빌려달라는 부탁을 받게 되면 부담을 느끼기 때문이다. 나는 지독히 가난한 집에서 자라면서 그것을 본능적으로 알고 있었다.

죽지 않고 꿈을 이룰 때까지 버틸 수 있는 방법

나는 어쩌면 서울 생활을 정리해야 하는 상황에 직면할 수도 있다는 것을 알았다. 그런 상황에 놓이지 않도록 해야 했다. 고민 끝에 막노동을 하면서 생계를 유지하기로 결심했다. 그것만이 죽지 않고 꿈을 이룰 때까지 버틸 수 있는 방법이었다.

나는 본격적으로 막노동을 시작했다. 기자 일을 하던 신분에서 아파트 신축 현장에서 잡일을 하는 속칭 노가다꾼이 된 것이다. 새벽 5시 30분에 일어나 고시원 건너편에 위치한 인력사무소에 나갔다.

봄기운이 느껴지는 3월이지만 새벽바람은 칼날 같았다. 인력사무소 안과 바깥에는 이미 100여 명의 사람들이 일자리를 얻기 위해 줄지어 서 있었다. 마치 영화에서나 볼 수 있는 노예시장 같았다. 시계가 5시 50분을 가리키자 2층에 위치한 인력사무소 소장이 보도로 나왔다. 그는 손가락으로 줄지어 서 있는 사람들을 일일이 지목하며 "너, 너, 너! 문래동 아파트 현장으로 가.", "너는 신림동 현장으로 가고." 이렇게 반말조로 지시했다. 소장은 연세가 지긋한, 예순이 넘어 보이는 사람에게도 반말을 했다.

그런 모습을 지켜보면서 나는 심한 모멸감을 느꼈다. 그런데 지시를 받은 사람들은 아무렇지 않은 표정이었다. 오히려 일자리를 주는 것에 감사한 표정이었다. 나중에 알았지만 소장의 눈 밖에 나면 그날 하루는 공치고 만다. 일을 하지 못한 사람들은 돈을 벌지 못하니 하루 종일 고시원에 있어야 하는 것이었다. 그래서 어떻게든 소장에게 잘 보여서 일을 받아야 한다는 것을 나중에야 알게 되었다. 나는 소장의 그런 몰상식한 언행을 보며 순간 그냥 고시원으로 돌아갈까 잠시 망설였다. 하지만 내 코가 석 자라서 못 본 척, 못 들은 척 내 순서를 기다렸다.

그날 나는 네 사람과 함께 신축 아파트 현장으로 갔다. 주로 했던 일은 신축 아파트 현장에서 쓰레기를 치우거나 파이프나 벽돌을 옮기는 일 등의 잡일이었다. 하루 일하고 받는 일당은 용역 수수료를 떼고 6만 원이었다. 6만 원은 나에게 큰돈이었다. 강하게 표현하자면 피 같은 돈이었다.

사람들은 일을 마치고 인력사무소에 가서 일당을 받았다. 인력사무소에 가면 먼저 온 사람들이 20-30명이 줄지어 서 있었다. 소장은 책상 위에다 현금 다발을 쌓아놓고 한 장씩 세어서 건넸다. 사람들은 그날 같이 했거나 마음 맞는 사람들과 술을 마시러 가곤 했다. 그때 나는 많은 사람들이 경마장에 간다는 것을 알게 되었다. 피땀 흘려 번 돈을 경마장에서 순식간에 날렸다. 소수였지만 몇몇 사람은 자신이 건 돈의 몇십 배를 배당받기도 했다. 이런 예는 드물었다. 나는 그런 사람들과 어울리지 않았다. 힘들게 벌어서 술값으로 몇만 원을 쓰는 것이 아까웠다. 무엇보다 나에게는 이렇게 고생하며 서울 생활을 하는 명확한 목적이 있었다. 꿈을 이루는 것이었다. 꿈을 실현하는 데 도움이 되는 일만 하고 그렇지 않은 일은 하지 않았다.

어디 두고 봐, 누가 이기는지!

당신은 움츠리기보다 활짝 피어나도록 만들어진 존재입니다.
– 오프라 윈프리

내가 쓴 시들을 '저평가된 우량주'라고 믿었다

살다 보면 좌절과 절망에 빠질 때가 있다. 인생이라는 강물이 자꾸만 내가 꿈꾸는 것과 반대로 멀어져가는 것을 느끼곤 했다. 내가 아무리 노력해도 인생에 어떤 영향도 미칠 수 없다는 생각이 들었다. 마치 아무도 알아주지 않는 들꽃처럼 한없이 보잘것없고 초라하게 생각되었다.

하지만 나는 누구보다 치열하게 시를 썼다. 그럼에도 자비출판이 아닌 상업출판으로 제대로 된 시집 한 권 펴내지 못했다는 것에 심한 좌절감을 느꼈다. 내 머릿속에는 '내가 정말 유명한 시인이 될 수 있을까?' 하는 의문과 두려움이 가득했다. 창문도 없는 좁은 고시원에 틀어박혀 지금 내가 무엇을 하고 있는지 의문에 잠기곤 했다. '이런 생고생을 할 바엔 차라리 현실과 타협하면 어떨까, 그렇게 한다면 쉽고 편한 길을 갈 수 있지 않을까?' 하는 생각도 들었다. 나는 자주 고시원 옥상에 올라가 물끄러미 밤하늘을 올려다보곤 했다. 대형 빌딩들과 작은 건물들에서 나오는 형형색색 반짝이는 네온사인 불빛들을 보면서 '서울 사람들은 다들 무슨 생각을 하며 살아가고 있을까?'라는 질문을 던졌다. 그러면서 그들도 저마다 나처럼 고민거리를 안고 살아갈 거라며 위안을 삼았다.

막노동을 하면서도 매일 시를 썼다. 나는 시를 쓰고 난 뒤 출력해 보는 습관을 계속 유지하고 있었다. 하얀 A4용지 위에 활자로 인쇄된 시를 보고 있으면 그렇게 행복할 수가 없었다. 한 편의 시를 썼다는 성취감이 파도처럼 밀려왔다. 내가 쓴 시들이 한 권의 예쁜 시집으로 출간되어 서점에서 판매되는 모습을 상상했다.

나는 무슨 일이 있어도 꼭 시집을 출간하고 싶었다. 2가지 방법으로 시 원고를 출판사에 투고했다. 시집 앞부분이나 뒷부분에 보면 출판사 전화번호와 주소, 이메일 주소가 게재되어 있다. 그래서 이메일과 우편으로 2군데에 모두 시 원고를 보냈다. 그런 정성을 들여야 1군데 출판사라도 나의 시 원고를 제대로 검토해주지 않을까 생각했기 때문이다. 그리고 혹시나 메일만 보낸다거나 출판사 주소지로만 시 원고를 출력해서 투고한다면 혹 담당자가 빠트릴 가능성도 있었다.

1주일에 대략 20군데 출판사에 시 원고를 투고했다. 그리고 열흘 정도 출판사로부터 연락이 오기를 기다렸다. 연락이 없으면 다른 출판사에 다시 투고하는 방식을 취했다. 한결같이 시 원고를 보낸 후에는 답신이 오지 않았다.

'시는 좋으나 당사에서 추구하는 시풍과 달라서 반려한다.'
'현재 출간될 시집 원고들이 밀려 있어서 당장은 시집을 내줄 수 없으니 다른 곳에 문의해보길 바란다.'

간혹 이렇게 답신을 보내오는 곳도 있었지만 모두 원치 않는 거절 메일들이었다. 나는 시집 출간에 대한 꿈을 포기할 수 없었다. 나의 주관적인 생각으로는 내가 쓴 시들이 정말 심금을 울릴 정도로 대단했기 때문이다. 다만 유명 시인들에게만 현혹되어 있는 출판사들이 내 시의 가치를 몰라준다고 여겼다. 나는 내가 쓴 시들을 '저평가된 우량주'라고 생각했다.

그 후에도 계속 시 원고를 출판사에 보냈다. 대략 100군데의 출판사에 300회 이상 시 원고를 투고했다. 너무 자주 보내자 몇몇 출판사에서는 짜증과 조롱 섞인 비판을 담은 메일을 보내왔다. 나는 그런 메일은 읽자

마자 휴지통에 버렸다. 그리고 이렇게 생각했다.

'어디 두고 봐, 누가 이기는지!'

그토록 만나고 싶었던 이정하 시인을 만나게 될 줄이야!

언젠가는 내 시를 눈여겨본 출판사에서 시집을 출간하자고 제안하리라 믿었다. 몇몇 출판사로부터 시가 좋으니 시간이 될 때 출판사로 와달라는 전화를 받았다. 하지만 출판사에 가보면 처음 전화를 걸었을 때와는 달리 조금 더 시간을 두고 검토해봐야겠다는 대답을 듣곤 했다. 출판계약이 될 듯하다 틀어지곤 했다. 이때 정말 피 마르는 심정이었다. 심리적으로 많이 힘들었다. 이런 일이 잦아지자 나도 모르게 부정적인 생각에 사로잡히곤 했다.

한번은 베스트셀러 시집 『너는 눈부시지만 나는 눈물겹다』로 유명한 이정하 시인을 직접 만날 기회가 있었다. 이정하 시인은 1987년 〈경남신문〉과 〈대전일보〉 신춘문예에 시가 당선되면서 문단에 데뷔했다. 그는 산문집 『우리 사는 동안에 1, 2』, 시집 『너는 눈부시지만 나는 눈물겹다』가 각 100만 부 이상 팔려 밀리언셀러를 기록한 시인이다. 그는 나와 같은 대구 출신의 선배 시인이었다. 그동안 이정하 시인의 시를 보면서 그와 같은 감성적인 시를 쓰고 싶다는 열망에 휩싸이곤 했다. 그래서 기회가 되면 꼭 이정하 시인을 직접 만나고 싶다는 소망을 가지고 있었다.

하루는 이정하 시인이 직접 운영하는 출판사 명예의전당에 전화를 걸었다. 여직원이 전화를 받았다. 나는 시를 쓰는 사람으로 이정하 시인과 통화를 하고 싶다고 말했다. 잠시 후 이정하 시인이 전화를 받았다. 그때의 감동은 말로 표현할 수 없다. 나는 그에게 대구 출신으로 서울에서 시를 쓰고 있다고 말했다. 그리고 그동안 그의 시집을 읽고 많은 감동을 받았으며 꼭 한번 뵙고 싶다고 말했다. 그는 대구 출신이라는 말에 반색했고 언제 한번 출판사로 놀러 오라고 말했다.

나는 이정하 시인이 언제 한번 놀러 오라는 말을 가볍게 듣지 않았다. 그래서 용기를 내어 출판사로 다시 전화를 걸었다. 이번에는 이정하 시인이 바로 전화를 받았다. 나는 이정하 시인과 약속 시간을 잡았다. 내가 이정하 시인을 만난다는 것을 김종원에게 말하자 자신도 함께 가고 싶다고 말했다. 그렇게 해서 김종원과 함께 이정하 시인이 운영하는 명예의전당 출판사로 갔다. 그날 이정하 시인과 1시간가량 대화를 나누었다. 이정하 시인은 유명 시인임에도 정말 소탈하고 편한 분이었다. 마치 고향 선배 같았다.

내가 시를 쓰고 있다는 말에 이정하 시인은 그동안 써놓은 시를 메일로 보내보라고 했다. 보고 괜찮으면 시집으로 출간해주겠다는 말도 덧붙였다. 그때 나는 너무나 기뻤다. 기회는 뜻하지 않은 순간에 찾아온다는 말이 있다. 그렇듯이 이정하 시인과의 인연이 시집 출간으로 이어질 수도 있다는 예감도 들었다.

마침 점심시간이었던 탓에 이정하 시인의 지인이 놀러왔다. 이정하 시인은 그 자리에 있던 우리에게 같이 점심 식사를 하러 가겠냐고 물었다. 그렇게 우리도 이정하 시인과 함께 근처 식당에서 밥을 먹게 되었다. 시집 판매 100만 부 신화를 만든 베스트셀러 시인과 함께 식사를 한다는 생각에 긴장이 되어 종원이와 나는 제대로 밥을 먹지도 못했다.

집으로 돌아와 이정하 시인에게 그동안 써두었던 시들 중 일부를 메일로 보냈다. 며칠 후 이정하 시인으로부터 시가 참 좋다는 전화를 받았다. 명예의전당 출판사에서 이정하 시인과 직접 시집 출판 계약서를 작성하게 되었다. 이정하 시인은 두 달 후쯤 시집을 출간할 계획이라고 말했다. 나는 출판사를 나서면서 너무나 기뻤다. 지나가는 사람들 가운데 아무나 붙잡고 "제가 드디어 시집을 낼 수 있게 되었어요!"라고 외치고 싶었다. 그 정도로 행복했다. 나는 하루하루 시집 출간을 기다렸다. 나에게 이런 행복을 주신 하느님께 하루에도 몇 번이나 마음속으로 감사의 기도를 올렸다.

시집 출간의 부푼 꿈이 산산조각 나다

그런데 어느 날 이정하 시인으로부터 전화가 왔다. 이정하 시인의 목소리에서 불길한 예감을 느낄 수 있었다. 역시나 이정하 시인은 출판사 편집위원들로부터 내가 쓴 시의 시풍이 자신의 시풍과 너무나 닮아 있다는 말을 들었다면서 시집 출간은 어렵겠다고 말하는 것이었다. 그 순간 심한 충격을 받은 듯 눈앞이 캄캄하고 다리에 힘이 풀렸다. 하지만 어쩌겠는가! 출판사 대표인 이정하 시인이 그렇다면 그런 것이니까. 이정하 시인은 미안하게 되었다면서 언제 한번 놀러오라는 말을 덧붙이며 전화를 끊었다. 그렇게 시집 출간의 부푼 꿈은 다시 산산조각이 나고 말았다.

몇 달 후 고향에서 S시인을 만나게 되었다. 문득 그가 그동안 자비출판으로 시집을 낸 것에 대해 안타까운 생각이 들었다. 그래서 그에게 그간에 있었던 시집 출판 계약을 했다가 무산됐다는 이야기를 들려주었다. 그가 내게 이정하 시인의 연락처를 물어봐서 알려주었다. S시인은 출판사로 전화를 걸어 이정하 시인과 통화하게 되었다. 그리고 몇 달 후 명예의전당 출판사에서 그의 시집이 출간되었다. 내가 간절히 바랐던 시집 출간의 행운이 엉뚱하게도 S시인에게 넘어간 것이다. 나는 그의 시집을 보며 마음속으로 참 많이 부러웠지만 겉으로는 부러워하는 모습들을 감추려고 애썼다.

당시 S시인에게 서운했던 일이 있었다. 내가 그의 시집 출판에 도움을 주었는데도 사인이 담긴 시집을 한 권도 선물 받지 못했던 것이다. 그렇다고 내 입으로 사인해서 시집 한 권 달라고 말할 수는 없는 노릇이었다.

기분이 썩 좋지 않았다. 하지만 그의 시집은 출간된 후 서점의 판매가 저조했다. 그때 그는 내게 이런 말을 했다.

"시집 제목을 이정하 시인이 지었는데 별로 마음에 들지 않는다."
"아마 제목 때문에 잘 팔리지 않는 것 같다."
"마케팅도 거의 안 하는 것 같다. 그래서 책이 잘 안되는 것 같다."

그때 나는 마음속으로 '그는 그동안 시집을 한 권 낼 때마다 몇백만 원을 들여서 출간하다가 이번에 이정하 시인과는 인세를 받는 조건으로 계약하고 시집을 냈으니 오히려 기뻐해야 하지 않은가? 시집의 판매 여부는 둘째 치고 먼저 감사해야 하는 것 아닌가?' 하고 생각했다. 그러면서 나도 제대로 된 시집 한 권 출간했으면 소원이 없겠다는 생각을 했다. 그때 나는 역시 무슨 일이든 쉽게 얻으면 그 가치를 모르는 법이라는 것을 깨달았다.

어느덧 서울 생활을 한 지 1년이 지났다. 1년간 내가 느낀 것은 절대 이곳이 호락호락하지 않다는 것! 특히 나처럼 이렇다 할 집안 배경도 없고 내세울 만한 스펙 하나 없는 사람에게는 더없이 냉혹한 곳이 서울이었다. 영등포 고시원에서 생활할 때 서울이 얼마나 무서운 곳인지 절실히 깨닫는 일을 겪었다.

하루는 영등포시장 앞을 걸어가고 있었다. 누군가가 내 어깨를 두드리며 아는 체를 했다. 고개를 돌려보니 그는 예전에 경기도 포천에 위치한 신문사에서 함께 근무했던 사람이었다. 신문사에 다닐 때 인사만 하고 지냈던 사이였지만 신문사를 그만둔 지 1년이 지난 시점에 길에서 만나자 반가움이 앞섰다. 그때 그는 좀 지나치다는 생각이 들 정도로 반기며 어디 가까운 호프집에서 얘기나 좀 하자는 것이었다. 나는 딱히 할 일도 없고 해서 함께 근처 호프집으로 향했다.

그는 현재 다른 일자리를 알아보고 있다고 말했다. 집에서는 부모님이 백수 신세로 지내는 자신에게 매일 잔소리를 한다는 것이었다. 여자친구는 돈을 못 번다는 이유로 떠나갔다고 하소연했다. 당시 얼마 전 여자친구와 헤어진 나는 그의 일이 내 일처럼 느껴졌다. 동병상련의 처지였다. 그와 나는 술을 마시며 신문사에서 있었던 일과 서로 앞날에 대해 이야기를 나누었다. 오랜만에 말이 통하는 사람을 만났다는 생각이 들었다. 그날 나도 모르게 내 주량을 넘기고 말았다. 고시원에 어떻게 들어갔는지도 기억이 나지 않을 정도로 과하게 마신 것이다.

잘못된 만남으로 신용불량자가 되어 추락하다

다음 날 오후 지갑에서 신용카드가 없어진 것을 알았다. 그 카드는 예전에 대구에서 삼성카드 영업을 할 때 만든 것이었다. 나는 순간 짚이는 데가 있어 급히 카드사로 전화를 걸었다. 확인해본 결과 350만 원이 여러 번 나눠 결제된 것을 알 수 있었다. 결제 날짜는 그와 만나 술을 마셨던 다음 날 새벽이었다. 카드가 사용된 곳은 유흥주점과 마트였다. 그는 나와 술을 마시던 그날 의도적으로 내 지갑에서 신용카드를 빼냈던 것이다. 순간 누가 망치로 내 뒤통수를 내리친 것 같은 충격을 받았다. 나는 카드회사에 전화를 걸어 카드를 정지시켰지만 이미 한도 초과였다.

카드사 상담원은 최대한 빨리 경찰서에 신고하라고 조언했다. 나는 상담원의 말이 귀에 들어오지 않았다. 그때 당시 내 마음속에는 말로 표현하지 못할 분노와 원망이 가득 차 있었다. 카드를 훔쳐 간 그보다 잘 알지도 못하는 사람을 덥석 믿고 정신을 못 차릴 정도로 술을 마신 나 자신에 대한 분노가 치밀었다. 아무리 나 자신을 욕해봤자 달라지는 것은 없었다. 카드회사 상담원의 조언대로 관할 경찰서에 고소장을 제출했다.

고소장을 제출한 지 1주일이 지났을 무렵이었다. 경찰서 형사과에서 연락이 왔다. 그를 붙잡았다는 것이다. 형사로부터 그를 검거한 과정을 들을 수 있었다. 그는 나에게 훔친 신용카드로 술집에서 350만 원을 결제한 뒤 또다시 다른 술집에서 술을 마셨다. 다시 훔친 신용카드로 결제하려다 카드 뒷면에 적혀 있는 나의 사인과 그의 사인이 일치되지 않는 부분을 의심한 술집 종업원의 신고로 검거된 것이었다. 형사로부터 그 말을 들었을 때 피가 거꾸로 솟는 줄 알았다.

형사는 나에게 그가 처벌되기를 바라느냐고 물었다. 나는 그렇다고 대답했다. 잠시 후 피해자 진술을 하고 있을 때 한 여인이 급히 아기를 업고 들어왔다. 알고 보았더니 그의 아내와 두 살 된 딸이었다. 그의 아내는 나에게 자신과 어린 딸을 봐서라도 제발 선처를 바란다고 울며불며 사정했다. 금전 피해는 자신이 어떻게 해서든 갚겠다는 것이었다. 나는 처음에는 그에 대한 배신감으로 선처는 말도 꺼내지 말라고, 저런 인간은 반드시 감옥에서 고생해봐야 한다고 큰 소리로 말했다. 하지만 거듭되는 그의 아내의 간절한 부탁에 마음이 흔들렸다. 형사에게 처벌을 원하지 않는다고 말했다.

내가 피해자 진술을 거의 마친 상태에서 처벌을 원하지 않는다고 말하자 형사는 짜증을 냈다. 형사는 일사부재리의 원칙에 의해 한 번 처분한 범죄에 대해선 다시 처벌할 수가 없다며 다시 한 번 생각해보라고 권유했다. 나는 다시금 처벌을 원치 않는다고 말했다. 그리고 얼마 후 관할 검찰청 수사관의 전화를 받았다.

"이 사람은 상습범이라 절대 그냥 두어선 안 되니 꼭 검찰청으로 나와서 피해 진술을 해주셨으면 합니다. 김태광 씨 말고도 피해자가 여러 명 더 있습니다."

이런 전화를 여러 차례 받았다. 하지만 나는 이 역시 거절했다. 지금 생각해보면 그를 선처해주고 싶었던 마음보다 나의 현실이 힘들었기에 그런 일에 엮이고 싶지 않았다. 수사기관에 나가서 피해 진술을 할 마음의 여유조차 없었던 것이다.

나는 막노동을 하면서도 자존감을 잃지 않기 위해 노력했다

경제적으로 힘든 상황에서 그 사건으로 인해 나는 바닥으로 추락했다. 다음 달까지 그가 술집에서 쓴 카드 금액을 고스란히 내가 갚아야 했기 때문이다. 당시 내가 할 수 있었던 최선은 하루도 빼먹지 않고 막노동을 나가는 것이었다. 하루 일당이 6만 원으로 59일을 일하면 갚을 수 있었다.

나는 일하고 온 날은 다이어리 날짜에 ×표시를 했다. 다이어리에 × 표시가 늘어날 때마다 마음에 조금씩 위안이 되었다. 그러나 언제나 계획은 보기 좋게 빗나가게 마련이다. 사나흘에 한 번씩 비가 내렸다. 비가 내리는 날은 고시원에 있어야 했다. 나는 수시로 연체금액을 독촉하는 카드사의 전화에 시달렸다. 늦은 밤과 새벽에 추심 전화가 걸려오는 일이 빈번했다. 한번은 밤 11시경 김현태 작가와 대학로 근처 호프집에서 술을 마시고 있었다. 전화가 걸려와 받으니 신용카드 채권추심 전화였다. 나는 창피스러워서 급히 호프집을 나가서 전화를 받았다. 김현태 작가에게 그런 좋지 않은 모습을 보여주기 싫었기 때문이다. 그때 나에게 전화를 건 K신용정보회사 여직원은 고향에 계신 부모님에게 알리겠다고 했다. 그때 나는 가슴이 철렁했다. 이 일을 알게 되면 작은누나와 부모님이 어떻게 생각하실지 겁이 났다. 그리고 가족이 안다는 것이 너무나 불안했고 두려웠다. 그 후 자다가도 추심 전화를 받는 꿈을 꾸곤 했다.

그 사건이 있은 지 2개월가량 지나자 채권추심이 더욱 심해졌다. 하루가 멀다 하고 전화가 걸려왔다. 남자, 여자 번갈아가며 밤과 새벽에 전화를 걸어 연체금액을 언제 갚을 거냐고 강하게 독촉했다. 처음에 350만 원이던 연체금이 나중에는 1,000만 원 이상으로 늘어나 있었다. 당시 막노동으로는 연체를 해결할 수 없어서 여러 개의 카드로 돌려막기를 했기 때문이다. 결국에는 작은누나의 도움을 받아 카드사의 연체금액을 해결했다. 작은누나도 대출을 받아 나에게 도움을 주었던 것으로 기억한다. 처음부터 작은누나에게 사정을 이야기하고 도움을 구했다면 좋았겠지만 당시 나는 작은누나에 대한 미안한 마음과 자존심 때문에 도저히 그럴 수 없었다. 나를 믿고 있는 가족에게 그런 못난 모습을 보이고 싶지 않았기 때문이다.

그 후 1인창업으로 성공한 뒤 과거에 작은누나에게 빌렸던 돈을 모두 갚아주었다. 그리고 과거에 누나들이 나에게 해준 것처럼 큰누나와 작은누나에게 자주 용돈을 주곤 했다. 큰매형이 대장암 수술을 받고 난 뒤 회복하고 있을 때였다. 도움이 되면 좋겠다는 생각에 현금으로 1,000만 원을 주기도 했다.

몇 년 전 작은누나가 네트워크마케팅 회사인 A사에서 ABO로 일하고 있을 때 직급을 유지하려면 매출이 더 필요하다고 했다. 그때 나는 도움을 주기 위해 공기청정기 4개와 다른 제품을 구입하는 등 500만 원어치 물건을 구입해주었다. 나는 누나들이 예쁜 옷을 입고 다녔으면 하는 생각에 백화점에 데려가서 옷을 사주기도 했다. 내가 인생에서 가장 잘한 일들 중에 한 가지를 꼽는다면, 큰누나와 작은누나가 작가가 될 수 있도록 도왔던 일이다.

나는 막노동 일을 하면서 가난한 현실이 어떻게 인간의 자존감을 훼손하는지 직접 경험할 수 있었다. 건축 현장에서 잡부로 일하는 사람들 가운데 자존감이 높은 사람은 단 1명도 없었다. '십장'으로 불리는 작업반장은 항상 반말로 지시한다.

"너 이리 와서 이 파이프 옮겨."
"야, 거기서 뭐 해?"
"너희 둘은 저기 가서 지원해줘."
"왜 자꾸 멍청하게 일을 해? 제대로 해야지!"

이렇게 모욕적인 말을 해도 누구 한 사람 나서서 왜 그런 말을 하느냐고 따지는 사람이 없었다. 그들은 전의를 상실한 패잔병처럼 십장이 시키는 대로 순순히 따를 뿐이었다. 그들의 머릿속에는 오로지 '지금 몇 시쯤 되었을까?', '퇴근 후 한잔해야지.' 이런 생각뿐이었다.

하지만 나는 막노동을 하면서도 자존감을 잃지 않기 위해 노력했다. 노력했다는 표현을 쓰는 데는 이유가 있다. 사실 막노동은 대부분 밑바닥까지 간 사람들이 한다고 해도 과언이 아니다. 막노동을 하면 자신도 모르게 같은 일을 하는 사람들처럼 스스로를 하찮게 여기게 된다. 결국 자존감마저 잃게 되는 것이다. 나는 십장이나 다른 누군가가 나에게 반말을 하거나 함부로 말할 때 그냥 넘기지 않았다. 당신 나를 언제 보았다고 반말이냐며 눈에 독기를 품고 따지고 들었다. 아무리 돈이 궁핍해도 내가 그 일을 하지 않으면 그만이었다. 나는 하루 일당 6만 원에 팔려간 노예가 아니었다. 그렇게 세게 나가자 십장은 다른 사람은 몰라도 나에게만큼은 반말을 쓰거나 함부로 대하지 않았다.

믿어라, 지금의 시련은 잠시 스쳐 지나가는 소나기임을!

막노동을 하며 내가 주로 했던 일은 쇠파이프와 벽돌을 옮기고 시멘트 포대를 어깨에 지고 나르는 것이었다. 일을 할 때도 입버릇처럼 외는 것이 있었다.

'지금 하는 이 일은 내 꿈을 위해 치르는 대가이다!'
'내가 선택해서 하는, 잠시 스쳐 지나가는 아르바이트일 뿐이다!'

'머지않아 내가 꿈을 이룬 순간 지금 하는 일은 더없이 소중한 추억이 될 것이다!'

이렇게 말하면서 세상의 가장 밑바닥에서 서 있는 나 사신을 설득했다. 그때 나는 예감적으로 알고 있었다. 지금 하고 있는 일은 잠시 스쳐 지나가는 소나기 같은 것임을. 막노동 일을 하면서 시의 소재를 찾았고 시어를 생각했다. 잠시 사람들이 담배를 피우며 한숨을 돌릴 때조차 나는 시를 생각했다. 나는 나 스스로 하느님이 선택하신 하느님의 아들이라고 생각하며 천국의 시민이라고 여겼다. 그래서 하느님이 나에게 주신 '메시지'가 무엇인지 깨닫기 위해 노력했다. 어둠을 저주하기보다 '빛을 가져오는 자'가 되겠다고 다짐했다.

결과의 관점에서 생각하라

꿈을 향해 담대하게 나아가라. 그리고 상상대로 살아라.
– 헨리 데이비드 소로

꿈이 있기에, 그 꿈을 반드시 실현해야 하기에!

거듭되는 시련 앞에서 열정을 유지하기란 쉽지 않다. 성공 경험은 동기부여가 되어 더 큰 성공을 이루게 해준다. 그러나 반복된 실패는 패배의식을 불러일으켜 좌절하거나 포기하게 만든다. 당시 나는 시 원고를 출판사에 매일 끊임없이 투고했다. 물론 돌아오는 회신은 거절이었다. 다들 거절하는 이유는 비슷했다.

'시는 좋지만 출판사와 맞지 않는다는 것!'

정말 환장할 노릇이었다. 나의 주관적인 생각으로는 예전에 비해 시가 훨씬 좋아졌다. 내가 운영하는 온라인 시 카페에 시를 한 편씩 올릴 때마다 1만여 명의 회원이 좋다며 열광했다. 한 편의 시에 수백 개의 댓글이 연달아 달리곤 했다. 그런데 정작 출판사들은 나의 시를 거들떠보지 않았다.

막노동을 하면서 몸과 마음은 고단했다. 지쳐가기 시작했다. 아직 어둠이 가시지 않은 새벽 5시 30분에 일어나 대충 세안을 했다. 휴대전화 알람 소리가 울릴 때면 그대로 자버리고 싶은 생각이 간절했다. 오늘만 그냥 잘까 하는 생각과 수십 번 싸워야 했다. 하지만 나는 꿈이 있었고 그 꿈을 실현해야 하기에 정신을 바짝 차려야 했다.

대충 옷을 걸쳐 입고 인력사무소에 나가 소장의 손가락 지시를 받고 아파트 신축 공사 현장으로 나갔다. 봄이 지나고 여름으로 접어드는 시기였다. 오후가 되면 찜통과 다름없었다. 쇠파이프를 나르거나 벽돌을 옮길 때 온몸에 땀이 빗줄기처럼 흘렀다. 자주 물을 벌컥벌컥 들이켜야 했다. 하루에 물을 3리터 이상 마셨다. 어린 시절 동네 아이들과 함께 시원한 개울가에서 미역을 감았던 추억이 떠올랐다. 콘크리트 벽과 바닥에서 내뿜어져 나오는 열기는 정말 대단했다. 포항제철의 용광로에 버금가는 것이었다. 강한 열기로 인해 아무리 물을 마셔도 갈증이 해소되지 않았다. 다른 사람들도 물을 마시기 위해 물통 앞에 사람들이 줄지어 서 있을 정도였다. 오전에는 점심시간을 기다리며 일을 했다. 함바집(건설 현장 식당)에서 잽싸게 밥을 먹고 그늘진 곳에서 잠깐 낮잠을 잘 수 있었기 때문이다. 점심시간이 지나고 오후 일을 시작하면 새참을 기다렸다. 라면이나 국수 한 그릇을 먹고는 잠깐 휴식을 취할 수 있었기 때문이다. 그리고 시계 바늘의 시침이 5시를 가리키기를 기다렸다.

꼭 유명 시인이 되고 싶었다

종종 함께 시를 쓰던 김현태 형과 친구 김종원을 만나 술을 마셨다. 만나면 시풍이 어떻고 출판계가 어떻게 돌아가는지 등에 대해 이야기를 나누곤 했다. 그들과 술을 마시는 시간이 나에게 쉼표와 같은 휴식이었다. 당시 현태 형은 몇 권의 시집에 이어 에세이집까지 출간한 상태였다. 종원과 나는 제대로 된 시집 한 권 내지 못했다. 우리는 현태 형이 마냥 부럽기만 했다. '어떻게 하면 나도 현태 형처럼 시집을 낼 수 있을까?'라는 생각뿐이었다. 현태 형은 이런 나의 마음을 알고 자신이 자주 출간하던 책만드는집 출판사에 나의 시 원고에 대한 검토를 부탁했다. 결과적으로는 출간으로 이어지지 않았지만 정말 고마웠다.

나와 종원은 치열하게 시를 썼다. 그러나 아무리 열심히 시를 써도 그저 몇만 명의 추종자를 거느린 시 카페 주인장일 뿐이었다. 꼭 유명 시인이 되고 싶었다. 우리의 내면에는 그런 욕망이 뜨겁게 불타고 있었다. 당장은 출판사들로부터 외면을 받고 있지만 곧 인정받는 날이 오리라는 믿음의 끈은 놓지 않았다.

나의 운명을 바꿔줄 책을 만나다

나는 막노동 일을 하고 받은 6만 원으로 고시원 근처 김밥천국에서 1,000원짜리 김밥 2줄을 사고 바로 옆 편의점에서 250ml 서울우유를 샀다. 이틀에 한 번은 영등포역 앞 지하에 위치한 서점에 들렀다. 그날은 시 분야가 아닌 소설 분야의 코너를 기웃거렸다. 유독 나의 눈길을 끄는 표지가 있었다. 소설가 김하인의 『국화꽃 향기』였다. 나는 그 소설책을 구입했다.

급히 샤워를 마친 뒤 서울우유와 김밥 2줄을 게 눈 감추듯 먹었다. 그리고 좁은 침대에 두 다리를 뻗고 앉아 『국화꽃 향기』를 읽어 내려갔다. 소설을 읽으면서 나는 혼자서 킥킥거리며 웃다가 어느 장면에서는 눈물 짓곤 했다. 한 권의 책에 그처럼 슬프도록 아름다운 감동이 담겨 있다는 것이 놀랍기만 했다. 그 후로 나는 일을 마치면 매일 서점에 들러 소설을 구입했다. 그때 조창인의 『가시고기』도 읽었던 기억이 있다. 폭풍 감동을 안겨준 책이었다.

나는 고등학교 졸업 후 잠깐 소설에 빠졌었던 적이 있었다. 나를 소설의 매력에 젖어들게 한 책은 대만의 여류소설가 경요의 『노을』이었다. 그 책은 나에게 사랑이 세상 그 어떤 것보다도 위대하다는 것을 깨닫게 해준 작품이었다. 당시 읽었던 그 책을 아무리 찾아보아도 지금은 보이지 않는다. 『노을』을 사기 위해 인터넷 서점을 뒤져보았지만 찾을 수 없었다. 절판되었기 때문이다.

다양한 소설책을 읽으면서 잊고 있었던 소설의 매력에 다시금 빠져들었다. 막노동을 하면서도 '오늘은 어떤 책을 구입할까, 어제 읽었던 내용에 이어 오늘은 어떤 내용이 이어질까?' 궁금해 일이 힘든 줄도 몰랐다. 당시 나에게는 시를 쓰고 소설책을 읽는 것이 유일한 낙이었다.

그즈음 나는 운명을 바꾸어줄 한 권의 책을 접하게 되었다. 하루는 서점에서 성공학의 거장 나폴레온 힐이 쓴 『성공학 노트』를 보게 되었다. 왠지 모르게 그 책의 제목과 표지가 마음에 와닿았다. 그 책을 대충 펼쳐보고는 카운터에서 책값을 계산했다. 그 책을 집에 가져온 나는 그날 밤 단숨에 그 책을 읽어 내려갔다. 그 책을 읽고 난 뒤 누구나 결단하면 성공할 수 있다는 믿음을 가질 수 있었다. 나폴레온 힐 역시 지독한 가난을 극복하고 성공한 인물이었기 때문이다. 그가 하는 모든 말을 조금도 의심하지 않고 믿었다.

책 속에 "나는 매일 모든 면에서 점점 나아지고 있다."라는 문구가 있었다. 나는 이 문구에 매료되었다. 읽을수록 자신감이 생겨나는 것을 느꼈다. 그래서 이 문구를 A4용지에 출력해서 고시원 책상 앞과 벽, 천장에 붙여두었다. 지갑에도 넣어 가지고 다녔다. 하루에도 몇 번씩 그 문구를 보곤 했다. 힘든 현실에 무너지지 않고 내가 도달해야 할 목적지를 잊지 않게 해준 나만의 시크릿이었다.

 그 후로 나에게 많은 변화가 생겨났다. 성공학에 대해 이야기하는 자기계발서를 닥치는 대로 읽기 시작한 것이다. 시집을 읽으면 나도 모르게 마음이 우울해졌다. 그런데 자기계발서들은 읽을수록 마음이 들뜨고 행복해졌다. 작가들이 하라는 대로만 하면 성공할 수 있겠다는 믿음이 생겼다. 그리고 마음속에 '나라고 왜?', '나는 성공하기 위해 태어났다!', '부모님이 가난하다고 해서 나까지 가난하게 살 필요는 없다!', '나는 사람들이 부러워하는 부자로 살겠다!' 등의 자신감이 생겨났다. 나는 제대로 살아보고 싶었다. 진짜, 정말 잘되고 싶었다. 성공해서 가족과 나를 아는 사람들 모두에게 인정받고 사랑받고 싶었다.

 책의 저자들이 공통적으로 주장하는 것이 있었다. 확고한 꿈과 노력, 인내, 긍정, 자기관리 등의 성공 요소를 갖추면 누구나 성공할 수 있다는 것이었다. 나는 모든 사람에게 하느님이 주신 성공 열쇠가 있다고 믿었다. 비록 외모와 학력, 스펙, 가정환경은 다를지 모르나 하느님이 주신 성공 DNA는 동일하다고 생각했다. 이 믿음은 지금도 그대로이다. 나는 누구나 성공할 수 있다는 진리에 열광했다. 지독히 가난한 집에서 자란 나도 얼마든지 성공할 수 있다는 뜻이기 때문이다.

모든 게 다 잘될 것 같았다

 하루는 현태 형으로부터 신간 에세이집 『혼자는 외롭고 둘은 그립다』

를 선물 받았다. 그 책은 나에게 자극제가 되었다. 현태 형의 에세이집을 읽으면서 문득 이런 생각이 들었다.

'처음에 시를 썼던 현태 형도 에세이를 쓰는데 나라고 에세이를 쓰지 말라는 법 있나?'
'이제부터 시를 쓰지 말고 현태 형처럼 에세이를 써보자!'

나는 더 이상 시를 쓰지 않고 에세이를 읽기 시작했다. 여러 권의 에세이를 읽으면서 나도 충분히 쓸 수 있겠다는 자신감이 생겼다. 게다가 나는 감성적인 시를 쓴 시인이라는 장점도 갖추고 있지 않은가. 에세이라는 새로운 세계를 알고 나자 내 심장은 다시금 세차게 뛰기 시작했다. 다시 시작이었다. 모든 게 다 잘될 것 같았다.

지금 고백하건대 나는 원래 부정적인 사고로 가득했던 사람이다. 상대의 좋은 면보다 나쁜 면을 먼저 보고 선입견을 갖는, 그런 바람직하지 않은 유형의 사람이었다. 그런데 내가 읽은 에세이와 자기계발서들이 부정적인 사고를 긍정적인 사고로 전환시켜주었다. 에세이는 글을 어떻게 써야 하는지에 대해서도 가르쳐주었다. 나는 책을 읽으면서 내가 갖고 있는 지식과 다양한 경험과 삶의 깨달음을 글로 쓸 수 있는 방법을 알게 되었다.

나의 꿈이 그냥 실현된다고 믿었다

자기계발서를 30권쯤 읽자 사고가 조금씩 달라짐을 확실히 느꼈다. 지금의 나는 보통 사람들은 절대 알 수 없는 비밀스런 책들을 읽고 있다. 의식 확장, 의식 상승에 관한 책들이다. 내가 읽는 책을 읽으면 아무리 IQ가 낮고 아둔한 사람일지라도 똑똑해지고 지혜로워진다. 나는 〈한책협〉에서 진행하는 '책쓰기 특강'에서 다음과 같이 자신있게 말한다.

"여러분의 삶이 아직까지 달라지지 않았다면 꿈을 찾게 하고 성공하고 싶다는 강한 욕망이 들게 하는 책을 읽으십시오. 시중에 있는 대부분의 사람이 읽는 베스트셀러 위주의 책은 읽지 말고 영혼을 자극하고 의식 수준을 높여주는 책을 골라서 읽으십시오. 나는 그런 비밀스런 도서들을 읽었고 지금과 같이 삶이 달라졌습니다."

나는 나에게 책쓰기 코칭, 1인창업 코칭을 받는 사람들에게는 의식 수준을 높여주는 책들을 읽힌다. 그들은 그 책들을 읽으면서 빠르게 변화한다. 내면 의식이 달라지면 외부 환경 또한 저절로 달라지기 때문이다. 나에게 책쓰기 코칭을 받는 사람들은 보통 3주 정도 만에 원고를 다 쓰고 책을 출간하고 있다.

나는 죽기 전에 꼭 이루고 싶은 버킷리스트 목록을 작성했다. 버킷리스트 목록을 쓰면서 내가 무엇을 원하는지, 어떤 사람이 되고 싶은지 알 수 있다. 다음과 같이 버킷리스트를 종이에 적어 내려갔다.

- 베스트셀러 작가 되기
- 대한민국 최고의 성공학 강사 되기
- TV, 라디오에 출연하기
- 해외에 저작권 수출하기
- 내가 쓴 글이 교과서에 등재되기
- 다양한 장르의 책쓰기
- 수입차 구입하기
- 대기업 등의 사보에 칼럼 쓰기
- 두 달에 책 한 권 출간하기
- 책 100권 쓰기
- 연 수입 30억 원 벌기
- 대형 서점에서 사인회 하기

대부분의 사람은 버킷리스트가 중요하다고 생각하지만 정작 써보진 않는다. 가장 큰 이유는 실현되지 않는다고 믿기 때문이다. 그래서 괜히 쓸데없는 짓을 하고 싶지 않은 것이다. 나는 '버킷리스트가 정말 실현될까?' 이런 생각은 하지 않았다. 그냥 실현된다고 믿었다. 의심은 꿈을 방해하는 드림킬러이다. 꿈을 꾸면서 의심을 가지고 있다면 그 꿈은 이루어지지 않는다. 보통 사람들에게는 꿈과 의심 2가지 중에 의심의 힘이 더 세다. 그래서 의심이 꿈을 제압하게 되어 삶이 달라지지 않는 것이다.

결과의 관점에서 생각하라

꿈을 실현하는 과정에서 많은 깨달음을 얻게 되었다. 가정환경, 학벌, 스펙, 외모 등은 꿈 실현에서 중요하지 않다는 것이다. 물론 약간의 도움은 된다. 가장 중요한 것은 확고한 꿈과 실현된다고 믿는 확신과 믿음, 어떤 힘든 일이 생겨도 지칠 줄 모르는 인내이다. 내가 가장 좋아하는 형이상학자 네빌 고다드의 말처럼 'I am that I am'이 돼야 한다. 나는 성공자이다. 나는 부자이다. 나는 베스트셀러 작가이다. 나는 대한민국 대표 책쓰기 코치이다. 나는 건강한 사람이다. 나는 네빌 고다드의 말을 목숨처럼 생각하고 믿고 따르며 살았다.

내가 버킷리스트를 이룰 수 있었던 것은 특별한 능력이 있어서가 아니다. 버킷리스트를 적은 종이를 지갑과 가방에 넣고 다니며 수시로 보면서 내가 바라는 모습을 상상했다. 내가 습관적으로 했던 것이 시각화이다. 결과의 관점에서 생각하는 것이다. 아직 원하는 것들을 성취하지 못했더라도 마치 성취한 것처럼 생생하게 느끼고 생각하고 행동하고 상상하는 것이다. 시각화를 통해 부정적인 생각은 긍정적인 생각으로 바뀌었다. 일상 역시 달라지기 시작했다. 내 주위에 나의 성공을 돕는 사람들이 다가오기 시작했다.

사람이 인생의 모닥불이다

내 꿈을 지지해주는 그녀를 만나다

얼마 후 영등포 지하철역 근처에 있는 고시원으로 옮겼다. 그즈음 나는 부천시 원미구에 사는 한 아가씨와 사귀게 되었다. 회계사 사무소에서 근무했던 그녀는 작은 키에 귀여운 스타일이었다. 내가 시를 썼듯이, 그녀도 수필을 쓰고 있었다. 그녀가 자신이 쓴 수필을 메일로 보내주었는데 정말 잘 썼다. 그녀가 쓴 수필을 다른 수필가가 쓴 줄 알고 정말 그녀가 쓴 것이 맞는지 여러 번 묻기도 했다.

그녀와 나는 통하는 것이 많았다. 그녀도 시를 좋아했다. 무엇보다도 마음이 참 따뜻했다. 그녀는 내 꿈을 지지해주는 한 사람이었다. 그녀와 내가 알게 된 것도 시를 통해서였다. 그녀는 나의 시가 감성적인 탓에 읽고 나면 슬퍼진다고 했다. 하지만 왠지 모르게 묘하게 중독된다는 것이었다.

그녀는 퇴근 후 나를 만나기 위해 부천에서 영등포까지 왔다. 우리는 영등포역 근처 번화가에서 함께 밥도 먹고 술도 마셨다. 밥이나 술을 먹고 마시고 나면 항상 객지 생활하는 오빠가 무슨 돈이 있냐며 자신이 계산하곤 했다. 그녀가 계산할 때 나는 미안한 마음에 계산대에서 좀 떨어진 곳에 쭈뼛거리며 서 있었다. 이때 돈이 없으면 초라해진다는 것을 느꼈다. 계속 얻어먹기만 하고 한 번 제대로 사지 못하는 나 자신이 한심했다. 그러면서 한편으로는 그녀가 참 고마웠다.

한동안 나는 부천에 사는 그녀에게 잡지사를 그만두고 막노동을 한다는 사실을 숨겼다. 어느 날 그녀와 전화통화를 하다가 그 사실을 솔직하게 고백했다.

"나 할 말 있어."
"뭐야?"
"얼마 전에 잡지사 일 그만뒀어. 월급도 적은 데다가 인터뷰 기사를 쓰다 보면 정작 중요한 내 글을 쓰지 못해서 그만뒀어."

이렇게 말하고 난 뒤 그녀가 나에 대해 어떻게 생각할까 내심 걱정했다. 그러나 그것은 기우였다. 그녀는 이렇게 말했다.

"오빠, 막일 힘들 텐데…. 오빠 일이니까 오빠가 잘 알아서 해. 나는 오빠가 어떤 일을 해도 상관없어."

그녀의 말을 듣자 나도 모르게 눈물이 핑 돌았다. 정말 그랬다. 나를 이해하고 믿어주는 그녀가 너무나 고맙고 감사해서 눈물이 났다. 이런 이야기를 그녀와 마주 보지 않고 전화로 이야기할 수 있어서 다행이라는 생각이 들었다. 만일 대면해서 했더라면 감격한 나머지 눈물을 보이는 모습을 들켰을지도 모르니까.

12월의 어느 날이었다. 서울은 대구에 비해 날씨가 훨씬 추웠다. 그녀는 나를 만나기 위해 영등포로 왔다. 그녀는 얼마 전에 친구들과 먹었던 와인 숙성 대나무 삼겹살을 사주겠다며 나를 식당으로 데리고 갔다. 저녁이어서 식당 안은 사람들로 시끌벅적했다. 메뉴에는 3가지 종류의 삼겹살이 있었다. 나는 한 가지만 주문하려고 했지만 그녀는 모든 맛을 보여준다며 다 주문했다. 이 순간 그녀에게 감동했다. 나를 생각하는 마음이 오롯이 느껴졌기 때문이다. 하지만 태연한 척 행동했다.

잠시 후 숯불이 들어왔다. 숯불이 들어오니 차가운 공기가 감돌았던 테이블이 따뜻해졌다. 이어 고기가 나왔다. 내가 고기를 구우려고 집게를 잡자 그녀는 자신이 굽겠다며 집게를 들었다. 그러고는 고기가 적당하게 익었을 때 먹기 좋도록 가위로 잘랐다. 나는 그녀를 말없이 쳐다보았다. 배는 고팠지만 도저히 고기를 먹을 수 없었다. 미안한 마음과 고마운 마음이 교차했기 때문이다. 내가 안 먹고 있자 그녀가 말했다.

"오빠, 한번 먹어 봐. 얼마 전에 친구들과 왔을 때 정말 맛있었거든. 그래서 오빠랑 함께 오고 싶었어."
"진짜?"
"그렇다니까!"

와인 숙성을 한 탓인지, 그날따라 배가 고팠던 탓인지 고기가 정말 맛있었다. 허겁지겁 미친 듯이 먹으면서 우리는 술을 마시기로 했다. 그녀는 소주잔에 소주를 반가량 따르고 나머지는 콜라로 채워 일명 '소콜'을 만들었다. 우리는 소맥과 소콜로 건배를 했다. 그녀와 함께 있을 때면 시간이 순식간에 흘러갔다. 왜 그리 할 말이 많은지 해도 해도 끝이 없었다. 둘이서 깔깔대며 웃다 보면 금세 시간은 밤 11시를 넘어서고 있었다. 그녀의 집은 조선시대에나 있을 법한 통금 시간이 있었다. 12시 이전에 들어가야 했다. 그렇지 않으면 집에서 전화가 걸려오고 난리가 난다는 것이었다. 나는 아쉬운 마음을 뒤로하고 그녀를 버스 정류장까지 데려다 주었다. 버스에 탄 채 멀어지는 그녀의 뒷모습을 물끄러미 쳐다보았다. 한동안 그녀가 탄 버스를 바라보다가 고시원으로 발걸음을 옮겼다.

살아오면서 제대로 된 데이트를 해본 경험이 없었다

그녀와 나는 영등포에서 자주 데이트를 했다. 영등포를 떠나본 적이 없었다. 영등포가 데이트 장소가 된 이유는 내가 그녀가 있는 부천으로 가지 않았기 때문이다. 사실 만날 때마다 그녀가 내가 있는 곳으로 와주었다. 그래서 나는 그녀가 사는 부천으로 가서 데이트를 해야 한다는 생각을 하지 못했다. 살아오면서 제대로 된 데이트를 해본 적이 없었기에 그녀를 배려하는 법을 몰랐던 것이다.

한번은 영등포에서 그녀와 저녁을 먹은 뒤 2차로 소주방에 갔다. 그녀가 어딘가에 전화를 했다. 잠시 후 누가 오기로 했다는 것이었다. 나는 온다는 사람이 누구일지 기대했다. 10분이 지났을까, 우리가 있는 테이블 쪽으로 한 아가씨가 걸어오는 것이 보였다. 알고 보니 그녀의 여동생이었다. 그렇게 그녀의 여동생과도 일면식을 가지게 되었다. 여동생은 성격이 무척 쾌활하고 초긍정적이었다. 그렇게 그녀의 동생과 합석하게 되었다.

그 후로도 종종 셋이서 만나곤 했다. 그녀의 동생은 나를 '형부'라고 불렀다. 나도 '처제'라고 부르곤 했다. 그녀의 동생과 이야기를 하다가 동생이 김종원 작가의 다음 카페에 가입되어 있다는 것을 알게 되었다. 그리고 얼마 후 김종원 작가와 술을 마시다가 그녀의 동생에 대해 이야기를 하게 되었다. 동생은 김종원의 팬이라고 한 적이 있었다. 김종원 작가는 그녀를 한번 만나 보고 싶어 했다. 그래서 나는 동생에게 김종원을 소개시켜주었던 기억이 있다.

어느덧 크리스마스 이브였다. 고시원에서 책을 읽고 있는데 그녀가 잠시 만나자고 했다. 나는 커피숍으로 나갔다. 그녀와 동생, 내가 운영하는 다음 카페의 한 회원이 나와 있었다. 넷이서 이런저런 이야기꽃을 피웠다. 내가 화장실에 갔다 오자 테이블 위에 큼직한 종이 상자가 놓여 있었다. 무엇인지 묻자 그녀는 크리스마스 선물이라고 말했다. 나는 전혀 예상치 못했다. 크리스마스 이브에 이렇게 함께 있어주는 것만으로도 행복한데 선물까지 받는다는 것은 정말 의외였다. 그동안 살아오면서 내 생일이나 크리스마스에 선물을 받아본 적이 거의 없었기 때문이었다.

그러나 나는 그녀를 위한 선물을 준비하지 못했다. 선물해야 한다는 생각 자체를 하지 못했기 때문이다. 그래서 테이블 위에 놓인 선물 상자를 보자 고마움보다는 미안함이 앞섰다. 그녀는 내게 "오빠, 상자 한번 열어봐!" 하고 말했다. 나는 종이상자를 열었다. 그 안에는 예쁜 색상의 스웨터와 목도리가 들어 있었다. 태어나 처음으로 여자친구에게 받아보는 선물이었다.

나는 그녀에게 무조건 받기만 했다. 정작 해준 것은 아무것도 없었다. 그동안 그녀가 나를 만나기 위해 영등포까지 왔음에도 나는 그녀를 단 한 번도 부천까지 바래다준 적이 없었다. 절대 귀찮아서 그랬던 것이 아니다. 앞서 말했다시피 여자친구를 위하는 법을 알지 못했다.

한번은 그녀와 영등포에서 데이트를 하고 버스정거장으로 배웅해주러 갈 때였다. 그녀가 내게 이런 말을 했다.

"내 친구들 남자친구는 여자친구 집까지 바래다주는데 오빠는 한 번도 부천까지 바래다준 적이 없어."

그 순간 나는 많이 부끄러웠다. 그녀의 말이 사실이기 때문이다. 그녀의 말처럼 한 번도 집까지 바래다준 적도 없었다. 언젠가 한번 그녀에게 "집까지 바래다줄까?" 하고 물었던 적이 있었다. 그러자 그녀가 말했다.

"아냐. 여기서 10분이면 가."

그때부터 내 머릿속에는 부천은 영등포와 10분 거리이기 때문에 굳이 바래다주지 않아도 된다는 생각이 자리 잡았던 것 같다. 그리고 나는 시골 출신이다. 시골에서는 캄캄한 밤이나 위험한 곳을 지나갈 때 바래다주는 것이 보편적이다. 나는 그렇게 생각했던 것이다. 그녀로부터 자신의 친구들의 남자친구들은 집까지 바래다준다는 말을 듣고 나서야 이렇게 물었다.

"미안해. 대신 오늘 바래다줄까?"

"아냐, 됐어. 그냥 해본 소리야."

잠시 후 부천행 버스가 도착했다.

"저기 버스 오네. 오빠, 나 갈게."

잠시 후 그녀는 버스에 올랐다. 그날 고시원으로 돌아오면서 그녀가 했던 말을 곱씹어보았다. 내가 남자친구로서의 자격이 있는지 반문했다. 그러면서 앞으로는 자주 그녀가 있는 부천으로 가야겠다고, 가끔 그녀를 집까지 바래다주어야겠다고 다짐했다. 그러나 나의 다짐을 실천할 수 있는 날은 오지 않았다.

진심으로 그녀가 행복하게 살기를 바랐다

얼마 후 그녀와 나는 이유 없이 헤어졌기 때문이다. 정확하게 말하자면 헤어졌다고 말하기보다 멀어졌다고 하는 것이 맞을 것이다. 지금에 와서 생각해보면 그녀는 이윤학 시인을 좋아했다. 당시 이윤학 시인은 나와는 비교할 수 없이 유명하게 알려진 시인이었다. 어떤 계기로 그녀는 이윤학 시인을 직접 만나게 되었다. 그 후 나에게 자주 이 시인의 이야기를 했다. 그럴 때마다 나는 질투를 했다. 그러면서 자연스레 멀어졌던 것 같다. 헤어진 당시에는 이별의 아픔을 실감하지 못했지만 시간이 지나면서 마음이 헤아릴 수 없이 괴로웠다. 안 그래도 팍팍하고 외로운 서울 생활이 더없이 외롭고 힘들게 느껴졌다.

 헤어지고 나서 한동안 하루에도 몇 번씩 그녀를 떠올렸다. 짧았던 시간이었지만 그녀와 함께한 추억들이 그리움 속에서도 문득문득 나를 미소 짓게 만들었다. 그리고 영등포에서 멀지 않은 부천에 그녀가 살고 있다는 생각에 마음이 따뜻해졌다. 가끔 그녀를 떠올리며 그녀에게서 받았던 것들에 대해 떠올려보았다. 내가 그녀에게 해주지 못했던 것들을 생각하면 많이 미안했다. 10분 거리에 있었지만 서로 만나지 못한다는 사실에 한동안 힘들었다. 당시 나는 하루하루 살기 위한 전투를 치르고 있었고, 시간이 지나면서 그녀는 기억에서 지워지기 시작했다.

 그녀와 헤어진 뒤 몇 년이 흘렀다. 내가 대구에 내려가 달서구 지역 신문사에서 일할 때 김종원 작가로부터 그녀가 선을 보고 결혼했다는 소식을 들었다. 그녀와의 추억이 마치 영화 필름처럼 빠르게 스쳐 지나갔다. 그러면서 왠지 마음이 뻥 뚫린 것만 같았다. 내 인생에서 가장 외롭고 힘들었던 시기에 그녀를 만났다. 그녀는 마음 한구석을 따뜻하게 지펴준 모닥불과 같았다. 그런 그녀가 누군가의 아내가 되었고, 아이의 엄마가 되었다는 생각과 함께 '각자 주어진 운명이 있나 보다.' 하고 생각했다. 나는 진심으로 그녀가 행복하게 살기를 바랐다.

그대와 나 사이엔

시 / 김태광

새들에겐 휴전선이 없다.
언제든지 가고 싶은 곳으로 훨훨 날아갈 수 있는
날개가 있기 때문이다.
들에서 곡식을 주워 먹다 일제히 비상하는 새들은
나에게 있어 너무나 부러운 존재였다.
걸어서 그대에게 닿을 수 없다면,
저 새들처럼 훨훨 날아서라도
그대에게 닿고 싶다.

같은 하늘 아래 사는
그대에게 다가가고 싶어도
그대와 나 사이엔, 보이지 않는
휴전선이 그어져 있기에
그저 같은 하늘 아래 산다는 것만으로
내 그리움을 삭여야만 했다.
마음 한번 굳게 먹고, 다가갈 수도 있으나
그대에겐 너무나 가혹한 아픔이기에
나는 날마다, 그리움의 날개만

펼쳤다, 접었다 하다

결국, 내 존재의 이유까지 접고 마는.

세 번째 시크릿 Secret 3

최악의 순간까지 견뎌라

시련을 딛고 일어난 예술가, 석창우 화백

"두 팔 멀쩡한 전기 관리자로 일할 때보다 하고 싶은 일을 하면서 의수 화백으로 사는 지금이 더 행복합니다."

2014년 소치 동계패럴림픽 폐막식에서 의수에 붓을 끼우고 세로 8미터 56센티미터, 가로 2미터 10센티미터 화선지에 수묵 크로키 퍼포먼스를 펼친 석창우 화백. 그는 수묵 크로키의 창시자다.

그는 젊은 시절 전기기술자로 일하다가 22,900볼트 감전 사고를 당했다. 12번의 수술을 견뎠지만 두 팔과 두 발가락을 잃었다. 그러나 절망 속에서도 '두 팔 없이도 할 수 있는 일'을 찾았다. 그것이 그림이었다. 수많은 미술학원에서 거절당했으나 포기하지 않았다. 그는 지금도 매일 빠짐없이, 온몸을 써서 10시간씩 그리거나 쓴다. 그의 낙관은 두 발가락이 없는 발이다.

석창우 화백은 사고를 시련이라고 생각하지 않는다. 어려움 속에서도 자신이 할 수 있는 것을 찾았고, 상처를 견뎌가며 노력했다.

"자신에게 주어진 상태에서 내가 할 수 있는 것을 찾는 게 가장 좋다고 생각해요."

나를 죽이지 못하는 시련은 나를 더 단단하게 만든다

불행을 하나의 출발점으로 삼는 사람이 되어라.
- 오노레 드 발자크

일주일에 사흘은 막노동, 나머지는 글쓰기에 올인하다

자신감 하나로 산문집 쓰기에 돌입했다. 그런데 막상 글쓰기를 시작하자 생각처럼 쉽지 않았다. 그동안 시집만 줄곧 읽고 시만 써왔던 터라 술술 글이 쓰이지 않고 자꾸 막혔다. 머릿속에는 쓰고 싶은 스토리가 많지만 그것을 적확한 단어로 풀어내기가 힘들었다.

글을 쓰다가 자꾸 막힐 때면 나도 모르게 화가 나서 책상에 이마를 찧곤 했다. 글을 술술 잘 쓰고 싶은데 그렇지 못해서 속에서 열불이 났던 것이다. 고백하자면 나는 성격이 급한 편이다. 그래서 어떤 일을 해야겠다고 생각하는 순간 즉시 행동으로 옮긴다. 그런데 글쓰기는 그게 잘 되지 않았다. 이 이야기를 하다가 저 이야기를 하게 되고, 자꾸 막히고, 적확한 단어가 떠오르지 않아 원고지 5매를 쓰는 데도 하루 종일 걸리곤 했다. 그렇게 고생해서 썼지만 막상 읽어보면 마음에 들지 않았다. 출력한 A4용지를 힘껏 구겨서 바닥에 던지는 것으로 화풀이를 했다.

당시 내 머릿속에는 온통 쓰고 있는 원고에 대한 생각뿐이었다. 당시 1주일에 사흘 정도 막노동을 하고 나머지 시간은 책쓰기에 매달렸다. 하루에 A4용지 7장가량을 썼다. 책 한 권의 분량은 100장 정도이기에 미친 듯이 써야 했다.

지갑에는 달랑 2,000원, 라면도 떨어진 비상 사태

어느 날 글을 쓰지 못하는 일이 발생했다. 막노동을 하다 못에 발이 찔리는 사고를 당한 것이다. 신축 아파트 공사 현장에서 파이프를 나르다가 그만 쓰레기 더미 아래에 있던 합판을 밟았는데, 그 합판에 다 제거하지 않은 못들이 몇 개 박혀 있었다. 그중 하나가 왼쪽 발등을 뚫었던 것이다.

처음에는 무언가 뾰족한 것에 찔린 느낌이 들었다. 곧이어 점점 가늘고 차가운 것이 살 속을 파고드는 느낌이 들었다. 그러더니 극심한 통증이 밀려왔다. 통증에 나도 모르게 발을 들었고 그 순간 피가 콸콸 쏟아졌다. 신발은 금세 피로 물들었다. 나는 다친 발을 가지고 있던 수건으로 싸맸다. 잠시 후 인부가 다쳤다는 소식을 듣고 현장 소장이 달려왔다. 조심해야지 하는 말과 함께 약간의 치료비만 내게 건넸다. 지금 생각해보면 그날 내가 어떻게 지하철을 타고 고시원까지 왔는지 모르겠다.

그날 밤부터 시작해서 거의 열흘가량 제대로 걷지 못했다. 화장실도 참았다가 한 번에 해결하곤 했다. 그런데 2가지 문제가 있었다. 다친 발의 통증이 심해서 바닥에 발을 딛고 앉아 있을 수가 없어 책을 쓰지 못한다는 것과 더 이상 막노동 일을 나가지 못한다는 것이었다. 책은 발이 나은 뒤 쓰면 되지만 일을 못 한다는 것은 심각했다. 밥벌이를 못해 굶게 된다는 말이었기 때문이다. 일을 나가지 못하는 날이 이어지자 가지고 있는 돈은 바닥이 났다. 결국 지갑에는 달랑 2,000원만 남았다. 어떤 일이 있어도 그 돈에는 손을 댈 수 없었다. 왜냐하면 발이 낫고 나면 그 돈을 왔다 갔다 지하철 요금으로 써야 했기 때문이다.

아끼고 아껴 먹었지만 결국 비상식량인 라면마저 바닥나고 말았다. 처음에는 반찬도 없이 물에 밥을 말아서 국처럼 그냥 삼켰다. 이것도 한두 번이지 며칠 동안 계속 그렇게 할 수는 없는 노릇이었다.

이틀째 되던 날부터 배가 참을 수 없을 정도로 고팠다. 물을 마시며 허기를 달랬다. 물로 배는 채울 수 있었지만 돌아서면 배가 고팠다. 참을 수 없는 허기였다. 등가죽과 뱃가죽이 인사하는 것 같았다. 배와 등이 붙어버렸다. 그때 나는 배고픔을 견디는 것보다 더 고통스러운 것은 없다는 것을 절실히 경험했다. 가난이 고통스러운 것은 배고픔이라는 고통을 품고 있기 때문이다.

나는 살기 위해서 겨울잠을 자는 곰을 따라 하기로 했다. 곰이 겨울잠을 자듯이 고시원 방에 있는 작은 침대에 가만히 누워 있었다. 최대한 에너지 소모를 줄이기 위해서였다. 움직이지 않으면 체내 에너지를 덜 소모하게 되어 배가 덜 고플 거라는 생각에서였다. 처음에는 내 생각이 맞았다. 하지만 시간이 지나면서 배고픔은 고통스럽다 못해 괴로울 지경이 되었다. 먹고 싶은 음식들이 머릿속에서 떠나지 않았다. 내가 좋아하는 족발, 회, 삼겹살, 치킨, 탕수육 등이 머릿속에서 빙빙 돌았다. 만약 내 앞에서 살아 있는 돼지가 꿀꿀거리며 돌아다니고 있었다면 그대로 살찐 엉덩이를 물어뜯었을 것이다. 거리를 지나다 보면 쉽게 볼 수 있는 작은 횟집들의 수족관에서 살아 움직이는 활어들이 떠올랐다. 내 눈앞에서 광어나 우럭이 펄떡거리고 있었다면 회를 뜨지도 않고 통째로 뜯어먹었을 것이다. 그만큼 배고픔이 심했다. 미치도록 음식이 간절했다.

과연 물만 마시며 살 수 있을까?

나는 물만으로 사흘을 견뎠다. 내가 굶어도 누구 한 사람 배를 곯지 않느냐며 음식을 가져다주는 사람이 없었다. 정말 이러다 내가 굶어 죽을 수도 있겠다는 위기의식마저 들었다. 그렇다고 해서 친하지도 않은 옆방 사람에게 돈을 꾸어 달라고 말할 수도 없는 노릇이었다. 돈을 빌려보아야 고작 만 원 정도였다. 이 돈을 빌려주지도 않으면서 나를 거지 취급할 수도 있다는 두려움이 생겼다. 서울에서 알게 된 지인들에게 돈을 빌려 달라고 할 수도 없었다. 그들에게 단돈 만 원이 없어 사흘을 굶고 있다는 현실을 들킨다는 것이 너무나 창피했다.

성경에 보면 이스라엘 백성은 광야에서 방랑하는 동안 하늘에서 내려온 '만나(기적의 양식)'를 공급 받았다. 만나는 하느님이 이스라엘 백성에게 주신 음식이다. 하지만 나에게는 고시원 천장에서 만나가 내려오지 않았다. 배고픔이 극심해졌다. 마치 당이 떨어진 당뇨병 환자처럼 손과 발이 떨렸다. 그동안 가졌던 꿈을 향한 긍정적인 사고가 부정적인 사고로 바뀌기 시작했다. 마치 복근을 식스팩으로 만들기 위해 3개월간 매일 치열하게 운동했는데 단 며칠 운동을 쉬었다고 해서 하루아침에 식스팩이 사라진 것과 같았다. 마음속에는 갖가지 부정적인 생각이 다 들었다.

'내가 서울에서 왜 이러고 살아야 하나!'
'정말 내가 작가가 될 수 있을까?'
'월급은 쥐꼬리만 하지만 그냥 예전처럼 다시 기자 생활로 돌아갈까?'

이런 생각이 내 마음을 수백 번도 더 노크했다. 하지만 나는 배고픔 때문에 지금껏 견지해온 내 꿈과 미래를 포기하고 싶지 않았다. 여러 성공학 책에도 적혀 있듯이 지금 겪는 고통은 성공을 향해 나아가는 사람이라면 응당 겪어야 하는 통과의례라고 생각했다.

더 이상은 배고픔을 참을 수 없었다. 정말 배가 고파서 죽을 것 같았다. 며칠 굶어본 사람들은 안다. 배고픔이 극심해지면 배가 아파온다는 것을 말이다. 나는 고시원의 공동 냉장고 문을 열어보았다. 냉장고 안에는 수십 개의 반찬 통이 칸칸이 놓여 있었다. 순간 나는 '저 반찬을 좀 먹으면 어떨까?'라는 얄팍한 생각이 들었다. 그러다 이내 이런 생각을 떨쳐버렸다. 내 것이 아닌 것에 손을 대고 싶지 않았다. 그 반찬들은 누군가의 소중한 가족이 사랑과 정성으로 만들어준 음식이다. 따라서 그런 반찬에 몰래 손대는 것은 범죄와 같다는 생각이 들었다.

그러나 그날 새벽, 결국 일을 내고 말았다. 배고픔을 도저히 참을 수 없었던 것이다. 방에서 혼자 고민을 거듭하다가 냉장고에 있는 원생들의 반찬을 조금 먹기로 했다. 나는 '이건 훔치는 것이 아니라 잠시 빌리는 거다. 나중에 성공하면 꼭 다른 방법으로 돌려주면 돼.'라고 나 자신을 설득했다.

그렇게 원생들의 몇 가지 반찬을 빌려서 밥을 먹었다. 그때의 밥맛은 정말 꿀맛이었다. 지금도 그때의 '밥맛'을 잊지 못한다. 밥을 먹을 때 뇌리를 스쳤던 생각이 있었다. '역시 사람은 굶고는 못 산다는 것이었다.'였다. 사람들이 "이따구로 일하면 밥 못 먹는다!", "그렇게 해서 밥 먹을 수 있겠어?", "자기 밥그릇 잘 챙겨야 한다!" 이렇게 말하는 진짜 이유를 체험할 수 있었다.

나는 어떤 악조건에서도 원고 쓰기를 멈추지 않았다

배고픔을 제대로 경험한 나는 발이 완전히 낫지 않았음에도 인력사무소로 나갔다. 발의 통증보다 굶주림에 의한 고통이 더 끔찍했기 때문이다. 최대한 다리를 절지 않으면서 일했다. 다른 인부들보다 작업 속도가 느렸기에 작업반장이나 다른 사람들의 눈초리가 따가웠다. 나는 모른 체했다. 이것이 내가 그날 하루를 버티고 살 수 있는 방법이었기 때문이다. 나는 그렇게 고통을 참아가며 하루 일당 6만 원을 벌 수 있었다. 그리고 그날 저녁은 김밥 2줄과 떡라면으로 배부르게 먹었다.

나는 어떤 악조건에서도 원고 쓰기를 멈추지 않았다. 그 결과 마침내 산문집 원고를 완성할 수 있었다. 원고를 다섯 차례 수정한 뒤 퇴고를 마쳤다. 퇴고를 마친 원고를 보며 감격스러운 나머지 나도 모르게 눈물이 났다. 그동안 책을 쓰면서 겪었던 일들이 머릿속에서 고속 필름처럼 지나갔다.

그날 혼자 고시원에서 새우깡을 안주 삼아 소주를 마시며 자축했다.

쓴 소주를 들이켜며 달콤한 장밋빛 환상에 젖었다. 이 원고를 출판사에 투고하면 여러 출판사로부터 러브콜을 받고 몇 달 후 책으로 출간되어 베스트셀러가 되리라는 행복한 상상에 잠겼다.

자존심 따위는 개나 줘버려라

인내할 수 있는 사람은 그가 바라는 것은 무엇이든지 손에 넣을 수 있다.
– 벤자민 프랭클린

보란 듯이 폼 나게 살고 싶다!

첫인상은 너무나 중요하다. 원고 역시 출판사 편집자가 갖는 첫인상이 매우 중요하다. 출판사에는 하루에 수십 편의 원고가 투고된다. 내가 투고한 원고의 첫인상이 촌스럽다면 편집자들의 눈길을 사로잡을 수 없다. 휴지통으로 직행이다. 그래서 나는 편집자들의 눈길을 유혹하기 위한 작업에 들어갔다. 산문집 원고의 제목과 각 장과 꼭지의 제목을 좀 더 세련되게 고쳤다.

수정을 마친 산문집 원고를 이메일로 10곳의 출판사에 보냈다. 그만큼 빨리 책으로 출간하고 싶은 마음이 간절했기 때문이다. 출판사에 원고를 보내면 적어도 검토 기간이 빠르면 사흘에서 1주일, 늦으면 한 달 가까이 걸린다. 원고가 몇몇 출판사로부터 거절당할 것을 미리 예상한 터라 다수의 출판사에 원고를 투고한 것이다.

원고를 투고한 뒤 수시로 휴대전화를 들여다보았다. 출판사로부터 출간 계약을 하자는 전화가 걸려오는 것을 상상했다. 당시 밥벌이를 위해 1주일에 사흘은 막노동 일을 했다. 여름에는 비가 오는 날이 많은 탓에 일을 할 수 있는 날이 별로 없었다. 한 달에 일할 수 있는 날이 보름도 되지 않았다. 일하는 일수가 줄어들다 보니 경제적으로 빨간불이 들어오기 시작했다. 고시원비에 휴대전화 요금, 생활비 등을 내고 나면 항상 돈이 간당간당하거나 모자랐다. 최대한 지출을 줄이기 위해 애썼다.

그즈음 김종원과 충무로역 근처에서 술을 마신 적이 있다. 그때 종원도 고시원에 틀어박혀 시를 쓰고 있었기에 가진 돈이 없었다. 우리 둘이 주머니를 털어 만 원 남짓 돈이 되었는데 소주 2병에 꽁치 한 마리를 시켜서 먹었던 기억이 난다.

그때는 생활 수준이 극빈층이었지만 그래도 내가 진정으로 좋아하는 일을 하고 있었기에 불행하다는 생각은 들지 않았다. 다만 가끔 "내 청춘은 왜 이리도 험난할까?", "정말 작가로 성공하고 싶다!", "보란 듯이 세상에 내 이름 석 자를 알리고 싶다.", "유명한 작가가 되어 수입차도 타고 다니면서 폼 나게 살고 싶다!" 이런 말을 했던 기억이 난다.

우리는 남은 소주를 마저 마시고 종원이 사는 고시원으로 향했다. 그의 고시원에 한 번도 놀러 간 적이 없었던 터라 몹시 궁금했다. 그를 따라 들어선 그의 방을 보는 순간 경악했다. 특히 그가 침대에 누워 자는 포즈를 취했을 때 충격적이다 못해 웃음까지 나왔다. 180센티미터가 넘는 그의 키에 비해 침대가 조금 짧았다. 그래서 그의 다리는 휘어진 널빤지 같은 포즈를 취하고 있었고 발끝은 벽에 닿아 있었다.

그 모습을 보는 순간 정말 비참하다는 생각이 들었다. 그의 모습이 나의 모습과 오버랩되었던 것이다. '얼른 작가로 성공하지 못하면 서울 하늘 아래 고시원 신세를 벗어나지 못하겠구나.' 하는 두려움이 엄습했다.

증오스러운 돈, 갈기갈기 찢긴 막노동 일당 85,000원!

하루는 아파트 신축 현장에서 '야리끼리(할당량을 정해진 시간까지 맞추어 작업하는 것)'로 보통 때보다 3시간 일찍 일을 마쳤다. 다른 날보다 25,000원을 더 받아 다들 기분이 좋았다. 함께 일했던 사람들과 함께 고시원 근처의 횟집에서 술을 마시게 되었다. 그날 술자리가 파하기 전에 가장 나이가 많은 분이 술값을 계산했다. 그분은 부산에서 사업을 하다가 IMF로 인해 부도가 나는 바람에 가족들과 떨어져 막노동을 하며 고시원에서 살고 있었다. 그분의 그날 하루 일당은 그렇게 술값으로 사라지고 말았다. 그럼에도 나는 술값을 계산하는 그분에 대한 고마움보다는 오늘 고생해서 번 돈을 한푼도 쓰지 않고 공짜로 회를 먹고 술을 마셔서 기쁘다는 생각이 들었다.

거나하게 취해 고시원으로 터벅터벅 걸음을 옮겼다. 걸어오는 동안 이러저런 생각에 잠겼다. 순간 돈을 한푼도 쓰지 않고 술과 회를 얻어먹은 데 대해 기뻐하기까지 한 나 자신이 한없이 못나 보였다. 아니, 창피하다는 생각이 들었다. 이런 마음 한편에서는 지독한 가난에 찌들어 사는 나 자신에 대한 혐오가 밀려왔다. 그러고는 나를 향한 혐오스러운 감정은 다시 자괴감으로 바뀌었다. 순간 누군가와 부딪쳤다. 마음속에 온갖 증오로 가득 차 있던 나는 그에게 다짜고짜 원망을 쏟아붓기 시작했다. 그는 나에게 화를 내며 "뭐야? 경찰이다!"라고 말했다. 나는 "그래서? 뭐 어쩌라고! 경찰이면 다야!"라며 눈에 독기를 품고 대들었다. 그는 별 미친놈 다 보겠다며 나를 슬슬 피해 지나갔다. 지금 생각해보니 너무 힘들었기에 그런 말도 안 되는 행동을 했던 것이다.

나는 내가 처한 현실에 대해 분노가 치밀었다. 갑자기 돈이 싫다 못해 증오스러워졌다. 그래서 그날 일당으로 받았던 돈 85,000원을 조각조각 찢어서 공중으로 던져버렸다. 찢어진 지폐들은 바람에 나부끼며 여기저기로 흩어졌다. 마주 오던 사람들이 이런 나를 미친놈처럼 쳐다보며 수군거리며 지나갔다. 그 순간에 나는 제정신이 아니었다. 그랬다. 완전 미친놈이었다. 도박판에서 모든 돈을 잃고 이성을 잃은 미친놈 같았다. 바람에 흩어지는, 갈기갈기 찢겨진 피 같은 돈의 흔적을 바라보았다. 가슴이 저미다 못해 찢어지게 아파왔다. 갈기갈기 찢어진 지폐 조각들이 마치 나 자신 같다고 생각했기 때문이다.

알량한 자존심보다 내 꿈이 더 소중하다

며칠 후 투고한 출판사들로부터 비슷한 내용의 메일이 왔다.

"보내주신 원고 검토를 마쳤습니다. 안타깝게도 이번에는 저희와 함께 작업할 수 없다는 결론에 도달했습니다. 또 다른 원고가 있다면 다음에 보내주시면 검토하겠습니다."

일부 출판사들은 답신 자체를 보내오지 않았다. 처음에 두세 번 이런 답신을 보면서 거절에 대한 실망이 컸지만 계속되는 퇴짜에 실망하는 마음도 들지 않았다.

그 후로도 계속 출판사에 원고를 투고했다. 모두 출간이 어렵겠다는 부정적인 답신이었다. 심지어 어느 편집자는 마음에 상처를 주는 내용을 담은 회신을 보내기도 했다. 내용이 상당히 실망스럽다며, 차라리 시를 계속 써보는 건 어떻겠냐는, 약간 비꼬는 내용이었다. 나는 그 답신을 끝까지 다 읽지 않고 삭제했다. 부정적인 내용을 읽게 되면 부정적인 생각과 감정에 사로잡히기 때문이다. 나는 거절하는 편집자들의 말에 개의치 않았다. 이 정도에 상처받거나 좌절한다면 작가의 꿈을 이룰 수 없다는 것을 누구보다 잘 알고 있었다.

나는 출판사에서의 거절을 당연히 거쳐야 할 과정으로 생각했다. 그리고 과거 대구에서 삼성카드 영업을 할 때의 기억이 떠올랐다. 그때 하루에도 수십 명의 고객들에게 거절당했던 것을 생각하면 지금 내가 겪고 있는 시련은 아무것도 아니라는 생각마저 들었다.

출판사들로부터 거듭 퇴짜를 맞을 때마다 좌절과 절망하기보다는 오히려 오기가 생겨났다.

'그래, 어딘가에 반드시 내 원고를 알아줄 출판사가 있을 거야. 끝까지 해보자. 누가 이기나!'

이때 나는 5가지 교훈을 얻을 수 있었다.

첫째, 출판사들로부터 여러 번 퇴짜를 맞았다고 해서 좌절하거나 포기해선 안 된다는 것

둘째, 편집자들의 피드백을 공부라고 생각하며 계속 원고를 수정해야 한다는 것

셋째, 세상에 출판사는 많다는 것

넷째, 내가 포기하지 않으면 성공으로 가는 과정에 있다는 것

다섯째, 지금 겪는 시련들이 훗날 소중한 자산이 되어준다는 것

성공한 시인이나 작가들 가운데 많은 출판사로부터 거절을 당하지 않은 사람은 없다. 그들 역시 거듭되는 출판사의 퇴짜에 좌절과 절망을 겪으며 절필을 결심하기도 했다. 하지만 그럼에도 그들은 포기하지 않았고, 그 결과 세상에 자신의 이름을 떨칠 수 있었다.

일부 출판사는 원고를 반려하면서 부족한 부분에 대한 피드백을 해주었다. 그 피드백을 귀담아들어야 한다. 그리고 꾸준히 원고를 수정해 나가면 처음 원고에 비해 훨씬 좋아지게 마련이다. 무엇보다 출판사에서 오는 피드백을 통해 좀 더 나은 책의 기획력과 원고를 쓰는 요령을 얻을 수 있다.

나는 거듭되는 출판사들의 거절에도 계속 투고를 멈추지 않았다. 내 꿈을 실현할 때까지 자존심 따위는 개나 줘버려야겠다고 결심했다. 알량한 자존심보다 내 꿈이 더 소중했기 때문이다.

믿음의 주문을 외워라, '된다, 된다, 나는 된다!'

당신이 진정으로 믿는 일은 반드시 이루어진다. 그 믿음이 그것을 실현시킨다.
— 프랭크 로이드 라이트

나는 아직 유명하지 않지만, 앞으로 유명해지면 되겠구나

나는 누구보다 고군분투하며 치열하게 살았다. 입에서 단내가 날 정도로 불쌍하게 살았다고 자신 있게 말할 수 있다. 20대 시절의 서울 생활을 생각하면 고시원에 틀어박혀 책 읽고, 죽어라 글 쓰고, 생계를 위한 막노동 일을 한 기억밖에 없다. 서울에서 3년 반을 사는 동안 드라마에서 자주 보았던 한강 공원, 초등학교 시절 책받침에서 볼 수 있었던 63빌딩, 경복궁, 덕수궁 돌담길 등을 가보지 않았다. 오로지 책쓰기에 전념했다.

만약에 하느님이 나에게 스무 살 시절로 다시 돌아가게 해준다고 한다면 생각해 볼 필요도 없이 거절하겠다. 풋풋한 청춘은 좋지만 그때 겪었던 고생을 두 번 다시 하고 싶지 않기 때문이다.

산문집 원고를 완성 후 출판사에 원고를 투고한 지 1년이 지났다. 그동안 나는 여러 출판사로부터 거듭 깨지면서 맷집을 단단히 키웠다. 이때 나는 한 원고에만 집착하지 않고 다른 산문집 원고를 쓰고 있었다. 한번은 한 출판사로부터 뵙고 싶다는 연락을 받았다. 들뜬 마음에 즉시 그 출판사로 향했다. 미팅을 하는 동안 기대감은 좌절로 바뀌었다. 편집자는 내 문체가 마음에 든다며 다른 작가의 원고를 윤문(글을 윤색함)해줄 수 없느냐고 물었다. 윤문이 필요한 원고의 작가는 TV 방송 출연에 강연 등으로 바쁜 탓에 직접 원고를 수정할 수 없다는 것이었다. 순간 나는 기분이 좋지 않았다. 나는 그런 일은 하지 않는다며 자리를 박차고 나왔다.

또 다른 출판사에서는 내게 대필을 부탁했다. 순간 황당했다. 아직 내 책도 출간하지 못한 채 거듭 퇴짜를 맞고 있는 상황에서 다른 사람의 책을 대신 써달라니! 그때 유명인이 아니면 책을 출간하기 힘든 세상이라는 생각이 들었다. 이런 생각은 다시 '나는 아직 유명하지 않지만 앞으로 유명해지면 되겠구나.'라는 생각으로 바뀌었다.

나는 계속되는 출판사들의 거절에 조금씩 지쳐가고 있었다. 거절당하는 횟수가 200번 이상 넘어가니 내면의 확신이 흔들리기 시작했다. 더군다나 비가 오거나 눈이 내리면 그나마도 일을 하지 못하는 막노동을 하고 있는 현실이 나를 작아지게 했다.

가끔 대구 집에 내려가면 아버지로부터 "서울에서 내려와 공장에 들어가 일이나 해."라는 말을 듣곤 했다. 당시는 내 꿈을 믿지 못하는 아버지가 원망스러웠다. 하지만 지금은 이해가 된다. 아들이 시인이 되겠다고 하더니, 이제는 작가가 되겠다며 허무맹랑한 소리를 하며 제대로 된 돈벌이를 하지 않으니 그 심정이 오죽하셨을까. 정신 나간 놈처럼 보였을 것이다. 하지만 나의 꿈을 포기할 순 없었다. 꿈을 포기한다는 것은 남들과 비슷한 인생을 살아야 한다는 것을 의미했기 때문이다. 나는 부모님께 조금만 더 기다려달라고 말씀드렸다. 그러면서 꼭 성공해서 호강시켜 드리겠다고 큰소리쳤다.

'출판계 미다스의 손' 바움출판사의 이창훈 사장님

심한 좌절을 느끼고 있던 어느 날이었다. 휴대전화가 울렸는데 받아보니 출판사였다. 그때 내게 전화를 주셨던 분이 바로 '출판계의 미다스의 손'이라고 불리던 바움출판사의 고(故) 이창훈 사장님이다. 그분은 내게 보내준 원고를 잘 읽었다며 원고와 관련해 의논할 것이 있다면서 출판사에 와달라고 말했다. 홍대 근처에 위치한 바움출판사는 당시 책이있는마을 출판사와 같은 사무실을 쓰고 있었다. 처음 대면한 이창훈 사장님은 40대 초반의 인상이 참 좋은 분이었다. 그분과 원고에 대해 한참 이야기를 나누게 되었다. 그때 이 사장님은 2권의 시리즈 산문집을 기획하고 있었다.

이창훈 사장님이 한 가지 제안을 했다. 투고한 원고는 다음에 출간하는 것으로 하고, 자신이 기획한 2권의 산문집의 원고를 써서 인세 계약을 하자는 것이었다. 그 순간 나는 가슴이 먹먹했다. 이제야 비로소 작가의 신분으로 출판사와 정식으로 계약을 맺을 수 있다는 사실에 이루 말할 수 없이 기뻤다. 물론 출판사가 원하는 퀄리티의 원고를 써내야 한다는 부담감은 있었다. 갖은 고생 끝에 원고를 썼는데 출판사에서 퀄리티가 떨어진다며 거절할 수도 있기 때문이다. 하지만 당시의 나는 찬밥 더운밥 가릴 처지가 아니었다. 나는 그 자리에서 바로 책을 쓰겠다고 말했다. 앞으로 좋은 일이 일어날 것이라는 예감이 들었다.

바움출판사를 다녀온 뒤 산문집 원고 쓰기에 돌입했다. 원고 집필에 앞서 먼저 각 꼭지에 들어갈 사례를 찾기 위해 서점과 도서관에 처박혀 닥치는 대로 책을 읽었다. 사례를 찾는 데 시간이 꽤 걸렸다. 막노동은 1주일에 이틀만 하기로 했다. 그 외의 시간은 책을 쓰는 데 집중했다.

출판사에서 요구한 대로 원고를 쓰는 것은 생각처럼 쉽지 않았다. 물론 지금은 그런 형식의 원고를 쓴다면 하루에 A4용지 30장도 너끈히 쓸 수 있다. 하지만 당시는 정말 진척이 느렸다. 끙끙대며 열심히 써보았자 하루에 집필한 원고 분량은 고작 원고지 30장 정도였다. 때로 글이 잘 풀리지 않을 때는 책상에 이마를 찧곤 했다. 글이 잘 안 풀릴 때마다 내가 스트레스를 푸는 방식이었다.

나는 치열하게 글을 쓰면서 가끔 바움출판사에 들르곤 했다. 그때마다 이창훈 사장님은 갓 출간된 신간 몇 권을 선물로 주셨다. 아직 서점에 풀리지 않은 따끈따끈한 신간을 선물로 받는 경험은 말로 다 표현할 수 없다. 한번은 퇴근 후 저녁에 바움출판사에 들렀다. 출판사 직원들이 저녁 식사로 자장면을 시켰는데, 나도 그들 틈에 끼어 함께 먹게 되었다. 그때의 자장면 맛은 아주 특별했다. 지금도 잊지 못한다.

3년 반 만에 드디어 내 이름으로 된 책이 출간되었다!

고군분투한 끝에 몇 달 만에 2권의 산문집 원고를 완성할 수 있었다. 나는 꼼꼼히 탈고를 마친 뒤 원고를 메일로 출판사에 보냈다. 떨리는 심정으로 출판사로부터 올 답신을 기다렸다. 출판사에서 '내가 쓴 원고가 마음에 들지 않으면 어쩌지?' 하는 부정적인 생각이 들기도 했다. 그러나 마음 한편에선 이번만큼은 정말 잘되리라 긍정적인 생각이 들었다.

드디어 이창훈 사장님으로부터 연락이 왔다. 출판사로 방문해달라는 전화였다. 부리나케 출판사로 향했다. 출판사에는 깔끔하게 프린트된 2권의 원고가 놓여 있었다. 내가 이메일로 보내드린 원고였다. 그 원고는 이미 편집 작업을 해놓은 상태였다. 하단에 페이지 숫자가 매겨져 있었다. 그것을 보는 순간 나는 마음속으로 '이젠 됐다!'라는 생각이 들었다.

이창훈 사장님은 원고가 마음에 든다고 했다. 그러면서 쓰느라 고생했다는 말도 잊지 않았다. 마침내 나는 스물일곱 살이 되던 2003년 4월 3일에 바움출판사와 2권의 산문집 『꿈이 있는 다락방』, 『마음이 담긴 몽당연필』을 계약했다. 산문집 특성상 삽화가 들어가야 하기에 5퍼센트 인세 조건에 2권의 계약금으로 100만 원을 받았다. 100만 원은 나에게는 큰 액수였다. 그 어떤 돈보다도 가치 있는 돈이었다. 정식 작가가 되어 첫 번째로 번 인세였기 때문이다.

나는 바움출판사와 출판 계약을 마친 뒤 곧장 짐을 챙겨 대구로 내려갔다. 서울 생활이 너무나 힘들었기 때문이다. 그해 7월과 9월에 『꿈이 있는 다락방』, 『마음이 담긴 몽당연필』이 출간되었다. 출판사에서 보내온 20권의 증정 부수를 방바닥에 펼쳐놓고 매만지며 행복해했던 기억이 난다. 산문집 출간은 몇 년 전 자비로 출판했던 시집과는 또 다른 느낌과 행복감을 맛보게 했다.

바움출판사에서 출간된 『마음이 담긴 몽당연필』의 일부 내용 '아름다운 약속'은 2010년 7차 교육과정 개정 초등학교 4학년 1학기 도덕 교과서에 게재되었다. 그후 지금까지 모두 16권의 초·중·고 교과서에 나의 글이 수록되어 있다. 또 내가 펴낸 책들 가운데 몇 권은 해외 여러 나라에 저작권이 수출되어 출간되었다.

나는 첫 책을 계약하기까지의 과정을 통해 많은 것을 배울 수 있었다. 그 가운데 하나는 진짜 꿈, 즉 가슴 뛰는 꿈을 품으면 어떤 시련이 닥쳐도 그것을 이룰 때까지 포기하지 않는다는 사실이다. 당장은 자신을 힘들게 하고 고통스럽게 하는 좌절과 절망이 내면을 더욱 단단하게 한다는 것도 배웠다.

그 후 나는 에세이, 소설, 자기계발서, 어린이 창작동화, 어린이 자기계발서, 청소년 자기계발서 등 다양한 장르의 책을 쓰게 되었다.

다음은 내가 생각하는 대부분의 사람들이 작가가 되지 못하는 10가지 이유이다. 내가 꼭 하고 싶은 말은 마음만 먹으면 누구나 책을 쓸 수 있다는 것이다.

첫째, 위대한 작가가 되려고 노력한다.
둘째, 워드를 잘 치지 못한다고 겁부터 낸다.
셋째, 한글 문서 편집 요령을 통달할 때까지 글쓰기를 미룬다.
넷째, 먼저 문학박사 학위부터 따고 나서 글을 쓰겠다고 결심한다.
다섯째, 출판사로부터 퇴짜 맞을지 모른다는 두려움을 극복할 때까지 기다린다.
여섯째, 책을 낼 가능성이 희박하다고 스스로 자책한다.

일곱째, 남들이 보면 비웃을 거라고 걱정한다.

여덟째, 너무 더워서, 너무 추워서, 너무 습해서, 날이 너무 좋아서 글쓰기 싫다고 불평한다.

아홉째, 첫 문장을 쓰기 전에 모든 문학 사조를 분석한다.

열째, 사람들을 감동시킬 멋지고 화려한 말만 골라 쓴다.

매일 모든 면에서 점점 나아지고 있다

신은 우리가 성공할 것을 요구하지 않는다. 우리가 노력할 것을 요구할 뿐이다.
– 마더 테레사

나는 매일 모든 면에서 점점 나아지고 있다!

대구에 내려온 뒤 잠시 큰누나 집에 머물렀다. 몇 달 후면 책이 출간될 예정이었던 터라 기분 좋게 고향집에 갈 수도 있었다. 하지만 마음이 내키지 않았다. 평생을 가난에 허덕이며 사신 아버지는 매일같이 술에 취해 있었고 툭하면 "죽겠다!"라는 말씀을 하셨다. 그런 아버지와 함께 생활하는 어머니가 안쓰럽고 불쌍하게 여겨질 정도였다. 이런 상황에서 부모님에게 "드디어 책이 출간돼요!"라고 자랑할 수는 없는 노릇이었다.

대구에서 다시 시작할 집을 구하기 위해 동네방네, 벼룩신문을 살폈다. 당시 내가 가지고 있던 돈은 출판사에서 계약금으로 받은 967,000원이 전부였다. 그래서 원룸과 같은 깨끗한 환경은 엄두도 내지 못했다. 나름 깨끗한 집들은 모두 보증금이 200만 원이 넘었다. 나는 기대치를 내렸다. 그저 보증금과 월세가 싼 곳만 찾기 시작했다. 내가 원하는 집을 구하기 위해 발품을 팔기 시작했다. 그러다 신문의 부동산 광고에서 '남문시장 골목 안, 보증금 20만 원, 월세 17만 원'이라는 문구를 보게 되었다. 순간 내 머릿속에는 37만 원이면 당장 들어가 살 수 있다는 계산이 섰다. 그날 그 집을 살펴보았지만 집의 환경과 구조가 마음에 들지 않았다. 돈이 몇백만 원만 있다면 쳐다보고 싶지도 않은 집이었다. 집은 ㄷ자 구조로 마당은 아주 좁았다. 중간채는 주인집이었고, 각각의 끝 방은 세를 놓기 위해 일부러 개조했다는 것을 알 수 있었다. 창문은 마당으로 향해 있었는데, 그것이 나중에 큰 골칫거리가 되리라 전혀 생각지 못했다.

당시 4월이었기에 환기에 대해 그다지 신경 쓰지 않았지만 여름이 다가오자 창문을 열게 되었다. 그런데 창문을 열면 대문과 화장실을 이용하는 사람들에게 내 방이 한눈에 보인다는 것을 알게 되었다. 그래서 나는 죄인처럼 한여름에도 창문을 닫은 채 선풍기에 의지해 지내야 했다.

또 하나 문제점은 화장실이었다. 화장실은 대문 옆 오른편에 있었는데 주인집과 같이 쓰는 공동화장실이었다. 나는 누군가와 화장실을 함께 써야 한다는 것이 가장 마음에 걸렸지만 어쩔 수 없었다. 나는 이것저것 따지지 않았다. 주인아주머니의 선한 인상과 교회에 다니는 집사님이라는 것이 마음에 들었다. 그렇게 해서 단돈 37만 원에 대구에서 생활할 내 집이 마련되었다. 그리고 그날 저녁, 고향 친구의 도움을 받아 고향집과 큰누나 집에 있던 짐들을 옮겨왔다. 짐들이라고 해봐야 오래된 조립식 컴퓨터와 몇백 권의 책, 이불, 옷 몇 가지가 전부였다.

이사를 끝낸 뒤 나는 동네를 탐색하기 위해 한 바퀴 돌아보았다. 이사한 집은 남문시장과 가까웠다. 그래서 장을 보려는 사람들로 붐볐다. 나 같은 사람에게 더없이 편리한 동네라며 합리화하기 시작했다. 가장 좋은 점은 지하철역과 가까웠던 것이다. 이사를 한 뒤 가장 먼저 한 일이 있다. '나는 매일 모든 면에서 점점 나아지고 있다.'라는 문구와 함께 버킷리스트를 적은 A4용지를 여러 장 출력해서 자취방 벽에 붙여두는 것이었다. 매일 자기암시를 하기 위해서였다.

이제부터 좋은 일만 가득 생길 것이라는 예감이 들었다. 나는 틈틈이 버킷리스트를 보며 실제로 실현한 내 모습을 상상했다. 그리고 나만의 보금자리를 꾸렸다는 작은 성취감마저 들었다.

가진 돈도 떨어져가고 일자리는 없고, 하루하루 버티는 불안한 현실

그러나 이런 행복한 감정은 오래가지 않았다. 한 달이 다 되어가도록 밥벌이를 할 직장을 구하지 못했기 때문이다. 형편이 어려운 부모님에게 50만 원을 보내드리고 방 보증금으로 20만 원을 내고 나자 십몇만 원가량만 남아 있었다. 나는 생계를 유지할 돈을 벌기 위해 백방으로 뛰어다녔다. 주로 인터넷과 신문의 구인구직란에 소개되어 있는 곳에 이력서를 냈다. 하나같이 다단계 성격의 회사들이었다. 면접을 보러 갔다가 실망만 하는 날들이 계속되었다. 그나마 가지고 있던 돈도 줄어들어갔고 가슴은 타들어갔다. 이때 가슴만 타들어간 게 아니라 똥줄도 같이 타들어갔다고 말하고 싶다.

직장을 구할 때까지 할 수 있는 일은 식료품을 최대한 아끼는 것이었다. 주식은 서울에서와 마찬가지로 라면이나 즉석 카레였다. 가끔은 끓인 물을 넣으면 바로 국이 되는 즉석 국을 끓여서 밥을 말아 먹기도 했다. 라면을 먹을 때는 꼭 날계란을 한두 개씩 넣었다. 김치를 비롯해 다른 반찬도 없이 먹었기에 영양을 유지하는 나만의 비책이었다. 이미 서울에서 3년 동안이나 이런 생활을 반복했기에 아무런 불편함이 없었다. 나의 강점은 먹는 것에 대한 욕심이 없다는 것이다.

음식은 아무렇게나 먹어도 견딜 수 있었다. 하지만 직업도 없는 생활이 한 달 이상 지속되자 자괴감과 우울증에 시달리기 시작했다. 매일 방안에 처박혀 슬픈 발라드 음악을 틀어놓고 깡소주를 마시곤 했다. 가끔 안주로는 남문시장 입구에서 할아버지가 운영하는 포장마차에서 산 돼지 순대나 돼지 간 1,000원어치가 전부였다.

하루 종일 컴퓨터 하드디스크에 저장되어 있는 발라드 음악을 들으며 술을 마셨다. 나도 모르게 이런저런 상념에 잠겼다.

'우리집은 왜 이렇게 가난할까?'
'내가 정말 베스트셀러 작가가 될 수 있을까?'
'이러다 굶어 죽는 건 아닐까?'
'나를 아는 사람들이 이런 내 모습을 보고 어떻게 생각할까?'

하루하루 버티고 있는 불안한 현실이 그동안 나를 지탱해주었던 꿈과 희망을 짓뭉갰다. 술을 마시다 서러워서 혼자서 통곡하며 울었던 적도 참 많았다. 나는 울음소리가 새어 나가지 않도록 주먹을 입속에 넣고서 울었다. 한번 터진 울음은 더 슬픈 울음으로 이어졌다. 나를 슬프고, 힘들고, 고통스럽게 한 것은 막막한 현실, 즉 경제적 사정이었다. 내가 아무리 확고한 꿈을 가지고 노력한다고 해도 꿈을 실현하기까지 지탱해줄 지푸라기만큼의 경제적 배경이 없는 현실이 너무나 힘들었다.

힘든 현실은 가난한 부모님을 향한 원망으로 이어졌다. 자주 자살 충동에 시달렸다. '이렇게까지 비참하게 살 필요가 있을까, 죽어버리면 모두 끝나는데…. 이젠 지쳤다. 열심히 살았는데 그 결과가 보증금 20만 원짜리 자취방이라니!' 커터 칼로 손목을 긋거나 30알의 수면제를 삼킨다면 이 지긋지긋한 가난의 고통에서 벗어날 수 있을 거라는 생각이 수시로 들었다. 당시 나의 몸은 극도로 허약해져 있었다. 밤에 잠이 들면 하얀 소복을 입은 귀신이 나타나는 꿈을 꾸거나 가위에 눌리곤 했다. 그래서 저녁이 되면 일부러 깡소주를 마시기도 했다. 술기운이 돌면 더 이상 귀신도 두렵지 않았기 때문이다.

한 달 이상을 술을 마시며 방 안에 틀어박혀 있었다. 가진 돈도 다 떨어져가고 일자리는 없고 먹는 것은 깡소주에 라면…. 나는 자취방을 나서기가 싫었다. 사람들이 나만 쳐다보는 것 같았다. 생판 모르는 낯선 사람일지라도 눈이 마주치면 불안해졌다. 그래서인지 혼자 방에서 슬픈 발라드 음악을 들으면서 내가 썼던 시들을 읽으며 시간을 보내는 것이 더 좋았다. 이런 나를 보며 주인집 아주머니는 나름대로 많은 걱정을 했을 것이다. 백수에 매일 술까지 마시니 어느 누가 걱정이 안 되었겠는가. 어느 날 내가 자살이라도 하지 않을까 염려가 되었을 것이다.

한번은 지갑에 달랑 2,000원이 들어 있었다. 하나 남아 있던 라면도 떨어졌고 앞으로 어떻게 연명할까 고민이 되었다. 그때 순간 머릿속에 국민은행 통장에 9,000원이 들어 있다는 생각이 떠올랐다. 몇 킬로미터 정도 떨어져 있는 국민은행으로 걸어갔다. 현금지급기에 2,000원을 넣고

1,000원에 가까운 수수료를 내고는 만 원을 찾을 수 있었다. 그렇게 나는 만 원으로 라면 20봉지를 살 수 있었다. 라면이 든 검은 봉지를 들고 집으로 돌아올 때 그렇게 마음이 행복할 수 없었다. 다시 열흘을 연명할 수 있게 되었기 때문이다.

어떻게 하면 직업을 가질 수 있을까?

하루는 작은누나로부터 전화가 걸려왔다. 아버지 생신 때 집에 다녀가라는 것이었다. 사실 아직 직업도 없는 상황에서 고향집에 가고 싶지 않았다. 집에 가봐야 대출금으로 인한 힘든 상황, 아직 자리를 잡지 못해 집안에 아무런 보탬이 되지 못하는 나에 대한 원망 섞인 잔소리만 잔뜩 들을 게 뻔했기 때문이다.

그러나 아무리 못난 아들이지만 자식 된 도리를 저버릴 순 없었다. 나는 초췌한 얼굴로 고향집으로 향했다. 그날 아버지의 예순아홉 번째 생신이 마지막 생신이 될 줄은 꿈에도 몰랐다.

금요일 오후에 고향집에 갔다. 아버지의 생신에 빈손으로 가는 것보다 아직 직업도 없이 백수 신세라는 것이 더욱 부끄러웠다. 그날따라 아버지는 나에게 이렇다 할 잔소리를 하지 않으셨다. 누나들을 통해 내가 나름대로 최선을 다해 직장을 얻기 위해 노력하고 있다는 이야기를 들으셨던 것 같다. 어머니는 나의 야윈 몸을 보며 걱정하셨다. 그 순간 나도 모르게 어머니에게 짜증을 내며 말했다.

"지금 이 상황에서 그깟 살 좀 빠지고 얼굴이 핼쑥해지는 게 대수야!"

시간이 흐르고 난 지금 당시 내가 했던 말이 많이 후회가 된다. 언제나 부모님은 자식 생각, 걱정뿐이라는 것을 서른 고개를 지나서야 깨달았기 때문이다. 물론 지금도 때로는 나도 모르게 어머니에게 쉽게 화를 내고 짜증을 내고 돌아서서 자책과 후회를 반복하고 있다.

그날 저녁, 밥을 먹은 뒤 이왕 온 김에 며칠 쉬었다 가야겠다고 생각했다. 방에 누워 있는데 오로지 생각은 한곳으로 흘러들었다. '어떻게 하면 직업을 가질 수 있을까?'라는 생각이었다. 그러다 문득 달성군 내 지역 신문사 〈달성신문〉이 떠올랐다. 나는 항상 생각이 떠오르면 당장 행동으로 옮기는 성격이다. 즉각 신문사에 전화를 걸었다.

대표가 전화를 받았는데 나는 서울에서의 경험을 얘기하며 혹시 기자를 채용할 계획이 없느냐고 물었다. 대표는 사정이 어려운 탓에 아직 기자를 충원할 계획이 없다고 말했다. 잠시 실망에 잠겼지만 이내 대구 달서구의 지역 신문사 〈푸른신문〉에 전화를 걸었다.

그때 한 남자 직원이 전화를 받았는데 C편집장이었다. 당시 나는 기자 채용에 관해 묻기보다 접근하기 쉬운, 광고국 직원을 채용하지 않느냐고 물었다. 그러자 그는 현재 주부사원을 뽑고 있는데 남자 직원은 채용할 계획이 없다고 말했다. 그러면서 시간이 되면 다음 주 월요일에 신문사로 나올 수 있겠냐고 물었다. 순간 나는 '어쩌면….'이라는 긍정적인 생각이 들었고, 흔쾌히 그러겠다고 대답했다. 사실 나는 과거 삼성카드 영업을 한 경험에 기자 경험까지 갖추어 아줌마들보다 광고 영업을 더 잘할 자신이 있었기 때문이다.

다음 날 오전 8시 30분까지 〈푸른신문〉에 도착했다. 어제 나와 전화통화를 한 편집장만 출근해 있었고 나머진 아직 출근 전이었다. 나는 사장실에서 사장이 출근하기를 기다렸다. 시간이 지나면서 기자들로 보이는 여직원들이 하나둘 모습을 나타내기 시작했다. 잠시 후 K사장이 출근했다. 얼핏 보아선 50대 중반이었다. 편집부장은 사장에게 내가 출근하게 된 경위에 대해 자초지종을 설명했다. K사장은 예정에 없던 일이었던 탓에 좀 당황하는 표정이었다. 잠시 후 사장과의 면담이 시작되었다. 나는 대화를 하면서 사장이 다소 거만하고 쌀쌀맞은 사람이라는 느낌을 받았다. 광고 영업을 하면서 그때의 첫 느낌이 적중했다는 것을 알았다. 일을 하는 동안 직원들 앞에서 공개적으로 인격모독에 가까운 그의 언사를 자주 들어야 했기 때문이다.

〈영남일보〉에서 '광고'를 한 이력이 있는 K사장은 나에게 광고 영업을 해본 경험이 있느냐고 물었다. 나는 〈한국일보〉에서 잠시 광고 영업을 한 경험과 과거 롯데카드, 삼성카드 영업을 했던 경험이 있다고 말했다.

이어서 내가 광고 영업을 하게 되면 주부사원들에 비해 월등하게 광고 영업을 잘할 수 있다고 자신 있게 말했다. 또 신문사의 광고 매출도 현저히 상승할 거라고 호언장담했다.

K사장은 자신감에 차 있는 내 모습에서 '이놈이면 광고영업을 잘할 수 있겠다.'라는 확신이 들었는지 언제부터 출근할 수 있는지 물었다. 나는 내일부터 당장 일할 수 있다고 대답했다. 그렇게 해서 나는 〈푸른신문〉에서 일할 수 있게 되었다. 비록 월급 70만 원에 4대보험이 되지 않는 최악의 조건이었지만 그때의 기쁨은 컸다. 한 달 이상을 백수 신세로 지내며 매일 술이나 마시고 살던 내가 감옥에서 벗어날 수 있었기 때문이다.

다음은 당시 자취방에 틀어박혀 나 자신에게 용기를 주기 위해 썼던 시다.

꿈이 있는 자는 결코 쓰러지지 않는다

시 / 김태광

길을 가는 나그네가
길이 멀다고 좌절하는 모습을 본 적이 있는가.
그대여,
하는 일이 잘되지 않는다고 좌절하는가.
믿었던 사람들이 등을 돌린다고 슬퍼하는가.

성공은 결심만 하는 자보다

성공을 향해 끝없는 열정으로 다가가는 자가 얻으리.

진정 꿈을 좇는 자는

좌절하다가도

슬퍼하다가도

순간 무지개처럼 떠오르는 열정에

다시 길을 나선다.

길의 끝에서 꿈이 그대를 향해 손짓하고 있다

보이는가.

꿈이 있는 자는 결코 쓰러지지 않는다.

넘어져도 다시 일어서게 하는

열망이 마음속에 가득 들어 있기 때문이다.

가끔 인생의 길에서 지쳐 쓰러질 때

꿈을 위해, 눈부신 미래를 위해

그 대가를 지불하고 있다고 생각하라.

그대를 고통스럽게 하는 것이 바로

그대에게 걸맞은 꿈인지 아닌지 시험하는

신의 시험이라고 생각하라.

제대로 인풋(INPUT)하는 방법

책쓰기를 제대로 하려면 잘 읽어야 한다

당시에 나는 한 가지 사실을 알지 못했다. 책을 쓰기 위해선 평소 꾸준한 독서가 뒷받침되어야 한다는 것이다. 우리는 책을 읽을 때 자신도 모르는 사이에 머릿속에 다양한 단어를 채집하게 된다. 이는 글을 쓸 때 다양한 표현, 적절한 표현으로 표출된다. 그래서 평소 꾸준히 책을 가까이하는 사람과 그렇지 않은 사람은 말을 할 때와 글을 쓸 때 확연히 차이가 난다. 그런데 줄곧 시집만 읽어온 나에게는 독서량 자체가 부족했다. 그러다 보니 단어 구사력이 떨어졌고 다양한 표현과 적절한 표현을 하는 데 어려움을 겪었다.

현재 나는 사람들에게 책쓰기 코칭을 하면서 자신이 쓰고자 하는 주제의 책을 깊이 있게 읽어야 한다고 말한다. 누구나 한 분야의 책을 적어도

50권 이상 읽으면 전문가 된다. 입력(Input)이 되어야 출력(Output)이 가능하다. 물론 내게 책쓰기 코칭을 받아 작가가 된 이들 가운데 평생 책 100권도 읽지 않은 이들도 수두룩하다. 심지어 10권도 읽지 않은 작가도 있다. 그럼에도 2주, 3주 만에 원고를 완성하고 출판사와 계약했다. 사실 책을 쓰는 것과 책을 많이 읽는 것과는 크게 상관 관계가 없다. 그동안 코칭을 해보면서 알게 된 것이 있는데, 책을 많이 읽은 사람일수록 글쓰기에 대한 두려움이 크다는 것이다. 그래서 나는 농담 삼아 책을 별로 읽지 않은 사람들을 가르치기가 더 쉽다고 말한다.

독서하면서 감동적인 문장을 필사하라

나는 갑작스레 시에서 글로 전환하면서 많은 어려움에 부딪쳤다. 하지만 책을 쓰기 위해선 반드시 내가 극복해야 할 과제라고 여겼다. 부족한 필력을 보완하고자 나름으로 노력했다. 당시 내가 활용했던 방법은 다음의 3가지다.

1. 베껴 쓰기
2. 문장을 분석하며 읽기
3. 작가가 된 모습을 생생하게 상상하기

책을 읽다가 명문장이나 감동적인 문장이 나오면 노트에 베껴 쓰곤 했다. 그리고 자주 신문의 사설을 베껴 썼다. 문장 표현력을 높이는 데 도움이 되었다. 문장을 분석하며 읽는 훈련을 통해 문법적인 부분을 비롯해 문장을 조합하는 능력을 갖출 수 있었다. 쉽게 말해 작가처럼 멋있는 글을 쓸 수 있게 되었다는 말이다.

 나는 수시로 내가 작가가 된 모습을 생생하게 상상했다. 작가를 꿈꾸는 사람들이 꼭 습관화해야 할 요소 중 하나다. 사실 작가가 되고 싶다는 꿈을 가지고 있어도 작가가 되기란 생각보다 어렵다. 글을 쓰고 그 글을 책으로 출간하는 과정에서 여러 장애물을 만나기 때문이다. 이때 거듭되는 좌절에 무릎을 꿇느냐, 꿈을 믿고 계속 도전하느냐에 따라 포기할 수도, 작가가 될 수도 있다. 나는 하루에도 수십 번 대형서점에서 사인회를 여는 모습, 강연을 하는 모습 등을 상상했다. 이런 상상은 좌절과 절망 속에서도 글쓰기를 멈추지 않게 한 동인이었다.

 나는 글쓰기와 함께 독서에 치중했다. 그때 막노동을 해서 번 돈으로 한 달에 50권 이상의 책을 구입했다. 시간이 지나면서 고시원의 책상과 바닥에는 읽은 책들이 쌓이기 시작했다. 그 책들을 보면 1평 남짓한 고시원에 살면서도 마음만은 넉넉했다. 그 책들은 마치 곳간에 가득 차 있는 곡식과 같았다.

 15년이 흐른 현재 내가 사는 100평 펜트하우스에는 수천 권의 책이 있다. 나는 책을 다독하면서 책을 읽는 요령을 터득하게 되었다. 과거에 나는 책을 읽을 때 새 책에 줄을 긋거나 메모하는 것을 극도로 꺼렸다. 그리고 마치 새 책을 훼손하는 것 같아 페이지의 귀퉁이를 접는 것도 피했다. 그러나 나중에 읽었던 내용이 생각나지 않아 다시 책을 펼쳤을 때 그 부분을 찾기 위해 여러 번 페이지를 살펴봐야 하는 번거로움이 있었다. 그래서 과감하게 책을 함부로 다루기로 마음먹었다. 물론 처음에는 새 책의 중요한 부분에 줄을 긋고 메모하거나 페이지를 접는 것에 마음이 편치 않았다. 하지만 자주 반복하자 밑줄 친 부분과 메모된 부분이 많은 책일수록 애정이 갔다.

사람들 중에 책을 신줏단지 모시듯 하는 사람이 있다. 새 책의 표지를 조심스레 넘기고 절대 밑줄을 치지도, 메모를 하지도 않는다. 하지만 이는 책을 제대로 사랑하는 것이 아니다. 책은 우리에게 지식과 정보, 지혜를 전달해주기 위해 존재한다. 따라서 책을 좀 거칠게 다루면서 필요한 양식을 얻는 것이야말로 책을 진정으로 사랑하는 방법이라 할 수 있다.

내가 활용하는 5가지 독서법

나는 다음과 같은 책을 읽는 습관을 가지고 있다.

첫째, 책을 구입해서 처음 펼칠 때 책의 첫 장에 책을 읽는 날짜와 함께 내 이름을 쓰고 사인한다.

둘째, 책을 읽을 때 여러 가지 색깔의 형광펜을 준비하고 있다가 마음에 드는 문장이 나올 때 형광펜으로 표시한다.

셋째, 추후 다시 보고 싶은 부분이 있으면 포스트잇을 붙여 표시를 해둔다.

넷째, 책을 읽으면서 생각나는 관련 사례나 아이디어 또는 적용할 부분이 머리를 스치면 그때그때 책의 빈 여백에 메모한다.

다섯째, 내 것으로 만들고 싶은 내용이 있는 페이지는 살짝 접어둔다.

이 5가지를 습관화하자 그냥 읽었을 때와는 달리 더 깊이 있게 독서를 할 수 있었다. 뿐만 아니라 책 속에 담겨 있는 다양한 지식과 사례들을 내가 쓰는 책에 활용할 수 있어 콘텐츠가 훨씬 풍부해졌다. 당신도 내가 활용하는 방법을 실천해보기 바란다.

띠지나 추천사에 현혹되지 마라

나는 책을 고를 때 책의 띠지나 뒷장의 추천사에 현혹되지 않는다. 물론 처음에는 유명인의 추천사를 보고 구매했던 적도 많았다. 하지만 대부분 실패했다. 내가 작가로 활동하면서 알게 된 사실이 있다. 대부분의 유명인은 인간관계를 통해 추천사를 부탁받는다. 이때 원고를 제대로 읽지도 않은 채 추천사를 써주거나 출판사가 유명인을 대신해서 추천사를 쓰는 일이 비일비재하다.

시골 의사로 유명한 박경철은 트위터를 통해 책을 고를 때의 유의점을 다음과 같이 조언했다.

"책 띠지나 뒷장의 추천사는 거의 대부분 인간적인 청탁으로 쓰는 것이기 때문에 무시하는 게 좋다. 오히려 추천사가 적은 책이 좋은 책일 수 있다."

그의 말에 공감이 가는 이유가 이 때문이다. 그래서 이제는 책을 살 때 띠지나 추천사보다 저자 프로필과 콘텐츠, 즉 내용을 보고 구입한다.

Tip. 1년에 책을 100권 읽는 노하우

첫째, 자투리 시간에는 싫든 좋든 책을 펴라

독서광들은 버스 출퇴근길이나 음주 후 택시를 타고 귀가할 때도 일단 책을 편다. 나 역시 지하철로 이동할 때는 무거운 책을, 차를 기다릴 때는 가벼운 책을 읽는 편이다. 또한 음식을 주문해놓고 기다릴 때도 독서 시간으로 활용한다.

둘째, 하루에 단 30분간이라도 책과 시간을 보내라

약간의 강제성도 필요하다. 매일 의무적으로 30분 이상은 시간을 내야 한다. 책을 애인이라고 여겨야 한다. 시간이 있으면 만나고, 없으면 안 만나는 애인 관계는 멀어진다는 것을 잊어선 안 된다.

셋째, 황금시간인 주말을 확보하라

평일에 학업이나 업무로 책을 읽을 시간이 없다면 황금시간인 주말을 확보하면 된다. 주말만큼은 지인들과의 술자리 등 비생산적인 모임에 시간을 허비하기보다 독서를 하며 생산적으로 보내야 한다. 술자리에 나가면 돈 쓰고 몸을 망치지만 독서를 하게 되면 돈도 아끼고 몸도 지키고 영혼까지 살찌울 수 있으니 일거양득 아니겠는가.

네 번째 시크릿 Secret 4

비빌 언덕은 직접 만들어라

평범하게 태어나 전설적인 부자가 된 사업가, 존 데이비슨 록펠러

"기회가 찾아오지 않음을 원망하는 사람은 자신의 무능력함을 인정하는 것과 같다."

미국의 석유왕, 전설적인 록펠러 가문의 시조 존 데이비슨 록펠러는 지극히 평범한 집안에서 태어났다. 다만 그는 돈에 대해 남다른 감각을 지니고 있었다. 그는 고등학교를 졸업하고 경리로 일하기 시작했는데, 주급 4달러였다. 훗날 그는 첫 직장을 가지게 된 9월 26일을 자신의 두 번째 생일로 기념한다. 그는 하루도 빼놓지 않고 일했으며, 한 푼도 소홀히 하지 않았다. 록펠러는 자신에게 자본이 없는 것에 절망하지 않고 오히려 더 성실하게, 악착같이 생활했다.

록펠러는 그럴듯한 배경도, 자본력도 없이 사회에 나왔지만 누구에게도 의존하지 않았다. 바닥부터 시작하여 스스로 길을 개척해 미국 역사상 최고의 부자로 남았다.

나는 스스로 비빌 언덕이 되기로 했다

인생은 과감한 모험이던가, 아니면 아무 것도 아니다.
― 헬렌 켈러

어떻게 하면 더 쉽게, 더 잘할 수 있을까?

나는 힘들게 일자리를 얻은 만큼 사력을 다해 일했다. 여기서 밀려나면 대구에서 발붙일 곳이 없다는 생각 때문이었다. 신문사에는 40대의 주부사원이 10여 명 있었다. 그들은 대부분 자식들 교육비라도 벌기 위해 아르바이트 차원에서 근무하고 있었다.

나는 아줌마들 틈바구니에서 살아남기 위해 광고 영업에 다른 기법을 구사했다. 나는 누구나 끌고 다니는 자동차가 없었기에 멀리 나가서 영업을 할 순 없었다. 그래서 '어떻게 하면 많이 걷지도 않고 더 쉽게 광고 계약을 성사시킬 수 있을까?'라고 생각했다. 그러다 광고 영업을 한 지 이틀째 되는 날, 문득 '신문사 뒤편으로 가보면 어떨까?'라는 생각이 들었다. 등잔 밑이 어둡다는 말이 있다. 그렇듯이 분명 광고국 아줌마들이 신문사 뒤편을 간과했을 것이라는 생각이 들었다.

지리도 익힐 겸해서 신문사 뒤편으로 걸어 다녔다. 치킨집, 막창집, 반점, 미용실, 마트, 호프집 등 생각보다 상점이 많았다. 대부분 고만고만한 크기의 가게들이었다. 나는 가게마다 들어가 웃는 얼굴로 신문에 광고를 내볼 것을 권유했다. 물론 처음에는 손님처럼 가게 안으로 들어가 미소를 띠며 "사장님, 요즘 장사 잘되시지요?"라고 인사를 건넸다. 그러면 대부분의 가게의 사장님들은 씁쓸한 표정을 짓거나 화를 내며 이렇게 대꾸했다.

"잘되긴요. 마지못해 하고 있구먼."
"정말 장사가 안 되어 죽겠는데, 누구 염장 지를 일 있어요?"

그러면 나는 그때를 놓치지 않고 이렇게 대화의 물꼬를 텄다.

"사장님, 제가 보기에 가게 인테리어는 동네 가게치곤 괜찮은데, 위치가 좀 그렇네요."

"사장님, 아무리 음식이 맛있으면 뭐 해요? 사람들이 이 가게가 있는지도 모르는데요. 먼저 가게가 홍보가 되어야 사람들이 찾아올 거 아닙니까?"

그러면 가게의 사장은 나에게 어디서 나왔는지 묻는다. 그제야 나는 근처에 있는 〈푸른신문〉 광고국에서 나왔다고 말하며 신문에 광고를 내보라고 권했다. 그러면 대부분 여러 신문에 전단지도 끼워 뿌려봐도 효과가 없다거나 광고할 형편이 안 된다며 손사래를 쳤다. 나는 이때를 놓치지 않고 일간지 신문과 지역신문의 장단점을 차근차근 설명했다. 동네 가게를 홍보하려면 당연히 지역민들이 즐겨 보는 지역신문에 광고해야 효과가 극대화된다고 설득했다. 이런 식으로 첫날에 무려 4건의 광고 계약을 성사시킬 수 있었다. 그날 저녁 신문사에 들어가 광고 계약서를 광고국장에게 건네주자 국장은 믿기지 않는다는 표정으로 나를 쳐다보았다.

죽기 아니면 까무러치기로 뛰어들다

다음 날 K사장을 비롯한 전 직원의 나를 보는 시선이 달라졌다. 한 주부사원이 "태광 씨, 정말 대단해요! 어떻게 오자마자 하루에 4건이나 광고를 따낼 수 있어요?"라고 물었다. 그날 나는 사장을 비롯한 간부 직원들에게 칭찬을 들었다. 며칠 후부터 사장은 나에게 간부들만 참석하는 사장실에서의 조회에 동석할 것을 명했다. 그만큼 사장이 나의 광고 영업 실력을 인정했다는 뜻이었다.

하루는 사장이 나를 테스트할 생각으로 좀 버거운 주문을 했다. 수성구에 위치한 대구은행 본점에 가서 광고 계약을 성사시키라는 것이었다. 사장으로부터 그 주문이 떨어지자 그 자리에 있던 광고국장을 비롯해 편집장, 총무를 맡고 있는 차장이 휘둥그레진 눈으로 사장과 나를 번갈아 쳐다보았다. 이미 다른 사람이 몇 번 들어갔다가 포기한 곳이었다. 하지만 사장의 지시가 떨어지자 나는 이 일을 반드시 해내겠다는 다짐을 했다. 모두 힘들어하는 일을 성사시킨다면 그만큼 나의 존재를 알릴 수 있겠다는 생각이 들었기 때문이다. 그래서 나는 사장에게 광고를 성사시켜 오겠다고 자신 있게 말한 뒤 신문사를 나섰다.

대구은행 본점 빌딩에 들어서니 그 규모가 실로 컸다. 안으로 들어서자 그 웅장함에 나는 기가 죽었다. 마음속으로 '나는 해낼 수 있다!'라는 말을 여러 번 되뇐 뒤 엘리베이터를 타고 고층에 위치한 홍보실로 향했다. 막상 홍보실 앞에 서자 가슴이 심하게 뛰었다. '내가 정말 계약을 딸 수 있을까?'라는 회의감이 들었다. 하지만 이왕 온 이상 멋지게 성공해 보이겠다는 오기도 생겼다. 그리고 홍보실에 들어가 한 직원에게 물어본 뒤 광고 등 홍보를 전담하는 K차장의 자리로 향했다.

나의 갑작스런 방문에 K차장은 잠시 놀란 표정이었다. 내 소개를 하자 그제야 자리에 앉기를 권했다. 5분 정도 이런저런 얘기를 하다가 분위기를 보아서 다른 신문에만 광고하지 말고 우리 신문에도 광고를 게재해줄 것을 부탁했다. 그러자 K차장은 이미 상반기 광고 예산이 다 짜여 있어서 더 이상 추가 집행이 어렵다고 말했다. 그러면서 다음에 꼭 〈푸른신문〉에도 광고를 게재하도록 하겠다며 이왕 온 거 차나 한잔 마시고 돌아가라며 거절 의사를 표했다. 나는 계약을 따내기 위해 무식하게 떼를 쓰기로 했다.

"오늘 우리 신문에 광고 수주를 해주지 않으면 절대 돌아가지 않겠습니다!"

나는 계속 생떼를 부렸다. 내가 자리를 뜨지 않고 광고 수주를 부탁하자 K차장은 나 때문에 업무를 볼 수 없다면서 제발 그만 돌아가달라며 울상을 지었다. 그래도 나는 물러설 수 없었다. 죽기 아니면 까무러치기라 하지 않았던가!

"광고 수주를 해주지 않으면 한 발짝도 나가지 않겠습니다!"
"꼭대기 층에 계시는 은행장님을 만나러 가겠습니다!"

은근슬쩍 협박까지 하면서 고집을 피웠다. 1시간 가까이 지났을 때 K

차장은 웃으며 이렇게 말했다.

"정말 찰거머리 같네요. 제가 졌습니다! 〈푸른신문〉에도 광고를 싣겠습니다."

그 순간 너무나 기쁜 나머지 나도 모르게 비명을 지를 뻔했다. 나는 거듭 K차장에게 감사 인사를 한 뒤 대구은행 본점을 나섰다. 결국 나는 광고 계약 건을 성사시키고 신문사로 복귀했다.

나는 나 스스로 비빌 언덕이 되기로 했다

그날 저녁, 사장은 내가 대구은행 본점으로부터 광고 수주를 따왔다는 사실을 알게 되었다. 그리고 신문사 바로 옆 건물에 위치한 숯불고깃집에서 기자들을 제외한 간부들과 함께 조촐한 회식자리를 가졌다. 사전에 예정되어 있지 않았던 회식자리는 나로 인해 급히 마련된 자리로, 앞으로 더 잘하라는 뜻이 담겨 있는 자리였다. 당시 나는 사장을 비롯해 여러 간부들이 따라 주는 술을 마시며 기분이 좋았다. 입사한 지 얼마 되지 않았지만 그래도 조직에서 내 능력을 보여줄 수 있었기 때문이다.

다음은 당시 지칠 대로 지쳐 있던 나 자신을 위한 시이다. 시 내용처럼 그 어디에도 비빌 곳이 없었던 나는 나 스스로 비빌 언덕이 되기로 했다.

지친 마음에 힘을 주는 비타민

시 / 김태광

꿈이 있는 사람은

깜깜한 밤 속에서도 두려워하지 않는 양치기와 같다네.

꿈이 있는 사람은

빛 가운데 서 있는 사람이지만

꿈이 없는 사람은

어둠 속에 서 있는 사람이라네.

빛 가운데 서 있는 사람은 보이나

어둠 속에 서 있는 사람은 보이지 않는다네.

사람들은 뜨거운 여름날,

추운 겨울을 떠올리고

추운 겨울날, 무더운 여름을 떠올린다네.

그렇듯 지금의 시련과 바쁜 일상이

먼 훗날의 공허한 행복 속에서

애타게 찾을 그리움일 수 있다네.

추운 겨울을 견뎌낸 꽃이 아름답듯이

진정한 행복의 주인은

자신의 한계를 넘나드는 당신이라네.

떠오르는 태양처럼 살아라

꿈을 기록하는 것이 나의 목표였던 적은 없다.
꿈을 실현하는 것이 나의 목표이다.
- 만 레이

더 치열하게 책을 쓰자! 난 해낼 수 있어!

나는 퇴근 후 곧장 집으로 직행했다. 나에게는 '책쓰기'라는 할 일이 있었기 때문이다. 매일같이 새벽과 퇴근 후 글을 쓰다 보면 지칠 때도 있었다. 특히 찜통더위가 기승을 부리는 여름날 밤에는 더욱 그랬다. 창문도 열 수 없는 좁은 자취방에서 컴퓨터 키보드를 두드리는 일은 외로움과 고달픔 그 자체였다. 그러나 외로움은 내가 가진 꿈보다 힘이 세진 않았다. 내가 꿈을 실현한 모습을 자꾸 상상하다 보면 외로움은 어느새 사라졌다.

책쓰기가 고단하게 느껴질 때면 몇 달 전에 출간된 산문집 『꿈이 있는 다락방』과 『마음이 담긴 몽당연필』 표지를 보거나 매만졌다. 그러면서 지금 내가 쓰고 있는 이 원고 역시 반드시 책으로 출간된다는 확신을 가졌다. 이 확신은 더 큰 확신과 용기로 이어졌다.

그러던 어느 날, 신문사 1층에 있는 편의점 CD기에서 현금카드로 돈을 인출하는데 믿을 수 없는 일이 일어났다. 내가 알기로는 통장 잔액이 20여만 원밖에 없는데 내가 20만 원을 인출했는데도 영수증 금액에 앞자리 숫자 2가 그대로 있는 것이었다.

'어, 이상하다! 20만 원을 인출했는데 그대로 20만 원이 남아 있네!'

나는 의아해하며 영수증을 제대로 살펴보았다. 그제야 그 이유를 알 수 있었다. 내가 잘못 본 것이 아니었다. 그 통장에는 220여만 원이 들어 있었던 것이다. 그렇다면 200만 원은 어디에서 난 것일까? 바로 바움출판사에서 산문집 2권의 인세를 지급했던 것이다.

그날 나는 말로 표현할 수 없는 기쁨과 성취감, 행복감에 젖었다. 지금은 여러 출판사의 인세와 강연료, 코칭료, 칼럼 기고료 등으로 한 달 매출이 수억 원이 되지만 당시의 인세는 그동안 내 힘으로 번 돈 가운데 가장 큰 액수였다. 나는 가만히 현금인출기 영수증을 들여다보았다. 서울에서 3년 반 동안 고시원에 틀어박혀 작가가 되기 위해 글을 썼던 날들과 수백 군데 출판사로부터 거절당했던 지난 일들이 영화필름처럼 스쳐 지나갔다.

나는 바로 신협에 다니는 작은누나에게 전화를 걸었다. 지금 생각해보면 창피할 정도로 들뜬 어조로 말했던 기억이 난다.

"출판사에서 인세가 입금됐어!"
"정말? 얼마나?"
"200만 원이 조금 넘어."
"우와! 대단하네."
"지금 200만 원 송금할게. 빚 갚는 거야."
"응, 알았어. 고생했어."

바로 고향집에 전화를 걸었다. 아버지가 전화를 받으셨다. 얼마나 기분이 좋았으면 나는 아버지에게 자랑스럽게 출판사에서 입금해준 인세에 대해 말씀 드렸다. 아버지는 "그래, 고맙다!"라고 짧게 말씀하셨지만 어조에는 기쁨이 묻어났다. 계약금과 인세가 들어오면 바로 작은누나에게 송금해서 빚을 갚았다. 내 통장에 돈을 넣어두면 돈이 달아나거나 허투루 쓸 것 같았기 때문이다. 돈에 대한 강박관념이 이때부터 생겨났다.

어디 두고 보자, 나중에 누가 더 잘되나!

나는 신문사에 다니는 목적은 오로지 내 꿈을 이루기 위해서라고 생각했다. 베스트셀러 작가가 되기 위해, 책을 쓰기 위해 밥벌이를 한다고 생각했다. 서울에서 고시원 생활을 하던 때처럼 주식이 라면이었지만 비참하지 않았다. 젊어 고생은 사서 한다는 말도 있지 않은가! 나한테는 반드시 이루어진다고 확신하는 베스트셀러 작가의 꿈이 있었다. 그 꿈은 나에게 서서히 다가오고 있었다. 나는 심안으로 볼 수 있었다.

출근 전 2시간 동안 책을 썼다. 낮에는 신문사에서 광고 영업 일을 하고, 다시 퇴근 후 5시간 정도 책을 썼다. 내가 거지 같은 현실에서 벗어날 수 있는 방법은 오로지 책을 써서 세상에 나를 알리는 것뿐이었다. 책을 써서 유명해지면 여러 곳에서 나를 강사로 초빙해줄 것이고, 코칭과 1인 창업 등의 기회가 생겨나리라고 믿었다.

어느 날 신문사에서 경영난으로 구조조정을 단행한다는 것이었다. 그런데 그 구조조정 명단에 오른 사람은 나 혼자뿐이었다. 나는 그 이유를 누구보다 잘 알고 있었다. 신문사 K사장이 평소 나를 못마땅해했다. 동료들 앞에서 자주 나에게 모멸감을 주는 말을 했다. 그래서 그는 아마 이참에 나를 내보내려고 작정한 것 같았다.

나 혼자 회사를 그만두어야 한다는 것이 정말 억울하고 화도 났다. 나 외의 다른 누군가도 포함되었다면 덜 억울하다는 생각이 들었을 것이다. 무엇보다 지금 직장을 그만두면 적은 월급이나마 끊기게 되어 생활이 막막해진다는 것이 두려웠다. 월세가 한 달에 17만 원에 불과했지만 그 돈도 나한테는 부담이 되는 액수였다.

나는 K사장에게 순순히 당할 수만은 없었다. 그에게 무언가 한 방 날리고 당당하게 나오고 싶었다. 내가 가장 화가 났던 것은 그곳에서 일하는 동안 K사장으로부터 모멸감을 느끼게 하는 말을 정말 많이 들었다는 사실이었다.

언젠가 한번은 갑작스레 저녁에 회사에서 회식을 하게 되었다. 대구 달서구 용산동에 위치한 원할머니 보쌈집에서 회식을 하는데 그날따라 국장님과 외부 업무를 보다가 회식 장소에 늦게 도착하게 되었다. 그 결과 불행하게도(?) 내가 K사장 옆자리에 앉게 되었다. 그날 태어나 처음으로 보쌈을 먹어보았다. 몹시 배가 고팠기 때문에 보쌈이 꿀맛이었다. 다른 직원들과 함께 맛있게 먹고 있는데 그때 K사장이 일부러 내게 이렇게 말하는 것이었다.

"김태광 씨, 내가 앞으로도 계속 이렇게 사줄 수는 없는 노릇이고… 열심히 해야지?"

그동안 회식을 하게 되면 대부분 사장 옆에 앉기를 싫어하는 눈치였다. 나는 그런 K사장 옆에 앉아 있는 것만으로도 좌불안석이었다. 동료들 앞에서 사장으로부터 모멸감을 느끼게 하는 말을 듣자 기분이 몹시 상했다. 입맛이 싹 달아났다. 나는 지금도 그가 왜 회식 장소에서 그런 말을 했는지 도무지 이해가 되지 않는다.

그때 나는 가만히 듣고 있었는데, 마음속으로 '그래, 어디 두고 보자. 나중에 누가 더 잘되나?'라고 계속 중얼거렸다. 내가 K사장에게 악감정을 품게 된 것은 이런 일들이 한두 번이 아니었기 때문이다.

당신은 지는 태양이지만 나는 떠오르는 태양이다!

어느 날 회사에서 구조조정을 한다는 소문이 들렸다. 그런데 다른 사람들은 그대로 두고 나와 국장님만 자른다는 것이었다. 나는 일방적으로 잘리기 전에 사장에게 한 방 먹이기 위해 나름 고민했다. 그러다가 이 말을 하기로 했다.

'당신은 지는 태양이지만 저는 떠오르는 태양입니다. 내가 어떻게 성공하는지 지켜보십시오!'

이 말을 듣는 K사장이 어떤 표정을 지을까 상상했다. 나도 모르게 웃음이 났다. 이보다 더 통쾌한 복수는 없기 때문이었다.

회사를 그만두는 날이 왔다. 오전 10시 반쯤 나는 노트북이며 쓰던 물건들을 챙겼다. 짐을 다 챙겼을 때 사장의 호출이 있었다. 나는 심호흡을 하고 담담하게 사장실로 들어갔다. 그 자리에는 사장을 비롯해 총무부 S 차장과 C편집장 등이 앉아 있었다. 사장은 회사가 어렵다는 둥 일장연설을 늘어놓았다. 나는 그가 말할 때 두 귀는 닫아두고 마음속으로 '당신은 지는 태양이지만 저는 떠오르는 태양입니다. 내가 어떻게 성공하는지 지켜보십시오!' 이 말만 중얼거리고 있었다. 이 말을 할 수 있는 기회는 단 한 번뿐! 타이밍이 중요했다. 나는 사장의 말이 얼른 끝나기를 기다렸다. 이윽고 그의 말이 끝났다. 나는 사장의 눈을 쳐다보면서 말했다.

"사장님, 마지막으로 드릴 말씀이 있습니다."
"그래, 해보게."

대수롭지 않게 사장이 말했다.

"이 말을 사장님께 꼭 해드리고 싶었습니다. 사장님은 지는 태양이지만 저는 떠오르는 태양입니다. 내가 어떻게 성공하는지 지켜보십시오!"

내 말이 끝나자 사장의 얼굴이 굳어지는 것이 확연히 보였다. 그리고 사장을 비롯해 다른 간부들이 방금 내가 한 말이 무슨 뜻인지, 서로에게 묻듯이 쳐다보고 있었다.
내가 노트북 가방을 메고 신문사를 나와 터벅터벅 걷고 있을 때 박 기자로부터 전화가 걸려왔다. 같이 점심이나 먹자는 것이었다. 그렇게 해서 박선경 기자, 유은정 기자, 김보성 기자, 이렇게 3명의 여기자와 함께 신문사에서 종종 찜닭을 시켜 먹던 회사 뒤편 페리카나 치킨집으로 향했다. 그곳에서 그들과 앉아 있을 때 나 혼자 낙동강 오리알 신세가 된 듯한 생각이 들었다. 그들은 아무도 구조조정을 당하지 않았다. 나와 동갑인 박선경 기자가 "태광아, 앞으로 어떻게 하려고? 무슨 계획이 있어?"라고 물었다. 그때 나는 당당하게 말했다.

"이왕 이렇게 된 거, 앞으로 직장 생활 안 할 거야. 이제부터 내가 원했던 책쓰기에 몰입할 거야. 비록 지금은 힘들지만 분명 내가 원하는 꿈을 이룰 수 있어. 지금부턴 정말 내가 원하는 인생을 살 거야!"

보란 듯이 자신 있게 말했다. 하지만 회사에서 살아남은 그들의 눈에는 내가 정말 가엾고 불쌍하게 여겨졌을 것이다. 그래도 마지막 순간에 이렇게 밥까지 사주는 그들이 고마웠다. 김이 모락모락 나는 찜닭이 앞에 있는데도 먹을 수가 없었다. 마치 내 신세가 찜닭처럼 느껴졌다. 몸이 편치 않았다.

나는 시내버스를 타고 집으로 오면서 많은 생각에 잠겼다. 하지만 왠지 모르게 마음만은 개운했다. 이제야 나에게 맞지 않는 옷을 벗어버린 것 같았다. 집으로 향하면서 속으로 외쳤다.

'진짜 인생은 이제부터다!'

다시는 누군가에게 지시를 받으며 내가 하기 싫은 일을 하면서 살지 않겠노라고 결심했다.

시련을 피하지 말고 즐겨라

시 / 김태광

인생을 살아가다 넘어질 때
시련을 피하지 말고 즐겨라.
거친 파도를 피하지 않고
그 파도의 흐름을 즐기는 윈드서핑을 보라.
파도는 그대를 더 빨리,
더 먼 곳으로 데려다줄 것이다.
때로 살아가면서 주위 사람들로부터 듣게 되는
푸른 멍 같은 말 한마디에 좌절하지 마라.
자신을 움직이는 힘은
자신의 내부에 있음을 망각하지 마라.
대신 방향키 없이 바다 위에 떠 있는 배처럼
목표 없이 인생의 바다에 아무렇게나 떠 있는
자신을 부끄러워하라.

시간은 냇물처럼 쉬지 않고 흘러간다.

지금 그대가 헛되이 흘려보내는 시간 속에

그대의 인생을 빛나게 해줄

성공의 열쇠들이 함께 흘러가고 있음을 깨달아라.

원하는 미래를 만드는 데 올인하라

무엇에 대해 꿈꿀 수 있다면 그것을 실행하는 것 역시 가능하다.
– 월트 디즈니

선생님, 우리 아버지 사실 수 있죠?

하루는 퇴근해서 자취방에서 김치도 없이 라면을 끓여 먹고 있었다. 갑자기 휴대전화 벨소리가 울렸다. 그날따라 벨소리가 다른 날과 달랐다. 불길한 예감을 전해주는 느낌이었다. 순간 고향집과 관련된 나쁜 소식일지 모른다는 불안감 속에서 전화를 받았다. 아니나 다를까, 작은누나가 다급한 목소리로 말했다.

"지금 아버지가 위독하셔. 그래서 119 구급차 불러서 가톨릭대학병원으로 가고 있어!"

순간, 가슴이 철렁했다. 평소 내가 우려했던 일이 일어난 것이다. 작은 누나의 말에 의하면 아버지는 술을 드신 뒤 홧김에 농약을 드신 것이었다. 급히 논공읍에 위치한 작은 병원에 갔지만 손쓸 길이 없다고 가톨릭대학병원으로 가라고 했다는 것이다. 나는 아버지가 위독하다는 말에 눈앞이 캄캄하고 머릿속이 하얘졌다. 나는 곧장 택시를 타고 가톨릭대학병원으로 향했다.

'왜 이런 일이 일어났을까?'
'아버지는 괜찮으실까?'

이런 생각들이 꼬리에 꼬리를 물고 이어졌다. 그러는 사이 가톨릭대학병원 응급실에 도착했다. 응급실은 그야말로 아비규환이었다. 아프다며 고래고래 고함을 지르는 사람이 여기저기 가득했고, 방금 숨이 끊어진 환자 가족들의 통곡 소리가 들려오는가 하면, 얼굴에 호스를 여러 개 연결한 채 의식이 없는 사람, 찢어진 상처를 꿰매는 사람, 피투성이가 된 교통사고 환자들, 환자를 빙 둘러서서 예배를 드리는 모습이 보였다. '설마 저 사람들 속에 우리 아버지도 계실까?'라는 말도 안 되는 생각도 들었다.

하지만 말도 안 되게 분명 그들 속에 아버지도 끼여 있었다. 살이 빠진 아버지의 얼굴과 몸, 퀭한 눈에서는 평생 고생만 한 사람들에게 볼 수 있는 생의 고단함이 고스란히 느껴졌다. 아버지는 위세척을 하고 계셨다. 그런 아버지를 응급실에서 보는 순간 내 가슴은 너무나 고통스러웠다. 아버지의 입가에는 아직 푸른색의 잔류 농약이 묻어 있었다. 나는 그 흔적을 보면서 불안감과 두려움에 휩싸였다. 나는 레지던트로 보이는 젊은 의사에게 물었다.

"선생님, 우리 아버지 사실 수 있죠? 요즘은 의학이 발달해서 웬만하면 다 살릴 수 있잖아요!"

그는 안타까운 표정으로 대답했다.

"죄송하지만, 농약 중에서 가장 독한 그라목손을 드셔서 어렵겠습니다. 마음의 준비를 하세요."

의사의 충격적인 말을 들으면서도 마음 한구석에선 의구심이 들었다.

'설마 위세척도 했는데, 그리고 예외라는 것도 있잖아, 아니면 기적이라든가… 아버지는 사실 거야…'

몇 시간 후 아버지가 마신 '그라목손'은 독성물질인 파라쿼트 디클로라이드 성분이 함유된 일명 '자살용 농약'이라는 불명예를 가지고 있다는 것을 알게 되었다. 건강하던 아버지가 이렇게 허망하게 돌아가시게 생겼다는 생각이 들었다.

가장 가슴 아픈 것은 아버지는 본인의 생명이 희미하게 꺼져간다는 것을 알지 못한다는 사실이었다. 나는 도무지 아버지에게 그 말씀을 해드릴 수 없었다. 아버지는 몇 분 간격으로 물을 마시게 해달라고 하셨다. 그냥 달라는 것이 아니라 마치 마약중독자가 필사적으로 마약을 찾는 것 같았다. 아마 농약이 아버지의 입안과 식도, 내장들을 손상시켰기에 온몸에서 열이 나서 그런 것 같았다. 나는 의사에게 아버지에게 물을 드려도 되는지 물었다. 의사는 처음에는 물을 마시지 못하도록 말렸다. 물을 드시면 더 빨리 돌아가시게 된다는 것이었다. 하지만 나중에는 물을 드려도 된다고 했다. 어차피 돌아가실 거라면 물이라도 드시게 하는 것이 낫겠다는 판단에서였다.

아버지는 계속 지금 당장 집에 가자고 하셨다. 그만큼 몸이 괴로워서 조용한 집에서 쉬고 싶었을 것이다. 나는 안 된다고, 지금 병원에서 치료를 받아야 한다고 울먹이면서 말했다. 아버지의 야위고 주름진 얼굴을 쳐다보다 나도 모르게 감정이 복받쳤다. 나도 모르게 이렇게 말하고 말았다.

"아버지, 농약은 왜 드셨어요? 의사의 말로는 아버지가 드신 농약은 살 수 없는 약이라고 합니다. 왜 그러셨어요?"

"먹으려고 먹은 게 아니다. 홧김에 마셨다."

아버지의 대답이 내 가슴을 더욱 아프게 했다. 아버지는 동년배 어른들에 비해 어디 불편한 곳도 없을 만큼 정말 건강하신 편이었다. 그런데 한순간의 실수로 죽음을 맞이해야 한다는 사실이 도저히 믿어지지 않았다. 생명을 유지하기 힘든 약을 드셨다는 내 말을 들은 뒤로 아버지는 말씀이 없으셨다. 아마 순순히 당신의 죽음을 받아들였을 것이라고 생각한다. 대학병원에서는 더 이상 손쓸 수 없다고 판단을 내렸다. 그래서 아버지를 고향집 근처 논공읍에 위치한 병원으로 옮겼다. 아버지는 돌아가시기 1시간 전까지 우리와 손가락으로 소통했다. 어머니가 어떤 질문을 하면 아버지는 손가락을 약간 까딱거리는 것으로 응답했다. 나는 갖가지 호스를 몸에 꽂은 채 죽음을 기다리며 침대에 누워 있는 아버지를 보면서 삶이 얼마나 허망한지 새삼 느끼게 되었다. '이런 일이 생길 줄 알았더라면 아버지에게 좀 더 잘해드렸을 텐데!'라는 생각이 가슴을 후벼 팠다. 후회와 자책감이었다.

떠나가신 아버지, 우리는 울지 않으려 애썼다

그날 밤 11시 34분에 아버지는 어머니와 나, 누나 둘을 남기고 세상을 떠나셨다. 천국으로 가신 것이다. 우리 가족은 바로 장례식 준비에 들어갔다. 당시 아버지의 죽음에 대해 우리 가족은 떳떳하지 못했다. 아버지가 돌아가셨다는 소식을 마을 이장과 친구 몇 분에게만 알렸다. 작은누나가 큰아버지와 작은아버지에게도 아버지의 부고 소식을 알렸다. 그러나 두 분은 아버지가 음독으로 자살했다는 말에 오지 않겠다고 했다. 큰아버지는 목회 생활을 하다가 은퇴해서 포항에서 살고 있었고, 작은아버지는 교회의 장로였다. 그때 나는 내 이웃을 내 몸과 같이 사랑하라는 예수님과 하느님의 말씀을 전하는 그들이야말로 사탄이라고 생각했다. 옆에서 전화를 하는 작은누나에게 "쓰레기들은 굳이 안 와도 된다. 오지 말라고 해!"라고 소리쳤다. 작은누나는 감정이 복받쳐 울면서 절규하듯이 소리를 질렀다. 그러자 큰아버지와 작은아버지는 오겠다고 했고 몇 시간 후 장례식장에 도착했다. 나는 알고 있다. 생전에 아버지는 교회에 나가지 않았고 술을 과하게 드시는 일이 잦았다. 그러다 보니 실수를 하는 일이 많았다. 시간 나면 동네 사람들과 화투를 쳤고 열심히 살지 않으셨다.

그런 부분만 제외한다면 아버지는 정말 자상하고 따뜻한 분이었다. 힘든 사람들을 보면 자신의 것을 내어주면서까지 도와주는 그런 분이었다. 벼농사를 지어 수확하고 나면 꼭 한 가마니씩 차에 실어서 형제들에게 보냈다. 이 외에도 대추며 감자며 직접 고생해서 지은 농작물들을 당신의 형과 동생의 손에 들려서 보냈다. 할아버지의 산소는 아버지 외에 거의 찾는 형제들이 없었다. 그러다 보니 명절 전에는 아버지가 벌초를 했다. 벌초를 다녀오신 아버지는 자주 할아버지의 산소를 방치하다시피 하는 형제들에 대해 푸념했다.

그런 아버지의 마지막 가는 길을 형제들이 외면하는 것이었다. 장례식장을 찾는 사람들은 많지 않았다. 손에 꼽을 수 있을 정도였다. 그러다 보니 가족들은 장례식 비용이 걱정이었다. 큰누나와 작은누나, 그리고 나 역시 형편이 어려웠다. 아버지가 세상과 작별하는 날 입으실 수의와 장례식 대관료, 화장하는 데 드는 비용이 막막했다. 그런 상황에서 말도 안 되는 상황을 겪었다. 아버지의 시신을 닦는 사람이 갑자기 시신을 못 닦겠다는 것이었다. 우리는 무슨 일이냐고 물었다. 그러자 그는 얼토당토않은 변명을 하는데, 알고 보니 돈을 더 얹어 달라는 것이었다. 나는 죽음을 가지고 돈벌이로 이용하는 것에 분노가 솟구쳤다. 나뿐만 아니라 어머니와 누나들도 머리끝까지 화가 치밀었다. 나는 그를 죽여버리고 싶었다. 마음에서는 '차라리 내가 아버지의 시신을 닦겠다.'라는 소리가 들렸다. 마지막 가시는 길, 아들인 내가 그동안 못해드린 것에 대하여 속죄하는 뜻으로 정말 아버지의 몸을 닦아드리고 싶었다. 그러나 그럴 수 없었다. 시신을 닦았다고 쳐도 염은 누가 할 것인가? 하는 생각에 봉착했다. 울며 겨자 먹기로 우리가 30만 원을 더 주겠다고 하자 그는 슬며시 입가에 미소를 지으며 정성을 다하겠다고 말했다.

아버지의 시신이 들어 있는 관이 나가는 날 새벽 3시경, 우리는 장례식 비용이 염려되기 시작했다. 주위에 사람이 없는 것을 확인하고 어머니와 2명의 누나와 조심스레 조의금이 든 상자를 열어서 액수를 세어보았다. 300만 원가량이 들어 있었다. 딱 장례식 비용과 화장까지 치를 수 있는 액수였다. 그때 우리는 안도의 한숨을 쉬며 천만다행이라는 생각을 했다.

이른 아침, 아버지의 시신이 든 관을 영구차에 실었다. 큰아버지와 작은아버지는 그 모습까지만 보고 말도 없이 장례식장을 떠났다. 우리 가족은 또 한 번 충격이었다. 가족과 나의 친구 3명을 태운 영구차는 화장터로 향했다. 그날은 윤달이었다. 윤달에 산소 이장을 하거나 화장을 하면 후대가 잘된다는 말이 있다. 그러다 보니 화장터에 가까워지자 영구차들이 줄지어 서 있었다. 그런데 갑자기 기사가 버스 시동을 끄는 것이었다. 우리는 기사에게 왜 가지 않는가 하고 물었다. 그러자 기사는 말도 안 되는 핑계를 대며 못 가겠다며 버티는 것이었다. 알고 봤더니 웃돈을 더 얹어달라는 것이었다. 속칭 시체 장사였다. 아버지의 시신을 닦을 때도 비슷한 일이 있었는데 또 한 번 이런 일을 겪자 정말 속에서 화가 치밀었다. 마음 같아서는 패 죽이고 싶었다. 하지만 화장터 앞에서, 그것도 아버지의 마지막 가는 길에 그럴 수 없었다. 작은누나가 기사에게 30만 원을 더 건네자 그는 아무 일 없었다는 듯이 시동을 걸었다.

화장터에는 이미 많은 관이 뜨거운 불길 속으로 들어가고 있었다. 여기저기 유족들의 통곡 소리가 들려왔다. 나는 그런 모습들을 보며 아버지의 관도 잠시 후면 하얀 재가 되어 나오겠다는 생각을 했다. 삶이란 결국은 한 줌의 재가 되어 원래 있었던 곳으로 가는 것이다. 2시간 후 아버지의 뼈는 곱게 빻아진 가루가 되어 뽀얀 항아리에 담겨서 우리 앞에 나왔다. 항아리를 보는데 순간 울컥했지만 참았다. 어머니와 누나들 모두 그랬다. 우리는 울지 않으려 애썼다. 사실 울음을 참는 것이 우는 것보다 더 힘들다. 우리는 울음을 참았고, 앞으로 다가올 모진 세월을 이겨내리라 다짐했다.

그동안 살아오면서 나의 불길한 예감은 언제나 적중했다. 아버지는 불길한 예감이 있던 다음 날 저녁에 돌아가셨다. 이렇다 할 유언도 없이 자신의 몸을 화장해달라는 말만 남긴 채. 마음의 준비가 안 된 큰누나는 충격에 쓰러졌고 나는 비교적 담담했다. 나는 아버지의 죽음을 묵묵히 받아들였다. 아버지는 평소 술을 드시고 "죽어야겠다! 죽겠다!" 이런 말을 자주 하셨다. 나는 그런 자기 예언이 이루어진 것이라고 스스로를 위로했다. 그럼에도 내 가슴은 자꾸만 말로 표현할 수 없을 정도로 아파왔다. 한없이 우울해졌다. 눈물이 와락 쏟아졌다.

평생을 가난하게 사신 아버지에게 아들로서 가장 후회되는 것이 있다. 용돈 한번 제대로 드리지 못했다는 것이다. 중학교 시절, 하루는 아버지가 방에 떨어져 있는 내 지갑을 열어보시고는 "돈이 한 푼도 없네."라고 말씀하시면서 5,000원을 넣어주셨다. 그 기억이 아직도 생생하다. 그래서 자주 '훗날 돈을 벌면 아버지에게 용돈을 넉넉하게 드려야지.' 생각했다. 하지만 나는 행동에 옮기지 못했다.

아버지의 죽음은 나에게 이루 형언할 수 없는 충격이었다. 당시 썼던 시를 보면 지금도 가슴에 통증이 밀물처럼 밀려온다.

아버지는 짚불처럼 서서히 꺼져갔다

시 / 김태광

가톨릭병원 응급실, 새벽 3시
아버지는 침대에 누워 지상에서의 미련을
숨 가쁘게 접고 있었다.
주인 잃은 걸음들은 빗소리 따라가고
나도 그들을 따라 저승까지 가고 싶었다.
유리쪼가리 같은 고통들을 아버지는
견뎌내고 있었으나, 이미 저승의 문은 열려 있었다.

거친 바위 같은 아버지의 호흡,
조금씩…… 내 生의 세포는 바싹 마르기 시작했다.
곧 끊어질 것 같아, 더 이상
바라볼 수 없어,

천천히, 나는 죽음은 달콤한 것이리라,

나에게 거짓말했다.

응급실에선 자꾸만 산 자들이 짐짝처럼 실려 나갔다.

나의 못난 입속에선 고장 난 수돗물처럼

톱밥 같은 울음이 터져 나왔고,

내가 살아 있다는 것,

그것은 연한 나뭇잎의 떨림이었다.

밤 11시 34분, 어둠은 낮은 음성이었고

내 옆에는 어머니와 누나들, 삼촌, 이모와

이모부, 외삼촌…… 모두 부러진 가지였다.

아버지는 이승에서의 마지막 말을 토해내고 싶었으나

검은 그림자들이 등을 떠밀고 있었다.

쿵쾅! 쿵쾅! 어디선가 못 박는 소리가 들려왔다—

시퍼렇게 멍든 영혼은

모든 가슴에다 대못을 박고 있었다.

이 세상에 오기 전의 계획처럼

아버지는 짚불처럼 서서히 꺼져갔다.

내가 품을 수 없는 고통의 운석, 그 하나가

내 생애의 한가운데를 지나고 있었다.

언젠가 강남에서 잡지사 기자 생활을 할 때다. 퇴근길 지하철역에서 지갑과 가방을 죽 늘어놓고 팔기에 만 원짜리 지갑을 사서 아버지에게 드린 적이 있었다. 지금 생각해보면 그때 만 원짜리라도 한 장 넣어드렸어야 했다. 그런데 그러질 못했다. 후회가 대못처럼 내 가슴을 찌른다.

빚을 갚기 위해 책쓰는 일에 모든 것을 걸다

그동안 나는 종종 친구들의 부모님이나 지인들의 죽음을 접했다. 하지만 그때마다 죽음이 늘 나와 가까이 있다는 것을 실감하지 못했다. 그러나 아버지의 죽음을 목격하면서 우리는 늘 삶과 죽음이라는 경계선에서 살고 있다는 것을 깊이 깨닫게 되었다.

아버지가 돌아가신 뒤 한동안 가족은 많이 힘들었다. 아버지가 예고도 없이 허망하게 세상을 떠났다는 것이 믿기지 않았기 때문이다. 자꾸만 자책과 후회가 그림자처럼 괴롭혔다. 게다가 아버지가 돌아가신 뒤 두 달쯤 지나 커다란 시련이 닥쳤다. 고향집에서 어머니로부터 전화가 왔다. 검은 양복을 입은 남자 몇이 집으로 들어와 TV와 장롱, 세탁기 등 모든 집 안 물건에 압류 딱지를 붙이고 갔다는 것이었다. 어머니의 말에 의하면 그 가운데 한 사람이 거실 벽에 걸려 있는 '신인문학상' 수상 상장을 보고 이렇게 말했다고 했다.

"어, 김태광 시인! 유명한 사람인데…."

그는 인터넷이나 문학지를 통해 내가 쓴 시에 대해 알고 있는 사람이었다. 어머니로부터 그 말을 들었을 때 나 자신이 창피했다. '우리집이 왜 이렇게 되었나?' 하는 생각이 들었다. 하지만 이런 창피함은 압류 딱지 앞에서 아무것도 아니었다. 기간 내에 거액의 빚을 갚지 않는다면 집까지 경매로 넘어갈 형국이었기 때문이다. 그때 나는 알았다. 사람은 죽어도 빚 문제는 결코 사라지지 않는다는 것을, 빚은 산 사람이 감당해야 할 의무라는 것을. TV와 냉장고, 세탁기, 장롱 등에 압류 딱지가 붙었다. 어머니는 동네 사람들이 볼까 봐 앞면에 붙어 있는 압류 딱지를 떼어서는 잘 보이지 않는 뒷부분에 붙여놓았다고 했다. 도시와는 달리 시골은 하루에도 몇 번씩 동네 사람들끼리 왕래를 한다. 그래서 누군가 우리집에 압류 딱지가 붙었다는 것을 알게 되면 그 소문은 삽시간에 퍼져 나갈 것이다.

사람들은 상속을 포기하면 되지 않느냐고 생각할지 모른다. 물론 단순하게 생각하면 옳은 말이다. 하지만 고향집의 가치는 빚보다 더 가치가 높았다. 무엇보다 빚 때문에 어머니가 사셔야 할 정든 고향집을 포기할 수는 없는 노릇이었다. 당시 어머니는 빚을 모두 갚고 마음 편히 사는 것이 소원이라고 말씀하셨다. 나는 돌아가신 아버지의 소원은 못 들어드려도 살아 계신 어머니의 소원만큼은 들어드려야겠다고 결심했다. 그래야 돌아가신 아버지의 마음이 조금이라도 편해지실 거라는 생각이 들었기 때문이다.

빚을 갚기 위해 더욱 치열하게 책을 쓰기 시작했다. 당시 나에게 절실한 목표가 하나 더 추가된 셈이었다. 그 무렵 신문사에서도 구조조정이 시행되던 때였다. 나는 이참에 잘되었다는 생각이 들었다. 쥐꼬리만 한 월급을 받으며 언제까지나 소중한 청춘을 허비할 수는 없었기 때문이다. 나는 과감하게 신문사를 그만두었다. 그리고 이제부터 내가 진정으로 좋아하고 잘하는 책쓰기에 내 모든 역량을 쏟아붓기로 결심했다.

나는 자취방에 틀어박혀 책쓰기에 매진했다. 그때 나는 좋아하는 일을 한다는 것이 얼마나 즐겁고 행복한지 제대로 느낄 수 있었다. 그렇게 고군분투하며 글을 쓴 결과 2004년부터 2005년까지 초감성 사랑 에세이 『사랑해도 될까요』와 산문집 『세상에서 가장 행복한 기다림』, 『지혜의 소금창고』, 동화 『생각의 힘』 등 12권의 책이 출간되었다. 책을 거의 쏟아내다시피 했다. 매일 책을 썼기에 가능한 일이었다. 출판사에서 받은 계약금과 추후 책 판매로 발생하는 인세 수입은 약간의 생활비만 뺀 뒤 모두 빚을 갚는 데 썼다. 조금씩 빚이 줄어들 때마다 어머니가 좋아하셨던 기억이 난다.

두고봐! 이제부터 시작이고, 앞으로 더 잘될 테니까!

그즈음 나는 계속 보증금 20만 원에 월세 17만 원짜리의 자취방에서 살 수는 없다고 생각했다. 사람은 환경에 따라 달라진다. 내가 살았던 방은 창문이 마당을 보고 있었다. 그렇다 보니 찜통 같은 더위에도 창문을 열 수 없었다. 막상 이사를 가야겠다고 생각하자 나에게 잘해주신 주인집 아주머니에 대해 죄송한 마음이 들었다. 언젠가 내가 쌀이 떨어졌을 때 흔쾌히 쌀을 빌려주시고, 한번은 삼겹살을 구워 먹으라며 사주시기도 했다. 가끔씩 돼지우리 같은 내 방을 직접 치워주신 적도 있었다. 정말 고마운 분이었다. 원룸을 얻으려던 나는 기쁘면서도 한편으로는 불안한 생각이 들었다. 원룸 월세가 자취방에 비해 10만 원가량 더 비싸기 때문이었다. 그래서 내가 약간의 고민을 하고 있을 때 누군가 이렇게 말했다.

"우와! 정말 잘됐다. 이제 제대로 된 집이 생기는 거네. 앞으로 좋은 글도 많이 쓰려면 그런 곳에서 살아야 해. 그리고 월세 따윈 염려할 필요도 없어. 이제부터 시작이고 앞으로 더 잘될 테니까."

그의 말에 용기와 확신을 얻은 나는 출판사에서 들어온 계약금 200만 원으로 원룸을 얻었다. 드디어 원룸으로 이사 간 첫날 나는 이보다 더 행복할 순 없다는 생각마저 들었다. 사실 그동안 집을 떠나 내가 생활했던 곳들은 1평 남짓한 고시원과 지저분한 자취방이 전부였기 때문이다. 그에 비하면 8평 정도의 원룸은 그야말로 호텔이었다. 넓고 쾌적한 데다, 주방과 화장실도 따로 있어서 정말 좋았다. 내가 팬티 바람으로 TV를 보든, 화장실 문을 열어 놓고 볼일을 보든 누구의 간섭도 받지 않아도 된다는 것이 너무나 행복했다.

원룸으로 이사를 하자마자 한 일이 있다. 인터넷으로 책상을 주문한 일이었다. 책상까지 세팅이 되니 정말 베스트셀러 작가의 집필실이 부럽지 않을 만큼 완벽했다. 나는 매일 A4용지 10장 정도의 글을 썼다. 역시 좋은 환경의 힘이었다. 이런 환경에서 글을 쓰니 힘든 줄도 몰랐다. 얼른 빚을 갚아야겠다는 생각과 꼭 작가로 성공해야겠다는 욕심이 생겨났다. 당시 나는 다음과 같은 이루고 싶은 목록을 종이에 적어서 벽에 붙여두었다.

- 2년 안에 빚 모두 갚기
- 하루에 A4용지 5장 이상 글쓰기
- 작가로 성공할 때까지 고군분투하기
- 돈 절약해서 쓰기
- 우선순위 정해서 시간 절약하기
- 술친구들과 어울리지 않기

수시로 목록을 쳐다보면서 열정을 불태웠다. 나는 치열하게 책을 읽고 글을 쓰면서 어떻게 하면 거액의 빚을 2년 안에 갚을 수 있을지 고민했다. 그래서 찾은 방법이 낮에는 초·중·고 학생들 대상으로 독서와 글쓰기, 논술 과외를 하고 밤에 글을 쓰는 것이었다. 그렇게 해서 '투잡' 생활이 시작되었다.

나는 초·중·고등학생들을 대상으로 글쓰기, 논술 과외를 한다는 내용의 전단지를 만들었다. 전단지를 아파트 현관 앞 게시판과 전봇대에 붙였다. 이름이 있는 고급스런 아파트에는 외부인이 출입하지 못하도록 잠금장치가 달린 현관문이 설치되어 있었다. 그래서 근처에서 서성이다가 입주민이 들어갈 때 따라 들어가 현관 게시판과 엘리베이터에 전단지를 슬쩍 테이프로 붙여놓고 오곤 했다.

어떤 날에는 경비 아저씨에게 들켜 욕을 먹기도 했다. 하지만 그렇다고 해서 전단지 붙이는 작업을 포기할 수 없었다. 나에게는 목숨을 걸고 갚아야 할 고향집의 빚이 있었기 때문이다. 역시 직접 발품을 팔아서 하는 홍보가 가장 효과적인 법이다. 시간이 지나면서 초등학생들과 중학생 고객이 생겨나기 시작했다. 1주일에 1시간씩 2번 과외를 했다. 30명에 가까운 아이들을 가르쳤다. 종종 어머니들로부터 나에게 수업을 받은 뒤 아이들의 일기 쓰기와 글쓰기 실력이 많이 늘었다는 말을 들었다.

어떤 어머니는 아이의 국어 성적이 올랐다며 상품권을 선물로 주시기도 했다. 이런 칭찬의 말을 들으면 정말 보람을 느낄 수 있었다. 그때 나는 '선생님들이 이런 맛에 학생들을 가르치는구나.'라는 생각이 들었다. 그러나 아이들을 가르치는 일은 만만치 않았다. 낮 12시쯤 집을 나가서 과외를 마치고 집에 돌아오면 밤 9-10시가 되었다. 당시는 지금처럼 자가용이 없었다. 무거운 가방을 메고 버스와 지하철을 타고 수성구에서 달서구, 달서구에서 서구, 이런 식으로 옮겨 다녀야 했다. 그래서 아이들을 가르치는 시간보다 이동하는 데 시간이 많이 걸렸다.

그런데 한 가지 문제가 있었다. 과외로 인해 몸이 고단하다 보니 밤에 글을 쓸 때 졸음이 쏟아졌다. 처음에는 정신력으로 이겨냈지만 시간이 갈수록 피로가 누적되어 글을 쓰다가 책상에 그대로 엎드려 잠든 적도 많았다. 때로 졸음을 이기기 위해 맥주를 마시며 글을 쓰기도 했다. 처음에는 효과가 있었지만 나중에는 역효과가 컸다. 취기가 올라 글을 쓰지 못했기 때문이다.

당시 나는 하루 8시간 이상 책상에 앉아 책을 썼다. 그 외의 시간은 독서를 하며 시간을 보냈다. 그렇게 치열하게 읽고 쓰는 과정에서 2006년에는 동화『안경 할머니와 초콜릿 마을』,『나무 할아버지와 버섯 마을』,『진주 품은 동화』, 산문집『희망의 소금창고』,『1%에서 행복 만들기』, 자기계발서『라이프스토리 50』등 13권의 책이 출간되었다.

2007년에는 14권의 책이 출간되었다. 그때까지 43권의 저서를 펴낸 셈이다. 나를 아는 사람들은 모두 감탄사를 연발했다. 사실 내가 생각해도 어떻게 단기간에 그렇게 많은 책을 펴낼 수 있었는지 의문이다. 그저 내가 자신 있게 말할 수 있는 것은 꾀부리지 않고 꾸준히 썼다는 것이다. 지금의 내 나이 마흔다섯. 지금까지 1,355권의 책을 기획·집필했다. 어린이 동화책만 39권을 집필했다. 당시 아버지가 돌아가신 후 빚을 갚기 위해 치열하게 살았던 모습들이 결과적으로는 내 인생을 변화시키는 성공 요인이 되어주었다.

"빚 없이 마음 편하게 살고 싶다."

어머니의 소원을 들어드리기 위해 나는 빚 갚기에 올인했고, 딱 2년 만에 고향집의 빚을 모두 갚을 수 있었다. 유가농협에 빚이 80여만 원 남아있을 때였다. 잔액을 마저 송금하니 얼마나 홀가분했는지 모른다. 그때 어머니에게 전화를 걸어 웃으며 "빚 다 갚았어, 엄마. 이제 소원대로 마음 편히 살 수 있겠네."라고 말했던 기억이 난다. 어머니 역시 어린아이처럼 환호하며 좋아하셨다.

당시 나는 「마음속에 잠자고 있는 이상을 깨워라」라는 시를 읽으며 힘들고 외로운 마음을 달래곤 했다. 비록 지금 현실은 고달파도 분명 내가 원하는 미래를 만들 수 있다고 믿고 또 믿었다.

마음속에 잠자고 있는 이상을 깨워라

시 / 김태광

모든 것은 자신의 마음에 달려 있다.
가난하다고 생각하면 가난해질 것이고
불행하다고 생각하면 불행해질 것이다.
대부분의 사람들은 자신의 마음속에 잠자고 있는

이상을 깨우지 않는다.

나침반도 자석과 접촉하기 전에는

아무 방향이나 가리키던 바늘에 불과하다.

그러나 자석과 접촉한 순간부터

길을 잃은 배를 항구로 무사히 인도해주는

힘을 지니게 된 것이다.

모든 것은 자신의 마음에 달려 있다.

행복하다고 생각하면 행복해질 것이고

풍족하다고 생각하면 풍족해질 것이다.

생각은 자석과 같아서

긍정적인 생각은 긍정적인 생각을 끌어들이고

부정적인 생각은 부정적인 생각을 끌어들인다.

자, 이제 어떤 마음을 가질 것인가

자신에게 한번 물어보라.

믿음을 가지고 이상을 실현하기 위해 노력하라.

믿음과 이상이 있는 사람에게는

시련이나 고난은 몸을 단련시키는 운동기구와 같다.

자, 기억하고 또 기억하라.

대부분의 사람들이 인생의 위층은 거의 사용하지 않은 채

음습한 지하실에서 살아가고 있다는 것을.

갈망하라, 담대하게 나아가라

계속 갈망하라, 늘 우직하라.
— 스티브 잡스

머릿속에는 오로지 '꿈'과 '미래'만이 가득 차 있었다

남문시장 근처 자취방에서 살 때의 일이다. 당시 내 모습을 표현하면 20대 후반의 청춘에 꽃도 피워보지 못한 채 시들고 있는 꽃나무와 같았다. 신문사 월급은 정말 적었다. 게다가 아버지가 돌아가신 뒤 남은 빚 때문에 고향집에 압류 딱지가 붙었다. 그때는 모든 것이 암울했고 절망적이었다.

나에게는 반드시 이루고 싶은 베스트셀러 작가라는 꿈이 있었다. 하지만 현실이 마치 진창길과 같아 하루에도 몇 번씩 희망과 좌절 사이를 왔다 갔다 했다. '내 인생에도 정말 볕이 들까?'라는 의심이 자주 들었다.

나는 스물여덟 살의 나이에 거액의 빚을 혼자서 갚아나가기로 결심했다. 결심은 좋지만 막상 실행하기란 쉽지 않았다. 갚아야 할 빚을 생각만 해도 숨이 막혀왔다. 여러분 가운데 "2명의 누나가 있는데 왜 혼자서 빚을 갚았느냐?"라고 반문할 수 있을 것이다. 물론 누나들이 있지만 큰누나는 큰매형과 함께 다니던 직장에서 함께 구조조정을 당해 형편이 어려웠다.

큰누나는 어떤 도움도 줄 수 없는 상황이었다. 작은누나는 내가 서울에서 작가가 되겠다고 고시원에 틀어박혀 글을 쓰는 동안 1주일에 한 번씩 고향집에 들러 물심양면으로 도움을 주었다. 내가 없는 동안 작은누나가 너무나 고생했다는 사실을 알기 때문에 어떻게든 고향집의 빚은 내 힘으로 갚겠다고 결심했던 것이다.

그러나 결심한다고 해서 하루아침에 형편이 나아지지 않는다. 당시 가정형편을 조금이라도 빨리 피게 하는 방법은 치열하게 사는 길뿐이었다. 직장에 열심히 다니며 출근 전 시간과 퇴근 후, 주말 시간을 독서와 책쓰기에 몰두했다. 직장 월급으로 빚을 갚는다는 것이 전혀 불가능한 일이라는 사실을 깨달았다. 그래서 나는 사력을 다해 책을 읽고, 책을 썼다. 자취방의 벽 곳곳에는 다음과 같은 문구가 적혀 있는 A4용지를 붙여두었다.

'베스트셀러 작가 되기'

'2년 안에 빚 모두 갚기'

'하루에 A4용지 5장 이상 쓰기'

'작가로 성공할 때까지 고군분투하기'

휴대전화 바탕화면에도 '베스트셀러 작가 되기'라는 문구를 입력해놓았다. 수시로 들여다보면서 꿈을 잊지 않기 위해서였다. 때로 기분이 좋지 않은 일이 생기거나 현실이 고달프게 생각될 때 '나는 매일 조금씩 모든 면에서 나아지고 있다!'라며 용기와 희망을 가질 수 있었다.

내 머릿속에는 오로지 '꿈'과 '미래'에 대한 생각으로 가득 차 있었다. 어떻게 하면 좀 더 일찍 베스트셀러 작가가 될 수 있을까? 어떻게 하면 고향집의 빚을 빨리 갚을 수 있을까? 아마 하루에도 족히 100번 이상은 생각했던 것 같다.

주저없이 말할 수 있는 3가지 소원을 묻다

당시 나는 직장 일과 더불어 독서와 책쓰기를 병행하고 있었다. 하루는 회사에서 일을 하고 있는데 몸이 으슬으슬한 게 몸살 기운이 느껴졌다. 그날은 푹 쉬기로 작정하고 일찍 잠들었다. 그런데 그날 믿을 수 없는 꿈을 꾸게 되었다. 내 자취방이었는데 천장에는 커다란 날개의 선풍기가 천천히 돌아가고 잠시 후 하얀 피부의 아기가 나를 내려다보고 있었다. 나는 꿈속에서 아기를 물끄러미 바라보았다. 아기는 나에게 말을 건넸다. 길게 말하지 않았다. 다음과 같이 두 문장이었다.

"네 소원 3가지를 말해. 내가 들어줄게."

나는 아기가 나의 소원을 들어준다는 말에 기뻤다. 그때 나는 망설임 없이 준비된 3가지 소원에 대해 말했다.

"고향집의 빚을 모두 갚는 것과 베스트셀러 작가가 되는 것, 그리고 성공하는 것!"

나는 주저하는 기색도 없이 말했다. 나는 아기가 분명 내 소원을 들어줄 것이라고 믿었다. 나는 그렇게 단숨에 소원을 말했다. 아기는 "소원을 들어주겠다."라는 말만 남긴 채 사라졌다. 그리고 나는 바로 꿈에서 깨어났다.

꿈속에서는 어떤 무서움도 느껴지지 않았다. 하지만 꿈에서 깨어나자 무서움이 밀려왔다. 그 자취방에 이사 오고 나서 자주 가위에 눌리거나 꿈에서 귀신을 보았기 때문이다. 움직이고 싶어도 움직일 수 없는 것에 대한 고통과 두려움은 경험해보지 않은 사람은 모른다. 가위에 눌리게 되면 팔다리를 움직이고 싶은 마음이 아무리 강해도 내 의지대로 되지 않는다. 이런 일을 이틀 정도에 한 번씩 겪는다면 밤이 무서워진다.

나는 가위에 눌릴 때면 내 머리맡에 있는 아무 물건이나 집어서 창문을 향해 던지려고 했다. 나만의 구조 신호를 보내는 방법이다. 창문이 쨍그랑 소리를 내며 깨지면 주인집 식구들이 무슨 일인가 하고 나와볼 것이기 때문이다. 그러나 내 팔은 의지대로 움직이지 않았다. 그렇게 나는 수시로 귀신 꿈을 꾸거나 가위에 눌리곤 했다.

이것 아니면 죽는다는 간절한 갈망이 있어야 성공한다!

5년 전, 한 목사님 부부를 알게 되었다. 자취방에서 꾸었던 내 꿈에 대해 말씀드리자 사모님이 잠시 기도를 하시더니 진지한 표정으로 말씀하셨다.

"김 선생님, 그때 꿈속에서 보았던 것은 귀신이 아니라 성령님입니다. 김 선생님을 돕기 위해 성령님께서 오신 겁니다."

사모님의 말씀을 듣고 나서 곰곰이 생각해보니 정말 귀신은 아니었다. 아기의 모습을 하고 있었다. 자세하게 떠올려보면 아기 천사에 가까운 모습이었다. 그래서 꿈속에서 나는 조금도 무서워하지 않고 소원을 말했던 것이다. 나는 꿈속에 나타났던 그 성령님에게 죄송한 마음이 들었다.

그래서 자주 마음속으로 '성령님, 당시 제가 당신을 알아보지 못해서 죄송합니다. 앞으로 다신 그런 실수를 하지 않겠습니다.'라고 용서를 구했다. 성령님은 나를 도와주기 위해 일부러 꿈을 빌려 나에게 찾아왔는데 내가 그만 귀신으로 착각했던 것이므로 너무나 죄송했기 때문이다.

사모님은 나에게 평소 2명의 천사가 나를 따라다닌다고 했다. 내가 옳은 길로 가고 잘되도록 이끌기 위해서라는 것이다. 항상 나의 곁에 2명의 천사가 함께한다는 말을 들으니 나도 모르게 절로 용기가 솟았다. 내가 목사님 부부에게 웃으면서 "저는 성공할 수밖에 없는 사람이군요."라고 말했던 기억이 난다. 그러자 목사님 부부는 "그럼요, 김 선생님은 하느님이 택하신 분이에요. 앞으로 크게 되십니다."라고 말했다.

지금에 와서 생각해보면 과거 꿈속에서 성령님에게 말했던 소원이 모두 실현되었다는 것을 알 수 있다. 거의 2년 만에 고향집의 빚을 모두 갚았고, 내가 쓴 많은 책들이 베스트셀러의 목록에 올랐다. 대만과 중국, 태국에 내 책의 저작권을 수출했는가 하면 나의 글이 초·중·고등학교 16권의 교과서에 수록되었다. JTBC TV 특강 〈행복플러스〉와 KBS1 〈아침마당〉 등에 출연한 바 있다. 책쓰기 코치들 가운데 최초로 미국 뉴욕에 진출하기도 했으며, 〈출판 가이드 시스템〉 특허를 출원했다.

현재 전국은 물론 미국, 일본, 프랑스와 대만, 아프리카 등 해외에서도 책을 쓰기 위해 나를 찾아오고 있다. 미국에서 치과 원장, 변호사로 일하면서 공인중개사, 회계사 자격증을 가진 사람들이 나를 찾아오기도 한다. 2015년에는 국회도서관 강당에서 열린 일반인 저술과 연구에 대한 정책 토론회에 우리나라 대표 책쓰기 코치로 참석했다. 이날 나는 '왜 책을 써야 하는가?'라는 주제의 발제자로 참여했다. 그동안 수만 명의 사람들에게 내가 알고 있는 지식과 경험, 노하우를 전했다. 그 과정에서 흙수저, 무스펙이었던 내가 180억 자수성가 부자가 되었다. 과거 꿈속에서 아기 천사에게 말했던 소원 이상의 것들을 실현한 것이다.

다섯 번째 시크릿 Secret 5

운은 스스로 만드는 것이다

행운을 거머쥔 IT 황제, 스티브 잡스

"그때는 몰랐지만, 애플에서 해고된 것이 제 인생에서 가장 큰 행운이었습니다."

애플의 창업자 스티브 잡스는 운명처럼 회로기판을 보게 되었고, 곧 차고에서 '애플'을 설립했다. 그러나 그는 약 10여 년 만에 자신이 창립한 애플에서 쫓겨나고 말았다. 어떤 사람들은 그를 조롱했지만 그는 오래 좌절하지 않았다. 여전히 그 일을 사랑했기 때문에, 잡스는 곧 픽사를 인수하여 묵묵히 일에 전념했다.

그는 비전을 가졌고, 그렇게 되리라 믿어 의심치 않았고, 투자하고 베팅하고 노력했다. 그렇게 운을 쟁취할 수 있었다. 픽사는 생각지도 못했던 애니메이션 분야에서 대박을 쳤으며 이것을 계기로 스티브 잡스는 쫓겨난 지 다시 10여 년 만에 애플로 금의환향하게 되었다.

애플에서 쫓겨난 후, 잡스의 예측이 전부 들어맞지는 않았다. 하지만 그동안 그는 사업가, 리더, 인간으로서 자신의 가치를 세상에 보여주었으며 이것은 그에게 좋아하고 잘하는 것을 계속하면서 성공할 운을 가져다주었다.

"지금의 순간들이 언젠가는 어떻게든 연결된다는 것을 믿어야 합니다. 이것이 여러분에게 시키는 대로 따라갈 수 있는 자신감을 줄 것입니다."

내 인생을 바꿀 수 있는 건 나뿐이다

자기 신뢰가 성공의 제1의 비결이다.
— 랄프 왈도 에머슨

자신이 말하는 대로 살게 된다

2008년이 저물고 2009년 새해가 밝았다. 새해에 새로운 각오를 다지기 위해 사람들과 전남 여수로 해돋이를 보러 갔었다. 살을 에는 듯한 겨울바람에 발을 동동 구르며 수평선 아래에서 천천히 떠오르는 해를 보면서 내 꿈이 이루어지기를 간절히 염원했다. 지금도 그렇지만 당시 나의 마음속에는 오로지 한 가지 간절한 생각밖에 없었다.

'정말, 진짜 잘되고 싶다!'

'경제적인 속박에서 벗어나 진정한 자유인이 되고 싶다!'

이런 간절한 마음으로 책을 읽고 글을 썼다. 사력을 다해 치열하게 살면 반드시 성과가 따르게 마련이다. 서서히 빙그레, SK에너지, 대우건설, 부산체신청 등 여러 기업과 기관에서 칼럼 기고와 강연 요청이 들어오기 시작했다.

그동안 쉬지 않고 책을 쓴 결과 2008년 12월까지 펴낸 책의 권수만 61권에 달했다. 2008년 한 해에만 무려 18권의 책이 출간되었다. 나를 아는 출판사 사장님과 편집자, 기획자들은 하나같이 노력하는 나의 자세에 대해 칭찬을 아끼지 않았다. 그들은 과거에 내가 작가가 되기 위해 어떤 과정을 거쳤는지 잘 아는 분들이었다.

그 어떤 꿈이든 꿈을 종이에 적고 공언하면 반드시 실현된다. 나는 작가의 꿈을 실현하기 위해 꿈을 종이에 적어서 눈에 잘 띄는 곳에 붙여두기도, 지갑에 넣어서 가지고 다니기도 했다. 그리고 사람들을 만나면 내 꿈에 대해 자신 있게 공언하기도 했다. 자신의 꿈을 종이에 적고 사람들에게 공언하는 것은 실로 중요하다. 세상의 수많은 사람 중에 극히 소수만 꿈을 이루고 가슴 뛰는 인생을 살아간다. 대부분의 사람이 이런 인생을 살지 못하는 것은 꿈을 그저 가슴속에만 담아두었기 때문이다.

"말이 씨가 된다."라는 속담이 있다. 자신이 말하는 대로 산다는 뜻이다. 우리는 어떤 말을 하면 그 말과 연관된 생각들을 지속적으로 하게 된다. 그리고 그 생각에 맞는 행동을 하게 되고, 그 결과 그 말처럼 살게 되는 것이다. 그러고 보면 나는 성공 진리를 상황에 맞게 잘 활용했다는 생각이 든다.

성공자들을 따르며 생긴 미래에 대한 확신과 믿음

20대 후반부터 베스트셀러 작가 외에 또 다른 꿈을 꾸기 시작했다. 바로 강연가가 되는 것이었다. 아무런 꿈과 희망 없이 살아가는 사람들에게 '루저'였던 내가 시련을 극복하고 성공한 과정에 대해 들려주고 싶었다. 그래서 나는 A4용지에 '성공학 코치 되기', '동기부여가 되기'라는 꿈을 적어서 눈에 잘 띄는 곳에 붙여두었다. 그리고 꿈을 실현한 나의 모습을 생생하게 상상했다.

내가 동기부여가가 되고자 했던 이유는 나만의 열등의식 때문이다. 초등학교 시절부터 고등학교 때까지 나는 반장이나 실장은커녕 부실장이나 분단장조차 한 번을 못 했다. 초등학교 때 학년이 바뀌고 반장을 뽑을 때면 마음속에선 반장을 하고 싶은 마음이 너무나 강했지만 그럴 수 없었다. 나는 겉으로 보이는 것과는 달리 내성적인 사람이다. 사람들에게 "저는 내성적인 편이라서요."라고 말하면 잘 믿지 않는다. 그들은 유쾌하고 열정적인 내 겉모습만 보았기 때문이다. 사실 지금과 같은 성공자의 모습을 갖출 수 있었던 것은 부정적인 사고를 긍정적으로 전환시켰기 때문이다. 과거에 나는 나약한 내면을 강하게 단련시키기 위해 부단히 노력했다. 수많은 자기계발서와 성공학 책들을 읽으며 그들이 시키는 대로 했다. 그러자 나는 서서히 달라지는 것을 느끼기 시작했다. 내면에서 나의 미래에 대한 확신과 믿음이 생겨나기 시작했다.

말더듬은 나를 내성적이고 열등감 가득한 사람으로 만들었다

이 지면을 빌려서 한 가지 고백한다면 나는 어릴 때부터 말을 심하게 더듬었다. 나는 유난히 성격이 급한 편이다. 특히 화가 나고 흥분되면 말더듬은 더욱 심해졌다. 그래서 같은 동네에 사셨던 외할머니와 부모님은 내가 말을 더듬는 것을 보며 걱정하셨다.

'아이고, 저렇게 말을 더듬어서 커서 무얼 할 수 있겠노!'

동네 사람들도 내가 말을 더듬을 때마다 안타깝고 측은한 표정을 지었다. 하지만 나는 어른들의 그런 모습에도 별 상관하지 않았다. 말을 더듬을 때 내 말을 듣는 사람들은 곤혹스럽겠지만 말을 하는 나는 별 어려움이 없었기 때문이다. 어릴 때 동네에서 나는 골목대장이었다. 친구들은 나에게 자존심이 상하는 말을 할 수 없었다. 그래서 나는 내가 얼마나 많이 말을 더듬는지 알지 못했다.

일곱 살 때였던 것으로 기억한다. 하루는 아침에 마당에서 엄마에게 말을 하면서 더듬었는데 그때 엄마는 내게 이렇게 말했다.

"너 자꾸 말을 더듬으면 저 비행기에 태워서 미국에 보내버린다."

그때 마침 하늘에는 여객기가 하늘을 가로지르고 있었다. 어린 마음에 엄마의 말을 듣고 정말 무서웠던 기억이 난다. 하나도 알아듣지 못하는 영어를 쓰는 데다, 큰 코에 새파란 눈을 가진 사람들이 사는 미국에 보낸다니 정말 앞이 캄캄했다. 물론 하나뿐인 아들인 내가 말을 더듬으니 답답하고 안타까운 마음에 그런 말을 하셨을 것이다. 하지만 그 후에도 말더듬은 고쳐지지 않았다.

나는 말더듬 때문에 학창시절을 비롯해서 사회생활을 하면서 많은 어려움을 겪었다. 나 혼자만의 시련이었기에 남들은 제대로 알지 못한다. 예를 들어, 다른 사람들 앞에서 말을 해야 할 때면 마음속에 하고 싶은 말이 많아도 정작 사람들 앞에서는 꿀 먹은 벙어리가 되었다. '사람들 앞에서 말을 더듬어서 망신을 당하면 어떡하나?' 하는 불안감과 두려움 때문이었다.

내 인생을 돌아보면 이처럼 말더듬 때문에 열등감을 안고 살았다. 그래서 나는 아무리 하고 싶은 말이 많아도 짧게 말하곤 했다. 이런 습관들이 축적되어서 아마 내성적인 성격으로 바뀌었던 것 같다.

나는 말더듬 때문에 내면에 자리하게 된 열등감에서 벗어나고 싶었다. 그 열등감에서 단박에 벗어나게 해주는 비책으로 나는 강연가가 되기로 결심한 것이다. 수백 명의 청중 앞에서 꿈과 비전 등에 대해 성공적으로 스피치를 한다는 것! 그것은 과거에 나를 옭아매고 짓눌렀던 말더듬이라는 열등감에서 벗어날 수 있는 것을 의미하기 때문이었다. 그래서 나는 더 큰 꿈을 꾸기 시작했다.

내가 변해야 세상도 변한다

세상 모든 일은 여러분이 무엇을 생각하느냐에 따라 일어납니다.
– 오프라 윈프리

첫 강연 기회, "실수해도 괜찮으니 한번 해보자!"

2009년 2월, 미국의 첫 흑인 대통령 부부의 성공 비결을 다룬 자기계발서 『미셸처럼 공부하고 오바마처럼 도전하라』가 출간되었다. 책이 출간된 지 한 달쯤 지난 어느 날이었다. 흐름출판사의 K팀장으로부터 전화가 걸려왔다. 팀장은 현재 이 책의 판매가 예상했던 것보다 훨씬 좋다고 운을 뗐다. 그러면서 베스트셀러를 만들기 위해 저자 특강을 기획 중이라고 말했다. 나에게 200–300명의 청중을 대상으로 강연을 할 수 있겠냐고 물었다. 사실 나는 강연가의 꿈을 가지고 있었다. 하지만 막상 사람들 앞에서 강연할 수 있는 기회가 주어지자 불안하고 두려웠다. '사람들 앞에서 실수하면 어쩌지?' 하는 두려움이 가득했다.

나는 강연을 하지 않기 위해 K팀장에게 핑계를 대기 시작했다. 사투리도 심한 데다가 그동안 강연을 해본 적이 없어서 자신이 없다고 말했다. 그러자 K팀장이 말했다.

"누구나 이렇게 강연을 시작한다. 앞으로 저자가 강연을 하지 않고는 판매가 힘들다."
"실수해도 괜찮으니 한번 해보자!"

이렇게 용기를 주었다. 그래서 나는 잠시 생각해보고 전화를 드리겠다고 말했다. 그때부터 나의 마음은 지옥과 천국을 오갔다. 강연을 하자니 실수할까 두려웠다. 그렇다고 강연을 거절하자니 강연가로서 첫발을 내디딜 수 있는 기회를 그대로 걷어차는 것 같아 또 마음이 편치 않았다. 한참을 고민하다가 휴대전화 문자로 "팀장님, 강연하겠습니다."라는 문장을 썼다. 문장을 써놓고 전송 버튼을 누르지 못한 채 또다시 머뭇거렸다. 그러다 눈을 딱 감고 전송 버튼을 눌렀다. 그렇게 더는 달아날 수도 없는, 강연을 해야만 하는 벼랑 끝으로 나를 내몰았다.

다음 날 강연 원고를 작성했다. 그리고 거울 앞에 서서 강연가가 강연하듯이 제스처를 취하며 원고를 달달 외웠다. 원고를 안 보고도 말을 술술 할 수 있게 되자 시간을 재어가며 실제 강연장에 있는 것처럼 연습을 했다. 이때 녹음기로 내 목소리를 녹음해서 연습했다. 내 목소리를 직접 들으니 닭살이 돋고 창피했다. 그래도 이 악물고 연습하고 또 연습했다. 내 인생의 첫 강연을 제대로 성공적으로 마쳐야 하지 않겠는가. 그렇게 치열하게 연습했건만 저자 특강은 불발되고 말았다. 저자 특강이 취소되었던 것이다. 그 소식을 들었을 때 정말 열심히 연습했던 터라 많은 아쉬움이 들었다.

하나의 문이 닫히면 새로운 문이 열린다

그러던 어느 날, 하루는 거실에서 책을 읽고 있는데 휴대전화 벨소리가 울렸다. 수신번호가 052였는데 '어디지?'라는 생각과 함께 통화 버튼을 눌렀다.

"안녕하세요? 김태광 선생님 되십니까?"
"네, 그렇습니다."
"저는 울산대학교 경영대학원의 허영도 교수라고 합니다."
"아, 네. 안녕하세요?"
"이렇게 전화를 드린 것은 최근에 펴내신 『미셸처럼 공부하고 오바마처럼 도전하라』를 감명 깊게 읽어서 선생님에게 강연 요청을 드리기 위해서입니다. 강연 시간은 2시간이고 강연료는 저희가 모든 저자께 동일하게 100만 원을 드리고 있습니다. 먼 곳에 있는 분들은 비행기 티켓을 보내드리고 강연을 마친 뒤 롯데호텔에서 주무실 수 있습니다. 제반 경비는 경영대학원에서 부담합니다."

"선생님에게 강연 요청을 드리기 위해서입니다."라는 허영도 교수의 말이 뇌리에 강하게 박혔다. 그 순간 머릿속에서 '드디어 내 꿈이 실현되는구나!'라는 생각과 함께 번쩍하는 강한 스파크가 일었다.

허 교수는 한 달에 한 번 경영대학원의 최고경영자 과정의 'CEO 포럼'에 책의 저자들을 초빙해서 강연을 듣는데 4월의 강사로 나를 초빙하고 싶다는 것이었다. 그 말을 듣자 순간 나는 매우 흥분되었다. 하지만 최대한 흥분을 가라앉힌 채 말하려고 애썼다. 그런데 또다시 '최고경영자들 앞에서 강연을 성공적으로 할 수 있을까?'라는 두려움이 엄습했다. 하지만 이번에는 지난번에 비해 두려움의 강도가 약했다. 이미 어느 정도 트레이닝이 되어 있었기 때문이었다.

"교수님, 강연하겠습니다. 자세한 일정은 메일로 부탁드립니다."

허 교수에게 당당하게 강연 승낙 의사를 표시하고 나니 너무나 행복했다. '드디어 내 인생에도 꽃이 피는구나.'라는 생각이 들었다. 게다가 앞으로 두 번째, 세 번째, 열 번째, 백 번째 강연 요청이 들어오리라는 확신이 들었다.

울산대학교 경영대학원에서의 강연 일정이 아직 3주가량 남아 있었다. 이 기간 동안 나는 치열하게 강연 연습에 매달렸다. 원고를 읽으면서 좀 진부하거나 억지스러운 콘텐츠는 좀 더 신선하고 임팩트 강한 콘텐츠로 바꾸었다. 그러면서 내 목소리를 직접 녹음해 호흡과 발음 교정도 병행했다. 그러자 나도 모르게 강연에 대해 자신감이 붙기 시작했다.

먼저 원고를 외우고 있으니 단상에 서서 말할 때도 굳이 원고대로 하지 않아도 상황에 맞고 여유 있게 말할 수 있을 터였다. 나는 자기암시를 활용해서 연습했다. 먼저 울산대학교 경영대학원 홈페이지에 접속해서 내가 강연해야 할 장소를 이미지로 살펴보았다. 그리고 이미지들을 따로 폴더에 저장해두고 자주 들여다보았다. 내가 그곳의 단상에서 수백 명의 청중을 대상으로 성공적으로 강연을 펼치는 모습을 생생하게 상상했다. 처음에 어떤 멘트로 인사를 하고 강연을 진행하고 또 마무리 멘트까지 할지 구체적으로 상상했다. 이런 자기암시는 불안감과 두려움을 해소하는 데 큰 도움이 되었다.

첫 강연, 두 다리에 힘을 주고 서서 강연을 시작했다

강연일 당일이 되었다. 저녁 7시에 강연이 예정되어 있어서 늦어도 5

시까지는 울산에 도착해야 했다. 내가 거주하는 곳이 전주였기에 고속버스로 4시간 반가량 소요되는 것을 감안해서 오전에 출발했다. 울산에 도착하니 5시가 조금 넘은 시간이었다. 잠시 쉰 다음 다시 강연 연습을 했다. 그동안 강연 연습을 100번가량 했지만 막상 강연을 앞두니 불안해졌기 때문이다. 그렇게 강연 연습을 하고 나니 불안감보다는 '할 수 있다.'라는 자신감이 솟아났다.

경영대학원에 도착해 원장실에서 경영대학원 원장, 허 교수와 잠시 인사를 나눈 뒤 저녁을 먹기 위해 근처 복어집으로 향했다. 그 집은 생복 매운탕으로 유명한 집이었다. 그날 맛본 복어 매운탕은 맛이 일품이었다. 그러나 강연을 앞둔 심정으로 초조해서 식사를 제대로 할 수 없었다. 식사를 하고 잠시 허영도 교수와 이야기를 나누고 보니 시간이 6시 반을 막 지나고 있었다. 우리는 다시 CEO 포럼이 진행되는 경영대학원으로 향했다.

잠시 후 허 교수가 간략하게 나의 소개를 했다. 생각보다 젊은 나이에 수십 권의 책을 쓴, 장래가 촉망되는 작가라고 소개했다. 허 교수의 소개가 끝나자 바로 마이크가 나에게 넘겨졌다. 단상에 올라서니 천장의 조명 때문에 앞의 청중이 잘 보이지 않았다. 사실 그때 바짝 긴장했다. 한마디로 '쫄았다'고 말하는 것이 정확한 표현이다. 눈앞이 캄캄하고 머릿속이 하얘졌다.

다행히도 그동안 100번 이상 강연 연습을 하며 원고를 달달 외웠던 덕분에 실수하지 않고 인사말을 마칠 수 있었다. 지금 고백하건대 인사말을 하는 중간에 나도 모르게 주눅이 들어 다리에 힘이 풀렸다. 그만 포기하고 싶다는 생각이 들었다. 정말 그럴 수만 있다면 "강연, 도저히 못 하겠어요."라며 단상에서 내려오고 싶었다. 그러나 이미 단상에 올랐고 인사말을 하고 있는 이상 도저히 못 하겠다는 말을 할 수가 없었다. 기꺼이 나를 강사로 초빙해준 허영도 교수님과 그 자리에 앉아 있는 청중들에게 무책임한 행동이라는 생각이 들었기 때문이다. 이왕 이렇게 된 것 제대로 한번 해보자는 오기가 생겨났다. 그래서 두 다리에 힘을 팍 주고 서서 강연을 시작했다.

그날 우려했던 것과는 달리 강연은 성공적이었다. 강연이 끝난 뒤 많은 사람들이 나에게 명함을 달라고 부탁했다. 언제 기회가 되면 자신이 운영하는 회사에 나를 강사로 부르고 싶다는 사람들도 있었다.

내 앞에 빛나는 세상이 다시 펼쳐졌다

강연이 끝난 뒤 허영도 교수가 잠시 할 말이 있다면서 나를 원장실로 이끌었다. 순간 나는 '오늘 강연이 별로였나 보다.'라고 생각했다. 분명 '저희가 기대했던 것에는 미치지 못했습니다.'라는 말을 듣게 될 거라고 생각했다. 나는 허 교수로부터 그런 부정적인 말이 나오리라 예상하며 원장실에 앉아 있었다. 그런데 뜻밖의 말을 들었다.

"김 선생님, 오늘 강연 정말 잘 들었습니다. 사실 처음에 생각했던 것보다 너무 젊으셔서 걱정도 했는데, 정말 말씀도 잘하시고 강연 좋았습니다."

허 교수는 이렇게 덧붙였다.

"작가님 앞에 소설가 공지영 선생님도 다녀갔는데 그분도 정말 말씀 잘하시더군요. PPT 자료도 보지 않고 하시는데 정말 대단했어요. 오늘 김태광 선생님을 보는데 문득 공지영 선생님이 떠올랐어요. 어쩌면 그렇게 막힘없이 말씀을 잘하세요?

우리 울산대 경영대학원 CEO 포럼을 다녀가신 분들은 처음에는 무명이었지만 모두 유명해졌습니다. 사실 우리가 그냥 저자들을 초빙하는 것이 아니라 책을 꼼꼼히 읽어보고 앞으로 발전 가능성이 다분한 분들만 엄선해서 초빙합니다. 분명 김 선생님도 머지않아 유명해질 겁니다. 그때 가서 초빙했는데 나 몰라라 하시면 안 됩니다."

허 교수로부터 그런 칭찬의 말을 들으니 '정말 실수 없이 잘했구나.'라는 확신이 들었다. 그리고 앞으로는 어떤 강연 요청이 들어와도 피하지 않고 받아들여야겠다는 자신감이 생겼다. 그날 강연을 마친 뒤 울산대학교를 걸어 나올 때 하늘을 나는 것처럼 행복했다. 어린 시절부터 나를 괴롭혔던 말더듬에서 벗어났기 때문이었다. 오랫동안 나의 발목에 채워져 있던 말더듬이라는 쇠사슬을 단번에 끊어버린 것이다.

모든 것은 마음에 달렸다고 했던가! 강연을 성공적으로 마치고 나자 세상이 그렇게 아름답게 보일 수가 없었다. 내 앞에 빛나는 세상이 다시 펼쳐지는 느낌이었다.

결심한 대로 생각하고 행동하라

준비 여부에 관계 없이,
열망을 실현하기 위한 명확한 계획을 세우고
즉시 착수하여 그 계획을 실행에 옮겨라.
– 나폴레온 힐

강연가의 꿈이 서서히 현실로 이루어지다

울산대학교 경영대학원 CEO 포럼 강연에 다녀온 뒤로 내 삶은 조금씩 변화되기 시작했다. 여러 기업과 중·고등학교에서 강연 요청이 들어오기 시작한 것이다.

"김태광 선생님이시지요? 여기는 ○○○이라고 합니다. 이번에 저희 회사에서 선생님을 연사로 모시고자 합니다."

"안녕하세요? 김태광 작가님. ○○중학교 진로 담당인 ○○○입니다.

다름이 아니라 저희 교장선생님이 작가님의 책을 읽고 강사로 모셨으면 하는 의견을 주셔서요. 꼭 저희 학교에 오셔서 학생들에게 꿈과 비전을 심어주셨으면 합니다."

"김태광 작가님이세요? 여기는 ○○○이라고 합니다. 최근에 출간하신 책을 보고 강연 요청을 드리려고 전화드렸습니다."

강연 요청 전화를 받을 때마다 가슴이 두근거렸다. 강연가로 활동하는 것은 20대 후반부터 가졌던 꿈이었기 때문이다. 그리고 이제 그 꿈이 서서히 실현되고 있었던 것이다. 강연 요청과 함께 기업들로부터 칼럼을 써달라는 의뢰도 이어졌다. 그러자 혼자 책을 쓰고 칼럼을 기고하고 강연을 다니는 1인기업을 만들고 싶다는 생각이 들었다. 실제로 1인기업을 운영하는 사람들이 꽤 많았다. 그들 가운데 유명한 사람들은 1년에 20~30억 원에 달하는 수입을 올리고 있었다. 1인기업이 가장 매력적인 것은 굳이 사무실과 직원을 두지 않아도 된다는 것이었다. 따로 지출되는 경비가 없기에 처음에 1인기업을 시작했을 때 매출이 그다지 크지 않아도 리스크가 없다는 것이었다.

1인기업가가 되기로 결심하고 실행에 옮기다

나는 1인기업가가 되기로 마음먹고 실행에 옮겼다. 회사를 설립할 때 가장 중요한 사항 가운데 하나가 이름을 짓는 일이다. 며칠 동안 고민한 끝에 '김태광마음경영연구소'라고 회사 이름을 정했다. 사실 처음에는 마음경영이라는 말이 아직 30대 초반인 나와 어울리지 않는다는 생각이 들었다. 그러나 한편으로 어떤 꿈과 성공도 마음경영을 잘하지 않고선 절대 이룰 수 없다는 생각에 그 이름을 쓰기로 마음을 굳혔다.

회사 이름을 정했으니 홈페이지를 만드는 일이 남아 있었다. 1인기업가에게 사무실은 없어도 홈페이지는 꼭 필요하다. 인터넷을 통해 여러 홈페이지 제작 회사들을 조회해서 견적을 받아보았다. 그 가운데 한 업체를 선정했다. 이 업체는 홈페이지 제작비가 45만 원으로 다른 회사들의 견적에 비해 제작비가 현저히 낮았다. 나중에는 낮은 제작비 때문에 그 업체를 선택한 것을 뼈저리게 후회하는 일이 많았다. 그래서 그 후로 나는 비용을 보고 업체를 선택하지 않고 실력과 퀄리티 등의 가치를 보고 선택한다.

홈페이지는 한 달가량 걸려서 완성되었다. 홈페이지가 구축되고 나자 나 스스로 마음가짐이 새로워지는 것을 느낄 수 있었다. 예전에는 그냥 글만 쓰는 작가였지만 지금은 '김태광마음경영연구소'를 운영하는 어엿한 소장이었기 때문이다. 자리가 그 사람을 만든다는 말이 있는데 당시 내가 꼭 그랬다. 나는 내 이름을 걸고 운영하는 연구소인 만큼 치열하게 살아야겠다고 결심했다. 이렇게 해서 2009년 2월에 1인기업 '김태광마음경영연구소'가 탄생하게 되었다.

목숨 걸고 지켰던 5가지 비전과 8가지 삶의 원칙

1인기업은 목숨 걸고 하지 않으면 안 된다. 1인기업이라는 말은 말 그대로 나 혼자서 북 치고 장구 치고 다 해야 한다는 뜻이다. 정신을 바짝 차리지 않으면 벼랑으로 내몰리게 된다. 이때 나는 우선순위를 정해서 일을 처리했다. 시간이 지나면서 습관으로 자리 잡았다. 우선순위를 정해서 일하다 보면 자연스레 덜 중요하고 덜 시급한 일은 후순위로 밀려나게 된다. 시간을 생산적으로 쓸 수 있다. 나는 비전(Vision)이라는 말을 좋아한다. 그래서 당시 나는 다음과 같은 '비전 선언문'을 작성해서 홈페이지에 올려두었다.

첫째, 독자들에게 사랑받는 작가, 고정 팬들을 거느린 베스트셀러 작가가 된다.

둘째, 1년에 5권 이상의 책을 출간해 꾸준히 세상에 나의 존재를 알린다.

셋째, 꿈이 없는 사람에게는 확고한 꿈을 심어주고, 자신감이 부족한 사람에게는 강한 자신감을 심어주는, 세상에 빛이 되는 책을 집필한다.

넷째, 나의 강점인 책쓰기, 동기부여 강사로서의 활동을 통해 다양한 영역으로 사업을 확대한다.

다섯째, 1년에 3권씩 서점의 베스트셀러 목록에 올린다.

여섯째, 꿈은 있지만 실현하는 방법을 모르는 사람들을 돕는 드림 헬

퍼(Dream Helper)가 된다.

비전과 더불어 8가지의 삶의 원칙을 지키며 살고자 노력했다. 물론 지금도 이 원칙을 따르고 있다.

첫째, 아침 5시에 기상한다.
둘째, 절대 술과 담배를 하지 않는다.
셋째, 허세를 부리지 않는다.
넷째, 성공할 때까지 돈을 절약한다.
다섯째, 출판사의 원고 청탁은 신중히 생각해서 받아들인다.
여섯째, 매일 책을 읽는다.
일곱째, 꿈과 목표를 생생하게 상상하면서 이루기 위해 노력한다.
여덟째, 부족한 부분이 있으면 노력으로 보완한다.

비전은 시련에 처하거나 슬럼프에 빠졌을 때 다시 일어서서 앞으로 나아가게 해주었다. 비전이 나를 움직이게 하는 동력이라면 8가지의 인생 원칙은 내가 인생을 살면서 옆길로 새지 않게 방지해준 가이드라인이었다. 인생 원칙이 있기에 딴짓을 할 수 없었고 지금 하는 일에 온전히 에너지를 쏟을 수 있었다.

나는 비전과 8가지의 인생 원칙을 종이에 적어서 가방과 지갑에 넣어

가지고 다녔다. 그리고 수시로 읽어보면서 내가 가슴에 품고 있는 꿈의 실현에 대한 동기부여를 받을 수 있었다. 쉽게 말해 나에게 그 2가지는 자가발전기였던 셈이다.

  내가 1인기업을 시작하게 된 이유가 있다. 내가 가진 재능을 돈으로 바꾸고 싶었기 때문이다. 시간이 지날수록 세상에 대한 나의 영향력은 더욱 커질 것이다. 그러면 저절로 나를 둘러싼 가난한 환경은 부유한 환경으로 바뀌게 된다. 과거에 가졌던 이런 생각은 경제적으로 부유하게 사는 나의 현재 모습을 볼 때 정확하게 맞아떨어졌다는 것을 알 수 있다. 부자가 되고자 한다면 성공에 대해 생각하고 행동하고 말해야 한다. 부에 대해 사고하고 행동하고 말하는 습관을 가져보자. 자신의 사고를 컨트롤 할 수 있다면 모든 것은 생각대로 일어나게 된다.

진정 행복을 느끼는 일이 무엇인가?

당신이 진정으로 중시하는 것을 위해 위험을 무릅쓸 각오가 되어 있지 않다면,
당신은 죽은 것이나 진배없다.
– 다이앤 프롤로브

잠자는 시간 외에 모든 시간을 일에 쏟을 수 있었던 이유

나는 '김태광마음경영연구소'를 운영하면서 매일이 행복의 연속이었다. 책을 쓰는 것도, 기업 사보에 칼럼을 쓰는 것도, 강연을 다니는 것도 즐겁고 신나는 일이었다. 매일 밤 잠자리에 들면서 '내일은 또 어떤 일이 찾아올까?'라는 기대감을 갖고 잠을 청했다.

과거에 신문사와 잡지사 기자 생활을 할 때와는 차원이 다른 나날이었다. 사실 내가 기자를 한 것은 자아실현과는 거리가 멀고, 오직 밥벌이를 위해서였다. 글을 써도 지금처럼 내가 원하는 것을 쓸 수 있는 상태가 아니었다. 신문사나 잡지사에서 바라는 기사를 작성해야 했다. 그때마다 '내가 쓰고 싶은 글을 쓰며 살 수 있다면 얼마나 좋을까?'라고 생각했다. 이런 생각이 들 때마다 나의 현실이 불행하게 여겨졌다.

  직장에 다닐 때는 월급날과 주말만 기다리며 살았다. 금요일이 되면 내일은 주말이라는 생각에 서서히 기분이 좋아지기 시작했다. 그러다 일요일 오후가 되면 내일 아침에 출근해야 한다는 생각에 서서히 불안해졌다. 월요병이 시작되는 것이다. 월요일 아침에 눈을 뜨기가 죽기보다 싫은 적도 한두 번이 아니었다. 당시 내 모습은 마치 소가 도살장으로 끌려가는 것과 같았다. 출근해서도 자꾸만 딴생각이 들곤 했다.

'내가 원하는 글을 쓰며 살 수는 없을까?'
'내가 쓴 책이 베스트셀러가 된다면 얼마나 행복할까?'
'경제적 가난에서 벗어나면 지금보다 더 행복하겠지.'
'대형 서점에서 사인회를 한다면 그 기분은 어떨까?'
'젊은 나이에 벤츠를 타고 다니면 사람들이 쳐다보겠지!'

  수시로 이런 상상의 나래를 펼쳤다. 마지못해 해야 하는 일에서 오는 압박감과 스트레스로부터 나를 지키기 위한 나름의 처방이었던 것이다. 그러던 내가 내 이름으로 된 연구소를 만들어 1인기업가로 변신한 뒤부터는 정말 인생이 즐겁다는 것을 몸소 느낄 수 있었다. 직장에 다닐 때는 심장이 뛰지 않았다. 그러나 내가 좋아하는 일을 하기 시작한 뒤로는 심장이 뛰기 시작했다. 내가 살아 있음을 생생히 느낄 수 있었다.

당시 나는 하루에 5시간 정도 잠을 잤다. 그 외의 시간은 꿈을 이루는 데 모두 쏟았다. 새벽 5시에 일어나 강연을 준비하거나 다른 특별한 일이 없는 날은 원고와 칼럼을 쓰거나 독서를 하며 시간을 보냈다.

어떤 분야든 꿈을 갖고 치열하게 노력하면 성과가 나타난다. 치열하게 노력한 결과 2008년부터 강연가로 활동하기 시작했는가 하면 2009년 한 해에만 11권의 책을 출간할 수 있었다. 그렇게 해서 서른셋의 나이에 총 72권의 책을 펴냈다. 원고 출판 계약금만 1,500만 원을 넘어설 때도 있었다. 주변 사람들은 이런 나를 보며 부러워했다. 하지만 나는 당연한 결과라는 생각이 들었다. 입에서 단내가 날 정도로 지독하게 노력한 과정이 있었기 때문이다.

세상에서 가장 행복한 사람은 자신이 원하는 일을 하는 사람이다

하루에 5시간 정도 자면서 꿈을 향해 나아가다 보면 때로 '굳이 이렇게 살아야 하나? 좀 느슨하게 살아도 괜찮지 않을까?'라는 생각이 들곤 한다. 이런 생각은 다시 치열하게 사는 현실에 대한 불만으로 이어진다. '다른 사람들은 놀 거 다 놀면서 사는데 나는 왜 매일 타이트하게 살아야 하나?' 하는 생각이 든다. 보통 마음가짐을 제대로 하지 않으면 생활이 느슨하게 되고 얼마 지나지 않아 과거로 돌아가게 된다.

늦은 밤 친구로부터 전화가 걸려왔다. 무슨 고민이 있는지 목소리가 어두웠다.

"지금 자는 거 아니지?"
"어, 그래. 아직, 뭐 좀 하고 있었어."
"괜찮다면 지금 이쪽으로 올래? 술 한잔하자."

지금 하고 있는 일에 집중하고 싶었지만, 착 가라앉아 있는 친구의 목소리를 들으니 도저히 외면할 수 없었다. 그렇게 그와 만나 소주잔을 기울이게 되었다. 소주 2병을 비우고 취기가 오르자 그가 한숨을 내쉬며 말했다.

"이젠 더 이상 더러워서 못 해먹겠다. 위에서 쪼고 밑에서는 치고 올라오니 숨이 턱턱 막혀. 회사 때려치울까 봐."
"……"
"내가 여기 말고 들어갈 데가 없는 줄 알아!"

그 친구의 말은 내게 충격과 같았다. 사실 요즘같이 살기 어려운 시국에 대기업의 과장으로 있는 만큼 그는 주위 친구들로부터 부러움을 많이 샀기 때문이다. 그런 그의 입에서 "이제 더 이상 더러워서 못 해 먹겠다."라는 말이 나왔던 것이다.

그동안 '사오정(45세가 정년)'이니 '오륙도(56세까지 직장에 있으면 도둑)'니 '조기 퇴출'이니 하는 말들은 심심찮게 들었다. 그러나 막상 성실하기로 소문난 친구의 입에서 그런 말을 들으니 나까지 침울해졌다.

그날 술집을 나서기 전에 친구가 했던 말이 아직도 잊히지 않는다.

"정말 부럽다, 네가! 지금에 와서야 깨달았어. 자신이 가장 좋아하는 일을 하며 밥 먹고 자아실현까지 할 수 있다는 것. 이보다 더 행복한 일이 없다는 사실을. 그런 면에서 네가 너무나 부럽다는 말이다. 할 수만 있다면 나도 너처럼 내가 좋아하는 일을 하며 살고 싶다. 힘든 일이 있어도 내가 원해서 하는 일이니 지금처럼 자괴감에 시달리지는 않을 테니. 나도 너처럼 밥벌이가 아닌, 내가 좋아하는 일을 하며 살고 싶다. 늦었겠지…."

그 친구를 보며 새삼 내가 좋아하는 일을 하며 산다는 것이 얼마나 축복이고 행복한 일인지 깨달을 수 있었다. 세상에서 가장 행복한 사람은 자신이 원하는 일을 하는 사람이다. 그래서 나는 누구보다 행복한 사람인 것이다.

내가 행복한 5가지 이유를 꼽아보았다.

첫째, 내가 진정으로 좋아하는 일을 할 수 있다.
둘째, 누군가의 지시를 받기보다 나 스스로 컨트롤하면서 일할 수 있다.
셋째, 직장에 다닐 때는 시간이 지날수록 우울했지만 지금은 시간이 지날수록 커리어가 쌓여간다.
넷째, 지금 내가 하는 일이 다른 사람들에게 꿈과 희망이 된다.
다섯째, 하나의 꿈이 또 다른 꿈으로 이어진다.

나는 평균 수면 시간이 5시간밖에 되지 않았지만 힘든 줄 몰랐다. 오히려 자꾸만 새롭고 좋은 아이디어들이 팝콘처럼 튀어나왔다. 힘들어도 힘든 줄 모르고 남들이 보기에는 고생스럽게 보이지만 정작 나는 고생스럽지 않은 것. 이는 가슴이 시키는 일을 하는 사람들의 공통점이다. 정말 자신이 가장 잘하고 좋아하는 일을 하는 것보다 더 가슴이 설레고 행복한 일은 없다.

만일 자신이 잘하는 일, 좋아하는 일을 찾지 못하는 사람이 있다면 나처럼 행복한 삶을 살 수 있도록 진심을 다해 도울 것이다. 나는 이 책을 읽는 모든 사람이 조금이라도 더 나은 삶을 살기를 진심으로 소망하고 갈망한다.

누가 뭐래도 나는 운이 좋은 사람이다

땀 한 방울을 흘릴 때마다 더 많은 행운이 찾아온다.
— 레이 크록

세 마리의 강아지, 쥐방울, 땅콩, 까망이

나는 지금 사랑하는 아내와 3명의 아이, 2마리의 강아지 땅콩이와 까망이와 함께 살고 있다. 1년 전 내가 가장 아끼고 예뻐하던 강아지 쥐방울이 세상을 떠났다. 지금도 쥐방울을 생각하면 가슴이 아프다. 쥐방울이 노견인 탓에 눈동자가 하얗게 변색이 되고 시력이 저하되었다. 고민 끝에 강남에 위치한 강아지 안과 전문병원에서 상담 후 백내장 수술을 해주었다. 우리는 방울이의 시력이 더 나빠지지 않도록 해주기 위해 눈 수술을 했는데 노견인 데다가 몸무게가 1킬로그램 남짓 나가는 약한 상태라는 것을 인식하지 못했다. 결국 방울이는 후유증으로 패혈증이 악화되어 갑작스레 세상을 떠나고 말았다. 아직 방울이를 떠나 보낼 자신이 없어 내 서재에 방울이의 유골을 보관하고 있다.

어떤 대상이 자신에게 소중한 존재로 인식되는 이유는 그 대상에게 쏟은 애정과 시간 때문이다. 마찬가지로 쥐방울과 땅콩, 까망이 역시 나와 함께 10년가량 함께하는 동안 깊은 정이 들었다. 그래서 나에겐 없어선 안 되는 소중한 존재들이다.

강아지들을 키우다 보면 예기치 않은 사고가 나기도 한다. 2010년 7월의 어느 날이었다. 외출한 뒤 집에 들어오면서 도서 택배를 경비실에서 찾았다. 현관문을 열고 들어서는데 쥐방울과 땅콩이가 나를 보며 안아달라며 아우성이었다. 나는 평소 땅콩이보다 쥐방울을 먼저 안아주고 만져주는 편이다. 오른손으로 책이 들어 있는 도서 택배 상자를 들고서 왼손으로 쥐방울을 만지려는 찰나 택배 상자의 무게중심이 흐트러지면서 바닥으로 떨어지고 말았다. 나는 바닥으로 떨어지는 택배 상자를 보며 순간 "악!" 하는 단말마의 비명을 내질렀다. 그 순간 택배 상자의 모서리는 쥐방울의 왼쪽 앞발등을 찧고 말았다. 나는 그 순간을 눈으로 보았는데 다시 상상하고 싶지 않을 정도로 끔찍했다.

"깨갱!"

쥐방울은 고통스러운 비명소리를 내지르며 왼쪽 앞발을 들고 있었다. 순간 나는 무언가 잘못되었다는 판단이 들었다. 그럼에도 한편으로는 쥐방울의 발가락이 골절되지 않고 그저 발목에 타박상 정도의 부상을 입었기를 간절히 바랐다. 쥐방울을 안고 앞발을 살펴보는데 왼쪽 앞발이 힘없이 덜렁거린다는 것을 알 수 있었다. 부러진 것이었다. 그래도 혹시나 하는 생각에 쥐방울을 바닥에 내려놓자 왼쪽 앞발로 디디려다가 심한 고통에 쥐방울은 다시 비명을 내질렀다. 나는 급하게 차를 몰고 병원으로 향했다. 병원은 자주 가는 전북대학교 지하보도 근처에 위치한 동물병원이었다.

병원에 도착해서 급히 엑스레이를 찍었다. 잠시 후 사진을 판독한 원장의 표정이 심각했다. 왼쪽 앞발 뼈 4개가 모두 골절된 것이었다. 쥐방울의 앞발 크기가 내 엄지손가락보다 약간 작은 만큼 뼈가 으스러지지 않은 것만도 불행 중 다행이었다.

나는 떨리는 목소리로 물었다.

"원장님, 수술하면 괜찮겠죠? 다시 걷고 뛰는 데 지장이 없겠죠?"
"이런 미니 견들은 특히 발가락이 부러졌을 때가 가장 위험합니다. 발가락이 워낙 작아서 핀을 박기도 쉽지 않거든요."

원장의 말에 하늘이 무너지는 것 같았다. 내 머릿속에는 어쩌면 쥐방울은 앞으로 장애견이 되어 절룩거리며 살아가야 할지도 모른다는 불안감이 스쳤다. 그리고 쥐방울을 이렇게 만든 사람은 그 누구도 아닌 나였다. 나 자신에 대한 자책감이 밀려들었다. '택배 상자를 먼저 내려놓고 쥐방울을 만졌더라면 이런 일은 생기지 않았을 텐데.'라는 후회가 계속 이어졌다. 쥐방울을 볼 때마다 너무나 미안하고 마음이 아팠다.

대기실 의자에 앉아 있는데 원장이 말했다.

"사실 저도 쥐방울처럼 작은 애는 수술한 적이 없지만 그래도 최선을 다해 보겠습니다."

"원장님, 잘 부탁드립니다. 최선을 다해주십시오."

나는 눈에 눈물을 글썽인 채 말했다. 그렇게 쥐방울의 수술은 시작되었다. 1시간가량 걸려서 수술이 끝났다. 쥐방울의 다친 발에는 붕대가 친친 감겨 있었고 부목이 대어져 있었다. 하지만 수술은 실패였다. 쥐방울의 발이 워낙 작다 보니 각 발가락뼈의 굵기도 이쑤시개 굵기 정도에 불과했다. 핀을 박으려고 여러 번 시도했는데 불가능하다는 것이었다. 무리하게 시도했다가는 자칫 발가락뼈가 부서질 수 있는 위험 때문에 부러진 발가락 하나에만 핀 대신에 주사기 바늘로 연결시키는 것으로 수술을 마칠 수밖에 없었다는 것이었다. 병원에서 최선을 다했는데 실패했다면 어쩔 수 없는 노릇이었다. 핀을 박는 데 실패한 발가락의 발톱을 가는 실로 연결해 발가락이 움직이지 않도록 고정했다. 뼈는 움직이지 않고 3주 정도만 지나면 골절된 부분에서 접착제 성분의 물질이 나와 저절로 붙기 때문이다. 물론 움직이면 허사가 되고 만다.

그날 쥐방울을 집에 데려오자 땅콩이가 급히 달려 나왔다. 아직 마취가 덜 풀린 쥐방울은 축 늘어진 채 소파에 누워 있었다. 땅콩이는 냄새를 맡으며 오빠의 상태를 살피는 것 같았다. 마치 이렇게 말하는 것 같았다.

"오빠, 많이 아프고 힘들었지? 조금만 참아. 금방 나을 거야."

나는 나 때문에 한순간에 장애견이 될지도 모르는 채 안쓰럽게 누워 있는 쥐방울을 보며 가슴이 아팠다. 왜 하필 그날 책이 든 택배를 들고 올라왔는지, 왜 택배 상자를 내려놓지 않고 쥐방울을 만지려 했는지, 수 없이 반문하고 반문했다. 그럴수록 자괴감만 깊어질 뿐이었다.

시간이 지나자 쥐방울은 수술 부위에서 통증이 느껴지는지 신음소리를 냈다. 그때마다 쥐방울을 작은 담요에 싸서 안고 있었다. 찌는 듯한 더위에 내 몸에선 땀이 비오듯 쏟아졌지만 아랑곳하지 않았다. 그저 쥐방울의 부러진 뼈가 조금이라도 빨리 붙을 수 있다면 3주 동안 안고 있고 싶은 심정이었다.

며칠 병원에 다니며 상처 부위를 소독했지만 진전이 없었다. 오히려 더운 날씨 탓에 수술로 절개한 피부가 붕대에 붙으면서 피부 조직이 뜯겨 나가기도 했다. 그때 나는 오만 가지 생각이 다 들었다.

'쥐방울의 다친 앞발을 절단해야 하는 건 아닐까? 만약 절단하게 되면 쥐방울은 잘 걷지도, 뛰지도 못할 텐데 어쩌지? 다 내가 부주의한 탓이야!'

이런 생각이 꼬리에 꼬리를 물고 이어졌다. 내가 이런 극단적인 상상을 한 것에는 이유가 있었다. 스무 살 때 한 피자 가게에서 배달 아르바이트를 한 적이 있는데 그 사장님의 강아지가 자동차에 치여 앞발 하나가 절단되었기 때문이었다. 걸을 때마다 절뚝거리며 걸었다. 자꾸만 그 모습이 오버랩되는 것이었다. 그래서 더욱 불안했다.

우리나라에서 수술이 불가능하다면 일본에 가서라도 수술하겠다
시간이 지나면서 쥐방울의 다친 발의 상처는 더욱 심각해졌다. 동물병원 원장 역시 어두운 표정이었다. 이렇게 그대로 방치해두면 염증으로 좋지 않은 결과로 이어지기 때문이었다. 나는 이렇게 말했다.

"원장님, 우리나라에서 미니 견 골절 수술 가장 잘하는 곳 좀 추천해주세요. 우리 쥐방울 꼭 수술시켜서 정상으로 만들어야 합니다. 만약 우리 나라에서 불가능하다면 일본에라도 가서 수술할 생각입니다."

내가 이렇게 말하자 원장이 말했다.

"제가 전북대학교 출신인데, 사실 전북대학교 수의과대학 동물병원 정형외과가 골절 수술에서는 우리나라 최고입니다. 뼈이식 수술도 최초로 했고요. 제가 아는 교수님이 이곳에 계시는데 제가 뵙고 미리 엑스레이 사진이랑 보여드리고 부탁드리겠습니다."

그 순간 나에게는 다시 희망의 불이 켜졌다. 다음 날 원장은 수의과대학 동물병원 정형외과 교수님을 만났는데, 수술이 가능하다는 답변을 들었다고 했다. 그렇게 해서 바로 수의과대학 동물병원으로 쥐방울을 데리고 갔다. 그런데 문제는 쥐방울의 수술 부위의 피부가 많이 뜯겨져 나간 상태였다. 그래서 어느 정도 상처가 아물고 난 뒤 재수술을 해야 한다는 것이었다. 당시 상태로는 피부 조직이 별로 없어 절개 후 봉합을 할 수 없었기 때문이다. 다시 2주일 동안 쥐방울을 데리고 있으면서 피부가 얼른 아물기를 바랐다. 그리고 피부가 어느 정도 아물자 수술에 들어갔다. 쥐방울의 수술이 진행되는 동안 병원 복도에서 초조하게 결과를 기다렸다. 2시간 가까이, 아니 그 이상 동안 수술이 진행되었다. 이윽고 수술을 마친 쥐방울이 어깨까지 붕대를 친친 감은 채 수술실에서 나왔다. 마취로 인해 잠들어 있었지만 내 예감에 이번 수술은 대성공일 것 같다는 생각이 들었다.

아니나 다를까 내 예상이 맞았다. 수술을 맡은 교수님이 말했다.

"걱정 많으셨죠. 수술은 잘되었습니다. 쥐방울이 워낙 작아서 발가락 모두에 핀을 박지는 못했습니다. 하지만 1번과 4번, 양옆 발가락뼈를 핀으로 고정시켰기에 안쪽의 2번과 3번 발가락뼈는 굳이 핀을 박지 않아도 저절로 고정이 됩니다. 골절된 뼈는 3–4주 정도 되면 붙을 테니 너무 염려 안 하셔도 됩니다."

수술이 잘되었다는 교수님의 말에 나는 눈물이 나왔다. 정말 너무나 기뻤다. 그리고 3주가 지나자 거짓말처럼 쥐방울의 부러진 발가락뼈가 붙기 시작했다. 엑스레이 사진을 보니 부러진 발가락뼈에서 하얀 물질이 나와 엉겨 있는 것이 보였다. 그때 나는 우리 인간이나 동물의 인체는 정말 오묘하다는 생각이 들었다.

쥐방울은 두 달 정도 병원에 입원해 있다가 퇴원했다. 그 후로는 예전처럼 잘 걷고 뛰어다니며 건강하게 지냈다. 이 지면을 빌려 쥐방울의 다친 발을 완치시켜주신 이해범 교수님과 김주호 선생님에게 다시 한번 고개 숙여 감사의 말씀을 드리고 싶다.

쥐방울이 땅콩이와 침대에서 장난치다가 기절한 사건

저녁 8시경 내가 침대에서 책을 읽고 있었다. 쥐방울과 땅콩이가 장난을 치고 있었다. 이 둘의 장난을 지켜보고 있으면 영락없이 아이들이 노는 모습을 보인다. 쥐방울이 먼저 자신보다 덩치가 여섯 배나 큰 땅콩이에게 장난을 걸었다. 땅콩이는 목이 길고 다리가 길어서 그냥 침대에 엎드린 채 앞발로만 쥐방울에게 장단을 맞추어주는 식이었다.

반면 쥐방울은 체구가 작다 보니 온몸을 움직여야 했다. 쥐방울은 가쁘게 숨을 몰아쉬면서도 장난을 멈출 줄 몰랐다. 그래서 "이놈들, 이제 그만해라. 쥐방울 넌 지금 헉헉거리면서도 자꾸 장난질이냐!" 이렇게 야단치면서 억지로 둘을 떼어놓았다. 하지만 잠시 후 또 쥐방울이 땅콩이에게 장난을 걸었다. 사실 땅콩이는 덥고 해서 장난하기 싫은 기색인데 오빠가 장난을 거니까 마음 좋게 받아주었다.

쥐방울의 기절 사건은 잠시 후 일어났다. 엎드려서 장난을 치던 땅콩이가 짜증이 났는지 벌떡 일어서서 움직였다. 마침 쥐방울을 툭 치고 말았다. 그때 쥐방울이 그 자리에 털썩 넘어지더니 미동도 하지 않는 것이었다. 순간 나는 '얘가 왜 이러지. 지쳐서 안 움직이나?' 이렇게 생각하다가 쥐방울을 흔들어 깨웠다. 그래도 움직임이 없었다. 나는 심장마비가 와서 쥐방울이 죽는 건 아닐까 하는 두려움이 앞섰다. 나는 먼저 오른손 엄지손가락으로 쥐방울의 심장을 마사지하면서 내 엄지손가락보다 작은 입을 벌리고 인공호흡을 시도했다. 그리고 곧장 나는 급히 택시를 잡아타고 몇 정거장 떨어진 곳에 있는 동물병원으로 향했다. 그런데 다행스럽게도 택시 안에서 쥐방울이 조금씩 꾸물거리면서 깨어나기 시작했다. 그때 쥐방울이 잠시 기절했던 것 같다는 생각이 들었다. 그러면서도 쥐방울에게 큰 병이 있을지도 모른다는 불안감도 있었다.

동물병원 원장은 기절했을 수도 있고 아니면 심장에 이상이 있어서 그럴 수도 있다고 했다. 그러면서 엑스레이를 찍어보지 않겠냐고 물었다. 나는 내심 엑스레이 한 번 촬영에 몇만 원이나 하는 비용 걱정에 쥐방울을 데리고 그냥 집으로 가고 싶었다. 하지만 그래도 만에 하나 쥐방울의 심장에 이상이 있으면 큰일이기에 엑스레이를 찍기로 했다. 엑스레이 판독 결과 아무 이상이 없었다. 그날 응급실 비용과 엑스레이 사진 비용을 모두 합해서 8만 원이 들었는데, 쥐방울에게 이상이 없다는 사실만으로도 마음이 홀가분했다.

강아지도 허리디스크에 걸리나요?

2012년 7월 10일에 있었던 일이다. 이날은 새벽부터 비가 억수같이 쏟아지던 날이었다. 강아지들과 한 침대에서 같이 자는데 그날따라 새벽에 자꾸 땅콩이가 자지 않고 침대에 앉아 있는 것이었다. 그래서 나는 '이상하네, 왜 안 자고 앉아 있을까?'라고 생각하다가 졸려서 땅콩이를 억지로 안고 잤다. 그런데 아침 6시가 지나서도 땅콩이가 자지 않고 앉아 있는 것이었다. 정말 의아하다는 생각이 들었다.

창밖에는 굵은 장맛비가 쏟아지고 있었다. 나는 땅콩이에게 "땅콩아, 왜 자지 않고 새벽부터 이러고 있냐?"라고 물으면서 땅콩이를 안고 자려고 했다. 그런데 땅콩이의 몸이 평소와 달랐다. 몸을 부들부들 떨면서 하체를 움직이지 못하는 것이었다. 순간 나는 땅콩이가 이불을 덮지 않고 춥게 자서 하반신 마비가 왔구나 싶었다. 사람도 추운 날 맨땅에서 자거나 하면 입이 돌아가고 하지 않는가. 나는 땅콩이 역시 그런 증상일 거라고 여겼다.

급히 전북대학병원 수의학과 동물병원에 전화를 걸었다. 그날은 마침 일요일이었는지라 당직을 서는 선생님이 전화를 받았다. 당직 선생님은 최대한 빨리 땅콩이를 병원으로 데리고 오라는 것이었다. 초동 대처에 따라 증상의 악화를 막을 수 있을 뿐 아니라 완치가 가능하기 때문이다. 그런데 문제는 비가 억수같이 온다는 것이었다. 그날따라 나는 이상하게도 운전하면 안 될 것 같다는 예감이 들었다. 하지만 어쩌겠는가! 딸처럼 여기는 땅콩이가 저러고 있는데. 마치 나쁜 꿈을 꾸고 난 다음 날 어쩔 수 없는 상황 때문에 운전을 해야 하는 것과 같은 형국이었다.

6킬로그램이 넘는 땅콩이를 조수석 아래에 담요를 깔고 누인 뒤 차를 몰았다. 대구에서 전주까지 평소에 2시간 반가량 걸렸다. 비는 계속 세차게 내리고 있었다. 마치 하늘에 구멍이 뚫린 것처럼 쏟아졌다. 땅콩이는 고통이 극심한지 몸을 부들부들 떨면서 신음소리를 내곤 했다. 나는 땅콩이를 최대한 춥지 않도록 해주기 위해 히터를 아래 방향으로 내리고 전속력으로 차를 몰았다. 그날 88고속도로에서 꽤 속력을 냈던 것 같다. 단 1분이라도 더 빨리 땅콩이를 병원에 데려가고 싶었다. 그래야 땅콩이가 완치될 수 있을 것 같은 생각이 들었기 때문이다.

고속도로 여기저기에서 빗길을 달리다 사고가 난 차량들이 눈에 띄었다. 그 차들을 보면서 나는 마음속으로 오늘 사고가 나지 않게 해달라고 하느님께 기도했다. 그랬지만 왠지 마음속에서는 불길한 예감이 떠나지 않았다.

이윽고 전북대학교 동물병원에 무사히 도착했다. 신경 쪽을 담당하시는 선생님이 보시더니 허리디스크인 것 같다고 말씀하셨다. 순간 나는 네발 가진 동물도 허리디스크에 걸리는가 하는 의문이 들었다.

"간혹 허리디스크에 걸린 강아지들이 병원에 옵니다. 주로 장난이 심하거나 침대나 소파를 자주 오르락내리락하는 애들이 많이 걸립니다."

땅콩이가 어떤 원인으로 하반신을 못 쓰는지 정확하게 알기 위해 MRI (자기공명영상)를 찍었다. MRI 판독 결과 허리디스크였다. 선생님으로부터 수술보다는 약물 치료를 하는 것이 더 효과적일 거라는 말씀을 들었다. 수술한다고 해서 무조건 완치가 된다는 보장이 없기 때문이다. 무엇보다도 수술을 하게 되면 재수술이 힘들어진다. 그러나 약물 치료를 하게 되면 또 한 번의 기회, 수술이 가능하다.

먼저 응급 처치부터 시작했다. 그런데 잠시 후 놀랍게도 하반신을 아예 쓰지 못하던 땅콩이가 다리를 조금씩 움직이기 시작했다. 그때 나는 거리가 멀어도 동네 동물병원에 가는 것보다 전북대학교 동물병원에 오길 참 잘했다는 생각이 들었다. 내가 비로소 안심하는 표정을 짓자 선생님이 말했다.

"약물치료만으로도 많이 좋아지는 애들이 많습니다. 그러니 너무 염려 안 하셔도 됩니다. 분명 많이 좋아져서 걷고 뛰어다닐 수 있을 겁니다."

땅콩이를 동물병원에 입원시켜 놓고 나는 다시 대구로 향했다. 땅콩이에 대한 걱정으로 몸은 고단했지만 그나마 땅콩이의 병명을 알았기에 마음은 한결 가벼웠다.

내 인생의 방향을 바꿔준 교통사고

시계는 오후 3시를 향하고 있었다. 날은 많이 개었고 비는 간간이 내리고 있었다. 차가 장수터널을 막 지나쳐 나오는 순간 1차선에 빗물이 약간 고여 있는 것이 보였다. 그때 직관적으로 계기판을 보았다. 시속 110킬로미터 정도였다. 그 순간 나는 좀 불길한 예감과 함께 그 빗물이 고인 도로를 지나가고 있었다. 물론 브레이크는 밟지 않았다. 그런데 그 순간 앞바퀴가 조금 뜨더니 차체가 흔들리면서 차체의 앞부분이 왼쪽으로 기울기 시작했다. 그래서 반사 신경을 동원해 급히 브레이크를 밟았다. 그때부터 빙판길처럼 차가 미끄러지기 시작했다. 그대로 미끄러진다면 100미터 앞에 설치된 콘크리트 벽에 부딪혀 죽게 될 참이었다. 차는 브레이크를 밟았음에도 아랑곳하지 않고 계속 미끄러져갔다. 그때 나는 '이렇게 죽는구나!'라는 생각과 함께 담담하게 죽음이라는 현실을 받아들였다.

그런데 믿을 수 없는 일이 일어나기 시작했다. 내가 죽음을 순순히 받아들인 순간 희한하게도 차체가 회전하기 시작하면서 양옆의 가드레일을 들이받았다. 충돌할 때 엄청난 굉음과 함께 전면 유리창과 뒷문 유리창이 부서져 운전석으로 날아들었다. 나는 정신이 하나도 없는 상황에서도 두 손에 힘을 주고 핸들을 놓지 않았다. 차가 계속 회전하는 와중에 '차가 빨리 멈추었으면 좋겠다.'라는 생각이 들었다. 그리고 잠시 후 가드레일과 충돌하며 속도가 줄어든 차가 비로소 멈추었다. 나는 내 몸을 만져보았다. 나는 살아 있었다. 맑게 갠 푸른 하늘도 보았다. 이내 흉측하게 파손된 차의 모습이 눈에 들어오기 시작했다. 그때 나는 내가 죽음 앞에서 가까스로 살아났다는 것을 깨달을 수 있었다.

사고가 난 지 1분이 지나자 후행 차들이 보이기 시작했다. 승용차들이 지나가고 고속버스가 지나갔다. 나는 아직도 좀 멍한 채 운전석에 앉아 있었다. 나중에 나는 사고 차량에서 신속히 빠져나오지 못해 죽는 사람이 많다는 것을 알게 되었다.

나는 직접 휴대전화로 112에 교통사고 신고를 했다. 잠시 후 고속도로 순찰차와 함께 119 응급차가 도착했다. 경찰관이 "선생님, 차가 많이 부서졌는데 병원으로 가셔야 하지 않을까요?"라고 물었다. 그때 나는 "아니, 괜찮습니다. 다친 데는 없습니다."라고 답했다. 그러면서 나도 모르게 "오늘 정말 재수가 없는 날이네요!"라는 말이 나왔다. 그러자 경찰관은 이렇게 말했다.

"선생님, 재수가 없는 날이 아니라 오늘 정말 재수가 좋은 날입니다. 며칠 전에도 선생님과 같은 사고가 났는데 그분은 사고 후 멀쩡하게 살아 있다가 뒤따라오던 고속버스에 치여 즉사하고 말았습니다. 정말 오늘 운이 좋으신 겁니다."

경찰관의 말을 듣고 나자 나는 내가 얼마나 운이 좋은 사람인지 깨달았다. 정말 그 경찰관의 말대로 후행 자동차가 있었다면 바로 내 차를 치고 나갔을 것이다. 그랬다면? 나는 죽거나 장애인이 되었을지 모른다.

  나는 예전부터 하느님이 계신다는 것을 믿고 있었지만 그 사건 이후 더욱 하느님의 존재를 확신하게 되었다. 정말 놀랍고 신기한 것은 사고 차가 운전석이 있는 쪽과 앞 범퍼 쪽은 멀쩡한 데 비해 뒷부분과 조수석 부분이 크게 부서졌다는 것이다. 하느님이 나를 데려가시지 않고 이렇게 다친 곳 없이 안전하게 지켜주신 데는 그만한 뜻이 당연히 있어서라고 생각한다.

  그런 대형사고를 경험한 다음 날에도 새벽부터 책쓰기에 매달렸다. 혹자들은 그런 사고를 겪고 어떻게 다음 날 아무렇지 않게 책을 쓸 수 있는지 의아해한다. 물론 그런 의문을 가질 수 있을 것이다. 하지만 나는 책쓰기에 전부를 건 사람이다. 1,355권의 책을 기획·집필한 나는 지금도 책을 쓰고 있다. 나처럼 책을 써서 삶을 바꾸고자 하는 사람들에게 책쓰는 법에 대해 알려주고 있다.

여섯 번째 시크릿 Secret 6

자신이 가진 무한한 가능성과 잠재력을 믿어라

자신을 믿고 나아간 터미네이터,
아놀드 슈왈제네거

"당신이 원하는 것, 그것이 다른 사람들에게 미친 소리처럼 들려도 상관없습니다."

영화 〈터미네이터〉로 유명한 아놀드 슈왈제네거는 세계 최고의 보디빌더, 영화배우, 사업가, 정치인이라는 타이틀을 한꺼번에 가지고 있다. 그는 스미스소니언이 선정하는 미국 역사상 가장 중요한 사람들에 뽑히기도 했다.

그는 15세에 보디빌더가 되었다. '지구상에서 상체 근육이 가장 잘 발달된 사람'으로 기네스북에 올랐다. 역사상 최고의 보디빌더로 불리기도 한다. 이후 배우로 데뷔했으나 10여 년간 무명 시절을 보냈다. 그러나 포기하지 않고 전진한 결과, 〈코난〉, 〈터미네이터〉 등으로 슈퍼 액션 스타가 되었다. 이후에는 캘리포니아 주지사에 당선되어 7년 넘게 재임하면서 governor(주지사)+Terminator = Governator, 즉 '거버네이터'라는 별명을 얻기도 했다.

그가 새로운 것에 도전할 때마다 많은 사람들이 '안 된다'고 말했다. 모두 그의 목표를 비웃고 만류하고 우려했다. 그러나 그는 꿋꿋이 자신을 믿었고 그에 걸맞게 노력했다. 그리고 결국 보란 듯이 실현했다.

하늘마저 감동시키는 노력을 하라

사람은 스스로 믿는 대로 된다.
– 안톤 체홉

최선을 다했다는 말을 함부로 쓰지 마라

사람은 과거와 현재를 비교했을 때 모든 면에서 성장하고 나아져야 한다. 나에게는 그 사람의 미래를 판단하는 기준이 있다. 그의 현재를 과거와 비교했을 때 얼마나 달라졌는가를 객관적으로 관찰해보면 된다. 과거에 비해 현재가 현저히 나아졌다면 미래 역시 빠르게 발전할 가능성이 높다. 서서히 나아지고 있다면 미래에도 역시 서서히 좋아지게 된다. 물론 그러다 어느 순간에 빅뱅처럼 팡 터질 수 있다.

만약 그 사람의 과거와 현재를 비교했을 때 그대로 머물러 있거나 오히려 퇴보했다면 그의 미래 역시 그럴 가능성이 높다. 미래는 현재와 이어져 있기 때문이다.

확고한 꿈을 가지고 지독한 노력을 기울인다면 반드시 운을 내 편으로 만들 수 있다. 사실 대부분의 사람이 운이 따라주지 않는다고들 불평하지만 실상은 그렇지 않다. 그들이 평소 준비가 되어 있지 않기에 운이 그들을 비켜가는 것이다.

나는 한 분야에서 성공하기 위해선 '집중된 노력'을 쏟아부어야 한다고 생각한다. 사실 집중된 노력이라고 하면 선뜻 감이 잘 오지 않는다. 대하소설 『태백산맥』, 『아리랑』을 쓴 소설가 조정래의 말을 빌려보면 집중된 노력이라는 말의 뜻을 이해할 수 있다.

"최선을 다했다는 말을 함부로 쓰지 마라. 최선이란 자신의 노력이 스스로를 감동시킬 수 있을 때 비로소 쓸 수 있는 말이다."

그가 쓴 『태백산맥』은 스스로 '글감옥'에 갇혀 무려 20년 동안이나 우리 역사의 아픔을 육필로 한 글자 한 글자 아로새긴 산고 끝에 탄생시킨 역작으로 꼽힌다. 3부작 『태백산맥』, 『아리랑』, 『한강』의 완간은 현대 한국문학계에서는 보기 드물게 치열한 장인 정신으로 완성했다는 점에서 '문화사적 대사건'으로 평가되고 있다.

6·25전쟁을 다룬 『태백산맥』이 10권, 그보다 조금 아래 시대로 내려가 개화기부터 6·25전쟁 직전까지를 다룬 『아리랑』이 12권, 그리고 6·25 전쟁 이후부터 1980년 광주민주화운동 직전까지 다룬 『한강』이 10권으로 모두 32권에 이를 정도로 방대하다. 그가 육필로 쓴 원고지의 양은 무려 53,000여 장에 높이 5미터 50센티미터에 이를 만큼 거대한 글자의 성(城)을 이루고 있다고 해도 과언이 아니다.

조정래 작가는 하루 평균 30장의 원고지를 썼다. 하루 평균 30장의 원고지를 쓰는 것이 뼈를 깎는 고통이라는 것을 글을 쓰는 사람이라면 누구나 공감할 것이다. 그는 3부작을 완성하기까지 위궤양에 오른팔 마비를 겪고, 엉덩이에 생긴 종기 수술을 하고 난 뒤에도 원고 쓰기에 매달렸다. 심지어 소설 마무리 후에 치료하겠다면서 배를 움켜쥐고 글을 썼을 정도로 투혼을 발휘했다. 오랜 산고 끝에 탄생한 그의 대하소설 3부작은 독자들의 큰 호응을 불러일으켜 출판계 최초로 1,000만 부 판매 기록을 세우기도 했다. 조정래는 지독한 노력파 작가다. 그가 쓴 소설들이 하나같이 역작으로 평가받는 것은 그가 장인정신으로 글을 쓰기 때문이다.

"소설은 일상생활에 지친 영혼을 흔들어 깨우고 각성케 하고 감동시키는 작업입니다. 하루에 8시간 노동을 하고 지쳐 있는 독자의 영혼을 감동시키기 위해서는 적어도 그 2배의 시간 동안 글쓰기를 해야 한다고 생각해요. 그 땀의 결실로 독자들이 소설을 읽고 감동을 받는 것이지요. 술도

금하고 여행도 금하고 세상과 절연한 채 작품에 몰입하다 보니 한겨울인 엄동설한에도 겨드랑이에서 땀이 다 나더군요."

의심 받는 꿈은 실현되지 않는다, 끝장을 봐라

나 역시 과거 작가가 되기 위해 많은 좌절과 절망의 시간을 보내면서도 매일같이 결심을 다잡아주는 책을 읽고 치열하게 글을 썼다. 그러나 고군분투하면서도 꿈을 실현하는 것은 생각처럼 쉽지 않았다. 처음에는 내 이름으로 된 책을 반드시 세상에 내놓겠다는 확신과 자신감으로 가득 차 있었지만 거듭되는 출판사들의 거절 통보에 조금씩 자신감이 무너져 갔던 기억이 난다.

사실 아무리 열정이 강한 사람도 거듭되는 시련과 좌절 앞에서는 서서히 열정이 식어가게 마련이다. 나는 원고를 1주일에 서너 번씩 출판사에 투고했지만 거듭 퇴짜를 맞았다. 원고는 좋지만 자기네와는 맞지 않아 반려한다는 것이었다. 계속 출판사들로부터 거절을 당하자 나도 모르게 머릿속에 조금씩 부정적인 사고가 고이기 시작했다.

'괜히 시간낭비만 하고 헛고생하는 건 아닐까?'
'차라리 신문사나 잡지사 기자 생활이나 할까?'

그런 부정적인 마음에 이런 생각도 들었다.

'지금까지 어떻게 버텨 왔는데 이 정도 시련쯤에 포기할 순 없지. 될 때까지 끝까지 해 보자. 아예 끝장을 보는 거다. 후회 없도록!'

당시 내가 작가의 꿈을 포기하지 않을 수 있었던 것은 내가 작가의 꿈을 포기하는 순간, 남은 인생은 거지 같은 인생이 되리라고 생각했기 때문이다. 아무런 존재감 없이 살아가야 한다고 생각하니 정말 견딜 수 없었다. 내가 믿는 하느님이 나를 세상에 보낸 데는 분명한 이유가 있다고 생각했다.

죽을힘을 다했기에 지금의 내가 있다

당시 나는 내가 성취하고 싶은 꿈 목록을 작성했다. '내가 적는 리스트들이 정말 실현될까?'라는 생각은 하지 않았다. 그저 반드시 실현되리라 믿었다. 사실 대부분의 사람은 자신이 하고 싶고 이루고 싶은 것들이 있지만 쉽게 도전하지 못한다. 왜? '정말 이루어질까?'라는 의심에 사로잡히기 때문이다. 이런 의심을 가진 꿈들의 뿌리는 깊지 못하다. 그래서 거친 비바람에 쉽게 부러지고 뿌리째 뽑히고 만다. 그런 꿈은 절대 실현되지 않는다.

그동안 나는 과거에 적었던 꿈 목록을 거의 실현했다. 나는 꿈을 실현하는 과정에서 스펙은 중요하지 않다는 것을 알았다. 꿈이 실현될 수 있는 환경을 조성해주는 것은 다름 아닌 강한 확신과 자신에 대한 믿음, 지독한 노력, 잠재력 계발이다. 이것이 바로 꿈을 실현하는 결정적인 비밀의 키(Key)다.

과거에 나는 라면 하나로 하루를 버티고 돈이 없어 버스 열 정거장을 걸어 다녀야 했을 때도 몸은 고단했을지언정 현실을 비관하지 않았다. 오히려 꿈 목록을 적은 종이를 지갑과 가방에 넣어 가지고 다니며 내가 바라는 미래를 상상했다. 습관적으로 했던 것이 바로 자기암시다. 내가 바라는 소망이 이루어진 것처럼 생생하게 느끼고 생각하고 행동하는 것이다. 20년 전의 나를 알던 사람들은 지금의 나를 보면 깜짝 놀란다. 과거에 알던 김태광이 아니기 때문이다. 그때 '작가는 아무나 하는 줄 아나 보지?'라고 나의 가능성은 보지 못한 채 내가 서 있던 '현재'라는 진창길만 보았던 그들에게 지금의 내 모습이 기적과도 같을 것이다.

오늘의 나는 자신 있게 말할 수 있다. 그동안 내가 기울였던 모든 노력은 나 자신을 감동시킬 수 있을 정도의 것이었다. 죽을힘을 다했기에 지금의 내가 있게 된 것이다. 나는 어떤 일에 목숨을 걸고 노력한다면 이루지 못할 일은 없다는 것을 믿는다. 사람들에게 그렇게 가르치고 있다.

결국 나는 이길 것이다

가시에 찔리지 않고서는 장미꽃을 모을 수가 없다.
— 필페이

성공자들이 쓰러지지 않았던 이유는 무엇인가

그동안 다양한 성공자들을 만났다. 그들을 통해 5가지 성공 요소를 찾을 수 있었다.

첫째, 명확한 꿈
둘째, 롤모델
셋째, 부단한 자기계발
넷째, 꾸준한 책 출간

다섯째, 지식과 경험, 삶의 깨달음을 나누기

그들은 대부분 척박한 환경에서 인생을 시작한 탓에 성공으로 나아가는 과정이 고통스러울 만큼 힘난했다. 그럼에도 그들이 쓰러지지 않았던 것은 꿈과 그 꿈을 놓치지 않도록 자극제가 되어주었던 롤모델, 독서 덕분이었다.

한 중소기업의 회장을 만났다. 그에게 지금처럼 성공할 수 있게 된 동력이 무엇인지 물었다. 그는 이렇게 답했다.

"저는 한 분야에서 성공하려면 반드시 롤모델이 있어야 한다고 생각합니다. 저는 현대를 창업한 정주영 회장님을 개인적으로 존경했고 사업의 롤모델로 삼았습니다. 때로 시련에 처해서 좌절할 때마다 그분이 쓰신 자서전을 읽으면 '정주영 회장님도 맨몸으로 시작했는데 나라고 왜 성공하지 못해?'라는 오기 같은 게 생기더라고요. 그분의 인생 역정이 저에게는 살아 있는 본보기이자 자극제라고 생각합니다."

미당 서정주 시인의 「자화상」이라는 시에는 "스물세 해 동안 나를 키운 건 팔 할이 바람이다."라는 내용이 있다. 종노릇하는 아버지, 늙은 할머니, 빈곤에 시달리는 어머니가 2할을 키운 것이라면 나머지 8할은 젊음의 방황과 시련이 자신을 키웠다는 뜻이다.

지금의 나를 있게 한 것은 '꿈'이었다

10대 시절, 나는 아버지처럼 살지 않겠다고 다짐했다. 그렇다고 해서 아버지가 아내와 자식을 나 몰라라 할 정도로 가정적이지 않았다는 말은 아니다. 아버지는 현풍면에 5일장이 설 때마다 관절염으로 고생하시는 어머니를 대신해서 이것저것 장을 보시곤 했다. 그리고 평생 절대 남들에게 상처를 주거나 손해를 끼치는 일이 없는, 말 그대로 법 없이 살 사람이었다. 특히 군 시절 휴가를 가야 하는데 차비가 없어 군부대를 나서지 못하는 하급자들에게 자신의 사비를 털어서 차비를 주시기도 했다. 그 가운데 몇몇은 읍내 시장에서 아버지와 마주치곤 했는데 만날 때마다 그 시절을 떠올리며 "선임하사님, 그땐 정말 고마웠심더. 어디 가서 술 한잔하시겠습니까?"라고 반색한다며 자랑하실 때가 많았다.

학창시절 아버지는 내 지갑을 열어보시더니 1,000원짜리 한 장도 없는 것을 보시고 슬며시 5,000원을 넣어주셨다. 우리 아버지는 그런 따뜻한 분이셨다. 아직도 그 기억이 잊히지 않는다. 아버지는 유난히 사람을 잘 믿는 편이었다. 그래서 금전적인 피해를 본 적도 여러 번 있었다.

1970년대 시절 많은 아버지들이 중동 건설 붐에 동참해 돈을 벌기 위해 중동으로 떠났다. 그때 아버지도 그 대열에 참여하려고 했다. 하지만 중간에 새끼까지 밴 소를 판 돈을 사기당하는 바람에 그 대열에 끼지 못했다. 어머니의 말에 의하면 얼마나 아버지가 사람을 잘 믿었느냐면, 서울의 한 여관에서 중간 브로커를 만나 소를 판 돈을 모두 그에게 건넸다고 한다. 그 브로커가 비행기 티켓과 중동으로 가는 데 필요한 모든 서류를 알아서 갖추어준다는 말만 철석같이 믿고 말이다.

며칠 후 브로커에게 아무런 연락이 없어 연락을 취해봤지만 결국 사기라는 것을 알았다. 물론 그 사기범은 잡지 못했다. 당시 소는 전답처럼 집안의 재산과 같았다. 그런데 그 소를, 그것도 새끼까지 밴 소를 판 돈을 사기당했으니 안 그래도 힘든 가정 형편이 더욱 기울게 된 것은 불을 보듯 뻔했다.

그러나 지금은 어머니와 가끔 그때의 이야기를 하며 웃는다. 어머니의 말씀에 의하면 당시에는 정말 화가 났지만 지금에 와서 아버지를 떠올리면 그저 웃음만 나온다는 것이다. 너무나 순진한 양반이었던 탓에.

아버지를 아는 사람들은 아버지를 호인이라고 말한다. 그러나 나는 호인이라는 말이 싫었다. 호인이라는 말 속에는 실속 없는 사람이라는 뜻이 내재되어 있기 때문이다. 어쩌면 아버지는 호인이었기에 평생 계산적이지 못한 채 빈농으로 가난하게 살다 가셨는지도 모른다.

새들도 더 이상 뒤를 돌아보지 않고 날아갔다

시 / 김태광

대구 달성군 유가면 상리. 근처 공단 굴뚝에서
치솟는 연기, 비록 느슨하긴 했으나
새벽녘이면 사람들은 누런 담배필터 같은
가래를 내뱉었고, 간혹 엉망으로 취해,
큰 싸움도 났으나, 사건은 아니었다.
선잠이 든 새들은 꿈속에서 엄마를 찾기도 했지만
쉽게 둥지를 버리진 못해
어스름이면 대밭으로 날아들곤 했다.
그해, 곤충의 딱딱한 껍질 같은 생활들 뿌리내려,
가뭄 삼키는 논바닥처럼 갈라졌다.
몇몇의 부모들은 낡은 공장에서 파뿌리처럼 늙어갔으나
밀폐된 아이의 꿈은 늙지 않아,
공장은 그런대로 활기찼다.
그러나—
밤 깊어도 돌아오지 않는 발자국 젖은 소리에
세월만 죄다 도시로 떠내려가,
어느새 꿈은 밀폐되어 폐쇄되었고
쉽게 대밭 속의 둥지를 뜰 수 없었던
새들도 더 이상 뒤를 돌아보지 않고 날아갔다.

지금의 나를 있게 한 것은 '꿈'이었다. 사람은 자신이 품고 있는 꿈과 닮아간다. 스물세 살에 작가의 꿈은 내 전부였다. 내가 살아가는 이유였고 목적이었다. 꿈을 빼고 나면 나는 빈껍데기와 같았다. 20대 시절을 너무나 힘들게, 아무런 존재감 없이 살았던 나는 정말, 진짜 잘되고 싶었다. 내 분야에서 성공하고 싶었다. 그러기 위해선 세상에 '김태광'이라는 이름 석 자를 확실히 알려야 했다. 내가 세상에 나의 존재감을 알리기 위해 택한 것이 바로 책쓰기였다. 사실 나처럼 평범한 사람에게 저비용으로 고수익의 홍보를 할 수 있는 비결은 책쓰기밖에 없기 때문이다. 책쓰기에 내가 가진 모든 노력과 열정을 쏟아 부었다.

문제는 환경이나 재능이 아니라 바로 '꿈이 없는 자신'!

나는 사람들에게 팍팍한 현실과 한 치 앞이 보이지 않는 미래를 탓하기보다 꿈이 없는 자신을 탓하라고 충고한다. 간절한 꿈만 있으면 힘든 현실과 불안한 미래는 아무런 문제가 되지 않는다. 왜? 꿈을 실현하는 순간 자연스레 모든 문제가 해결되기 때문이다. 따라서 문제는 가난한 부모님도, 짧은 가방 끈도, 무능력한 자신도 아니다. 바로 꿈의 부재다.

과거 대구 남문시장 근처에 위치한 자취방에서의 기억이 지금도 생생하다. 나는 여름에는 수돗물을 가득 채운 페트병을 꽁꽁 얼려서 더위를 견뎠다. 겨울에는 보일러 기름을 살 돈이 없어 냉골에서 손에 입김을 불어가며 키보드를 두드렸다. 어떤 날은 수돗물을 틀었는데 꽁꽁 언 탓에 물이 나오지 않아서 세수도 하지 못한 채 출근한 적도 많았다. 신문사 건물 1층에 위치한 편의점에서 김치도 없이 컵라면으로 아침과 점심을 때워야 했다.

그랬던 내가 지금은 180억 자수성가 부자가 되었다. 아파트 한 채 가격과 맞먹는 값비싼 페라리와 람보르기니, 벤츠, 포르쉐 등을 타고 다닌다. 당시는 돈이 없어 어쩔 수 없이 라면을 먹었지만 지금은 별미로 먹는다. 당시에는 매일 지갑이 텅 비어 있었지만 지금 내 지갑에는 현금이 얼마가 들어 있는지 모른다.

무엇보다 행복한 것은 내가 좋아하는 일을 하며 살고 있다는 것이다. 그러면서 과거의 나처럼 힘든 삶을 살고 있는 사람들에게 내가 가진 지식과 경험, 노하우를 나눠줄 수 있다는 것이 너무나 행복하다. 하루하루가 즐겁고 행복하다.

인생은 정직하고
노력은 배신하지 않는다

탁월함을 완성하는 데는 오랜 시간이 걸린다.
– 퍼블릴리어스 사이러스

쉬지 않고 달리면 결국 고지에 다다르는 것이 진리다

"꿈이 있는 거북이는 지치지 않는다."라는 명언을 만들어낸 개그맨 김병만. 소수점 아래까지 소중한 158.7센티미터의 작은 키로 인해 오랜 기간 무명 시절을 거쳐야 했던 그는 이제 '개그맨 김병만'에서 '달인 김병만'으로 불린다.

그는 자신의 분야에서 달인이 되기까지 끝없는 연습과 도전을 멈추지 않았다. 장면을 바꾸어가면서, 장소를 바꾸어가면서, 무대에서 체조연습실로, 사무실에서도 연습 또 연습했다. 그는 '달인'으로 인생 역전을 한 지금까지도 엄청난 연습벌레다.

나는 개인적으로 김병만처럼 자신의 꿈을 실현하기 위해 노력을 멈추지 않는 사람을 좋아한다. 나이가 적어도 나는 이런 사람들에 대한 존경심을 잃지 않는다. 힘들고 고통스러운 상황에서도 자신의 꿈을 이루기 위해 노력한다는 것만으로도 충분히 존경할 만한 가치가 있다고 생각하기 때문이다.

대부분의 사람은 자신의 분야에서 어느 정도 성과를 발휘하거나 이루었다고 판단될 때 노력의 고삐를 약간 늦추는 경향이 있다. 나는 이때가 가장 위험한 순간이라고 생각한다. 잠시 숨을 돌리기 위해 앉는 순간 자칫 주저앉을 수도 있기 때문이다.

나는 2003년에 산문집 『꿈이 있는 다락방』, 『마음이 담긴 몽당연필』 2권을 출간한 이래 한결같은 마음으로 책을 썼다. 내가 할 줄 아는 것이, 아니 좀 더 적확하게 표현하자면 내가 가장 좋아하고 잘하는 것이 책을 쓰는 것이기 때문이다.

2011년에는 어린이 자기계발서와 청소년 자기계발서를 비롯해 11권의 책을 출간했다. 2003년부터 2011년 12월까지 펴낸 책을 모두 합해보니 100권이었다. 8년 동안 100권의 책을 썼다는 것이 믿기지 않았다. 혹시 계산을 잘못한 건 아닐까 하는 생각에 다시 계산해봤지만 틀리지 않았다. 만약 여기에 다른 사람의 책을 대필해준 것까지 더한다면 권수는 더 늘어날 것이다. 나는 정말 거북이처럼 쉬지 않고 달린다면 느리지만 결국 빨리 고지에 도달한다는 것을 절감했다.

35세에 100권 출간, 대한민국기록문화대상 수상

2011년 어느 날 한국기록원에서 '대한민국기록문화대상'을 공모한다는 소식을 들었다. 한국기록원은 한국에서 분야별로 기록할 가치가 있는 기록들을 공모하고 세계 기네스북 등재를 대행하는 기관이다. 나는 35세에 100권의 책을 쓴 것이 기록될 수 있지 않을까 하는 기대가 생겼다. 만약 그렇게 된다면 그동안 내가 분투하며 살아온 10여 년의 세월에 대한 보상으로 그 어떤 것보다도 값진 선물이 될 터였다.

나는 '대한민국기록문화대상' 공모에 맞는 공적을 작성하기 시작했다. 그동안 신문사나 문예지에서 시 창작 부문에 당선되어 상을 받은 것이 전부이기에 공적을 쓰는 일은 만만치 않았다. 그래도 사람의 일은 알 수 없는 법! 나는 최선을 다해서 내가 살아온 과정과 어떤 책들을 펴냈는지에 대해 적었다. 그리고 한국기록원에 공적조서를 메일로 보냈다.

사실 나는 공적조서를 보낸 뒤 까맣게 잊고 지냈다. 세상에는 나 외에도 대단한 사람들이 헤아릴 수 없을 정도로 많다는 것을 잘 알기 때문이다. 그런데 12월 초 반가운 소식이 날아들었다. 내가 35세에 100권의 책을 쓴 공적으로 '대한민국기록문화대상' 최단기간 최다출판 개인 부문에 당선된 것이다. 그 소식을 들었을 때 정말 나도 모르게 현기증이 일면서 눈물이 났다. 스무 살 시절 서울의 고시원에 틀어박혀 막노동으로 연명하다시피 하면서 집필한 원고를 수백 군데의 출판사로부터 퇴짜를 맞으며 냉가슴을 앓아야 했던 과거가 영화필름처럼 눈앞에 펼쳐져 지나갔다. 이제 그런 아픈 과거들은 훈장 같은 것이었다. 그런 아픈 시간들이 있었기에 지금의 기쁜 소식도, 그리고 지금의 내가 있을 수도 있기 때문이다.

그렇게 해서 나는 2011년 12월 19일, 오후 3시 국회의사당에서 한국기록원이 주최하고 한국디지털학회, 한국소비자심리학회 등 50여 곳에서 후원하는 '대한민국기록문화대상' 개인 부문을 수상했다. 이날 시상식에는 여러 방송사를 비롯해 언론사 기자들, 인터넷 뉴스 기자들까지 와서 열띤 취재를 했다. 특히 민주당 정세균 의원을 비롯한 여러 국회의원, 각계각층의 저명하신 분들이 참석해서 축하해주었던 기억이 난다.

인생은 정직하다, 기꺼이 고군분투하라

나는 그동안 인생을 살아오면서 정말 인생은 정직하다는 사실을 깨달았다. 내가 꿈을 갖고 최선을 다하면 그것에 걸맞은 보상을 주고, 그렇지 않고 아무런 목적의식 없이 대충 살면 더없이 가혹한 것이 인생이다. 꿈이라는 목적의식을 갖고 고군분투하며 사는 것은 신이 나에게 내려준 잠재력과 가능성, 기회들을 찾는 과정이라고 생각한다. 이런 과정을 기꺼이 거쳐갈 것인가, 아니면 그냥 쉽게 생략하고 갈 것인가는 개인에게 달렸다. 물론 그 후 다가오는 미래의 명암 역시 오롯이 개인의 몫이다.

이날 국회의사당을 나서면서 가족과 친구, 지인들의 문자가 빗발치는 가운데 문득 '20세기 첼로의 거장' 파블로 카잘스의 말이 떠올랐다.

"나는 재능이라곤 눈곱만큼도 없고 적성도 맞지 않는 첼리스트였다. 하지만 매일 24시간씩 온 마음을 다해 첼로 연습을 했고, 사람들은 나를 첼로의 거장이라고 말한다. 나는 숨이 다하는 날까지 첼로를 켤 것이다."

운명은 아직 결정되지 않았다

영원을 살 것처럼 꿈꾸고, 오늘 죽을 것처럼 살아라.
– 제임스 딘

〈출판 가이드 시스템〉 특허를 취득한
독보적인 책쓰기 내공은 어디에서 왔는가?

그동안 강연 활동을 하면서 이런 질문을 많이 받았다.

"젊으신데 어떻게 그렇게 많은 책을 쓰실 수 있습니까? 무슨 특별한 비결이라도 있는지요?"

"직장인인 저 같은 사람도 책을 쓸 수 있을까요? 제 어릴 적 꿈이 작가가 되는 것이었거든요."

"지금 책을 쓰고 있는데 정말 너무 힘들어요. 쉽게 책을 쓸 수 있는 비결 좀 알려주세요."

이런 질문들은 또 하나의 분야를 개척하도록 이끌었다. 지금 내가 책쓰기 코치로 활동하는 동인이 된 것이다. 오래전부터 나는 책을 쓰면 더 나은 인생을 살 수 있을 것 같은 사람들을 많이 만났다. 그들에게 책을 써보라고 권하면 "작가는 아무나 하나?"라며 손사래를 치곤 했다. 그럴 때마다 안타까운 마음이 앞섰다. 그리하여 사람들에게 책쓰는 기술을 알려주는 책쓰기 코치가 되겠다는 비전을 가지게 되었다.

현재 책쓰기 코치로 활동하는 사람들이 헤아릴 수 없을 정도로 많다. 대부분이 돈을 벌 욕심으로 책쓰기에 관한 책을 한두 권을 펴내고선 책쓰기 코칭을 하고 있다. 정말 기분이 상하는 것은 책쓰기 코칭을 하는 이들 가운데 대다수가 나에게 배운 작가들이라는 것이다. 나는 독서법에 대한 코칭은 아무나 할 수 있지만, 책쓰기 코칭에 대한 코칭은 아무나 해선 안 된다고 생각한다. 고작 책 몇 권 쓴 실력으로 누군가를 가르친다는 것은 말이 안 되기 때문이다.

나는 30대 중반의 나이에 저서 100권을 출간했다. 100권을 썼다는 것은 쓰고 싶은 책의 주제를 제대로 정하고, 제목과 목차를 빠르게 만들 수 있다는 것이다. 그리고 단 며칠 만에 책 한 권을 쓸 수 있는 필력을 가지고 있지 않으면 절대 100권을 펴낼 수 없다. 나는 그 어떤 작가나 코치들에 비해 독보적인 책쓰기 내공을 갖고 있다. 이 내공으로 작가, 코치들 가운데 최초로 출판, 책쓰기에 관한 〈출판 가이드 시스템〉 특허를 취득했다. 내가 운영하고 있는 〈한책협〉에는 매일 책을 쓰기 위해 평범한 사람들이 책쓰기 특강을 신청하고 있다.

그동안 내가 기획해서 쓴 원고는 책으로 출간되지 않은 경우가 거의 없었다. 나는 일을 질질 끄는 것을 좋아하지 않는다. 원고를 쓸 때 집필 기한을 짧게 정한다. 물론 마감 전에 원고 집필을 마치는 편이다. 출판사들은 원고 집필 기한을 어기는 작가들을 좋아하지 않는다. 원고 마감 기한을 어기게 되면 출판사에서 계획하고 있는 일들이 틀어지기 때문이다. 그래서인지 나와 작업하기를 바라는 출판사들이 많았다.

대부분의 작가들은 원고를 쓰는 데 보통 6개월 이상 걸린다. 그러다 보니 출판사와 계약했던 집필 시기를 넘기는 경우도 허다하다. 하지만 나는 한 번도 그런 적이 없었다. 아무리 바빠도 약속했던 마감 시기는 꼭 지킨다. 한 권의 저서를 집필하는 데 한 달이면 충분하다. 그것이 내 원칙이기 때문이다. 나는 원고 쓰기를 길게 끌수록 그 일에 전념할 수 없게 되어 오히려 퀄리티가 낮은 원고가 나온다고 믿는다.

〈한국책쓰기강사양성협회〉 설립, 1,100명의 작가 배출

2011년 12월은 내 인생에서 잊을 수 없는 기념비적인 달이다. 35세의 나이에 저서 100권을 펴낸 공적으로 한국기록원으로부터 제1회 '대한민국기록문화대상'을 수상했기 때문이다. 그 상은 나에게 그 누구도 줄 수 없는 큰 용기를 주었다. 그 후 책쓰기 코치, 출판 프로듀서 활동을 시작해도 되겠다는 확신이 생겼다. 나는 스스로에게 이렇게 말했다.

"그래, 이제부터 시작이야. 드디어 나한테 다른 사람들에게 책쓰는 법을 알려줄 수 있는 자격이 생겼어. 작가가 되고 싶은 열망을 가진 사람들을 도우며 살자. 사람들이 과거의 나처럼 힘들게 작가가 되지 않도록 목숨 걸고 코칭하자."

네이버 카페에 〈한국책쓰기강사양성협회〉를 개설했다. 카페를 개설할 때 내가 가장 고민했던 것이 있는데, 바로 '비전 선언문'이다. 나는 무엇보다도 꿈과 비전을 중요시한다. 특히 비전은 꿈보다 상위개념으로서 내가 가고자 하는 길의 지향점이라고 보면 된다.

비전 선언문을 완성한 뒤에야 비로소 〈한책협〉호의 돛을 올릴 수 있었다. 대부분의 기업 홈페이지나 블로그에 가보면 가장 중요한 비전이 빠져 있는 경우가 많다. 비전이 없는 기관이나 단체, 기업은 오래가지 못한다. 구성원들의 에너지를 결집시켜주는 것이 바로 같은 곳을 바라보게 하는 비전이기 때문이다. 나는 사람들에게 입버릇처럼 강조한다.

"평범한 사람일수록 책을 써라. 은퇴 후가 두려운 직장인들에게 이제 책쓰기는 선택이 아닌 필수 사항이 되었다."

십수 년 전 나는 아무런 존재감이 없었다. 그랬던 내가 책쓰기를 통해 지금과 같은 눈부신 인생을 개척할 수 있었다. 그래서 성공해서 책을 쓰려고 하지 말고 책부터 써야 성공한다고 말한다.

현재 〈한책협〉에서 책쓰기 수업을 진행하며 공무원, 변호사, 회계사, 은행원, 한의사, 의사, 유치원 원장, 교사, 교수, 경찰관, 부장 검사, 목회자, 주부, 요가 트레이너, 미용사, 대학생, 대학원생 등을 작가로 만들었다. 지금까지 1,100명의 사람들이 작가가 되었다. 최근 3년 동안 500여 명의 사람들이 작가가 되었다. 2019년에는 184명, 2020년에는 150명, 2021년에는 160명이 자신의 책을 가진 작가가 되었다. 한 달 평균 15명 정도의 사람들이 출판 계약하고 있다. 이 글을 쓰고 있는 지금 이 순간에도 '책쓰기 과정'을 수료한 사람들의 책이 출간되고 있다.

다음은 책을 쓰면 좋은 10가지 이유이다.

첫째, 보이지 않던 꿈이 명확해진다.

둘째, 삶의 우선순위를 정하게 된다.

셋째, 학벌을 위한 공부를 하지 않게 된다.

넷째, 자신만의 천재적인 재능을 발견하게 된다.

다섯째, 책을 펴내는 순간 독자에서 저자의 위치로 신분이 상승하게 된다.

여섯째, 부정적인 사고에서 긍정적인 사고로 전환하게 된다.

일곱째, 책 출간이라는 평생의 꿈이 실현된다.

여덟째, 자존감이 높아진다.

아홉째, 가족과 친척, 친구들, 동료들로부터 찬사를 듣게 된다.

열째, 자식들에게 삶의 지혜를 유산으로 물려줄 수 있다.

나는 누구나 1개월 만에 작가가 되도록 만든다

〈한책협〉의 회원 수가 2만 명을 넘어섰다. 하나같이 자신의 이름으로 책을 펴내고 싶은 열망을 가진 사람들이다. 10대부터 70대까지 연령대도 다양하다. 나이와 직업, 성별은 달라도 모든 분이 책쓰기를 통해 눈부신 인생 2막을 준비하려는 목표를 가지고 있다.

내게 책쓰는 법을 배운다면 누구나 1개월 만에 작가가 될 수 있다. 얼마 전에는 한 대기업에서 근무하는 40대 중반의 직장인으로부터 전화를 받았다. 그분 역시 현직에 있을 때 저서를 몇 권 써서 자신의 이름을 딴 개인 연구소를 만들고 싶다는 바람을 갖고 있었다. 그동안 책을 쓰기 위해 다양한 책을 읽었지만 막상 혼자서 쓰려고 하니 엄두가 나지 않는다는 것이었다. 특히 자신이 쓴 글을 출판사에서 책으로 출간해줄지 의문이어서 더욱 막막하고 불안하다는 것이었다. 그래서 나는 이렇게 조언했다.

"누구나 처음 책을 쓰는 일을 막막하고 불안하게 여깁니다. 하지만 그렇더라도 해낼 수 있다는 믿음을 갖고 자신을 믿으세요. 현재 선생님은 누구보다 저자가 될 수 있는 좋은 스펙을 갖추고 있습니다. 그동안 다양한 책을 많이 읽으셨고, 게다가 현직에 계시니 공신력도 있고요. 자신에 대한 확신과 믿음을 갖고 책쓰기에 도전해보세요."

얼마 뒤 그는 정식으로 '책쓰기 과정'에 등록해서 책쓰기 코칭을 받았다. 책을 쓰는 일은 운명을 바꾸는 일인 만큼 생각처럼 쉬운 일은 아니다. 그렇더라도 결코 포기해선 안 된다.

9년 전 책쓰기를 배우기 위해 나를 찾아 온 한 여성이 있었다. 우리는 곧 친해졌다. 그녀는 긍정적인 사고의 소유자이자 마음이 선했다. 워킹홀리데이 프로그램으로 필리핀, 호주를 갔다 왔다고 했다. 새벽 5시에 기상해 커피숍에서 책을 읽고 영어 학원에서 강사를 하면서 치열하게 사는 모습이 참 좋았다. 당시 나는 그녀를 작가, 코치, 강연가가 되도록 도왔다. 그러면서 그녀와 함께 메신저(자신의 지식과 경험, 삶의 지혜를 나누는 사람) 일을 하고 싶다는 생각을 했다.

하느님이 보내주신 천사, 권동희를 만나 결혼하다

나는 그녀에게 책쓰기 코칭을 해주면서 나와 어울리는 사람인지, 아닌지를 살펴보았다. 당시 나는 배우자에 대해 8가지 기준을 갖고 있었다.

첫째, 천성적으로 선해야 한다.
둘째, 긍정적인 사고를 가져야 한다.
셋째, 자기계발을 하는 사람이어야 한다.
넷째, 나와 같이 책을 쓰고 강연하고 코칭하는 사람이어야 한다.
다섯째, 나를 존경하는 사람이어야 한다.
여섯째, 어른에게 잘하는 사람이어야 한다.
일곱째, 내가 못하는 영어를 잘해야 한다.
여덟째, 강아지들을 사랑해야 한다.

그녀는 8가지 기준에 부합했다. 무엇보다 선하고 긍정적이며 영어를 잘한다는 것에 마음이 끌렸다. 그래서 내가 먼저 교제를 청했다. 그녀는 처음엔 놀랐다고 했다. 내가 자신을 놀리는 줄 알았다는 것이다. 나처럼 잘나가고 수입차를 타는 사람이 사귀자는 것이 믿기지 않았다는 것이다. 그래서 그녀는 선뜻 나의 요청에 응하지 않았다.

어느 날 한적한 공원에서 이야기를 나누게 되었다. 그때 그녀에게 '나와 사귀지 않으면 안 되는 이유'에 대해 이야기해주었다. 그러면서 "당신은 저평가된 우량주다. 나처럼 당신을 알아주는 성공자를 만나지 못한다면 남은 미래는 절망적이다. 나는 당신이 잘되도록 밀어주고 이끌어줄 수 있다."라고 말했다. 그때 비로소 그녀는 나의 진심을 알게 되었고 우리는 정식으로 사귀게 되었다.

그녀는 나를 만나 그동안 10권이 넘는 책을 출간했다. 출판사 대표이자 코치, 성공학 강사, 동기부여가로 활동하고 있다. 전국의 중·고등학교와 이화여대와 조선대학교 등의 여러 대학과 공기관과 기업체를 대상으로 강연을 다녔다. 그동안 많은 사람들을 가르치는 그녀 역시 나처럼 진짜 스펙은 '저서'라는 것을 세상에 증명하고 있다.

그녀와 나는 2014년 추석 연휴 때 결혼식을 올렸다. 당시 우리는 아주 특별한 결혼식을 하고 싶었다. 그래서 가족과 친한 사람들만 초대해서 제주도 라마다 호텔에서 결혼식을 올렸다. 초대한 사람들의 항공료와 숙박료, 렌터카 비용 일체를 우리가 부담하고 축의금은 단 한 사람에게도 받지 않았다.

나와 결혼한 그녀가 바로 〈한책협〉의 사내이사이자 위닝북스 출판사와 〈한국석세스라이프스쿨〉의 대표인 권동희 대표이다. 그녀는 내 인생에서 가장 힘든 시절에 만난 사람이다. 그녀를 만나기 전에 감당하기 힘든 시련을 여러 번 겪었다. 그 당시 거의 매일 같이 술을 마시며 버텼다. 그때 나는 자주 누군가 내 곁에 있으면 얼마나 좋을까 하는 생각을 하곤 했다. 그땐 너무나 외로웠고 힘들었다. 하루하루 사는 게 지옥 같았다. 수천 번 자살을 생각하곤 했다. 술에 취해 그냥 이대로 죽어버릴까 하는, 말도 안 되는 생각도 참 많이 했다. 그런 깜깜한 터널 속을 걷고 있는 내 앞에 권 대표가 천사처럼 나타난 것이다. 나는 그녀가 하느님이 내게 보내주신 천사라는 것을 한눈에 알아봤다. 그래서 사귄 지 2주가 되는 날 그녀에게 혼인신고를 하자고 말했다. 그렇게 우리는 부부가 되었다.

2019년 1월 6일 나는 아내에게 「그녀는 나에게로 와서 꽃이 되었다」라는 시를 선물했다.

그녀는 나에게로 와서 꽃이 되었다

시 / 김태광

인생에서 가장 절망적이었던 시절

나는 사랑을 만났네

세상의 모든 슬픔과 고통들이 내게로 몰려오던 시절

나는 희망을 만났네

깜깜한 먹구름 뒤에 과연 해는 있을까 라는 의심은

해는 언제나 먹구름 뒤에서

나를 비추고 있다는 믿음으로 바뀌었네

좌절과 절망과 고통이 모래처럼 쌓여 있는

사막이 아름다운 건

어디엔가 샘을 감추고 있기 때문이다

사막 같던 내 인생에서

그녀는 내게로 와서 꽃이 되었고

나는 그녀에게 다가가 꿈이 되었다

나는, 언제나 나는

그녀는 언제나 그녀는

꽃, 꿈, 사랑으로

천국처럼 살다가 천국으로 가리라

우주에서 가장 소중한 보석들, 태양, 승리, 사랑

우리에게는 3명의 소중한 아이들이 있다. 여섯 살인 태양이와 다섯 살 승리, 네 살 사랑이다. 아내와 나의 외모를 반반씩 닮은 아이들을 보고 있노라면 시간 가는 줄 모른다. 사실 과거의 나는 아이들을 싫어했다. 그 이유는 아이들은 시끄럽고 귀찮기 때문이다. 그런데 내가 아빠가 되자 아이들이 예뻐지기 시작했다. 아이들은 모두 천사라는 생각이 들고 모든 아이가 아프지 않고 행복하게 어린 시절을 보냈으면 하는 바람을 갖게 되었다. 나는 그녀와 더불어 내가 하느님께 받은 소명을 실현해갈 것이다. 나의 잠재력의 끝이 어디까지인지를 실험해볼 것이다.

나는 하루하루가 가슴이 뛰고 행복하다. 지금 대한민국 대표 책쓰기 코치로, 출판 프로듀서이자 작가로 활동하고 있는 매 순간 내가 살아 있다는 것을 느낀다. 사람은 진정으로 자신이 잘하고 좋아하는 일을 해야 한다. 그래야 그 일이 지루하지도 힘들지도 않기 때문이다. 오히려 어떻게 하면 더 잘할지 늘 고민하게 되어 더 빨리 성공하게 된다.

나는 책을 써서 운명을 바꿨다

운명은 우연이 아닌 선택이다.
기다리는 것이 아니라 성취하는 것이다.
– 윌리엄 제닝스 브라이언

작가는 꾸준한 노력과 끊임없는 도전으로 탄생한다

나는 흙수저, 신용불량자였지만 책을 써서 인생을 바꾸었다. 책쓰기로 눈부신 인생을 창조한 나는 저서의 힘에 대해 누구보다 잘 알고 있다. 사람들에게 퍼스널 브랜딩을 하려면 책을 써야 한다고 조언하는 이유이다. 사실 퍼스널 브랜딩을 하는 데 책을 쓰는 것만큼 저비용 고수익인 투자도 없다. 책을 쓰는 데 드는 돈은 거의 없으면서 책 출간 후 여러 가지 파이프라인이 생겨나기 때문이다.

평범한 사람일수록 책을 써야 한다. 은퇴 후가 두려운 직장인들에게도 책쓰기는 이제 선택이 아닌 필수 사항이 되었다. 현재 수많은 평범한 사람들이 나에게 책쓰는 법을 코칭 받아 책을 쓰고 있다. 그들이 책 출간 후 삶이 달라지는 모습을 볼 때 나는 말로 표현할 수 없는 행복감을 느낀다.

저서는 학생, 주부, 직장인 모두에게 꼭 필요한 스펙이다. 그중에서도 특히 10년 차 직장인들은 필히 저서를 써야 한다. 10년 공력이면 책 한 권은 너끈하다. 그동안 축적해놓은 지식과 경험, 노하우를 저서로 풀어낸다면 남은 인생은 눈부시게 달라진다. 자신만의 노하우나 전문성을 담은 책을 쓰게 되면 자신의 브랜드 가치를 높일 수 있다. 책쓰기는 '선택'이 아닌 '의무'다. 전문가 1.0시대가 학위나 자격증으로 전문성을 인정받았다면 전문가 2.0시대에는 책쓰기로 전문성이 판별된다. 전문가가 되려면 자신의 책을 써야 하는 것이다. 대부분의 사람은 작가는 만들어지기보다 타고난다고 생각한다. 그 이유로 나는 다음 3가지를 꼽는다.

첫째, 주위에서 쉽게 작가를 찾아볼 수 없다.
둘째, 어렸을 때부터 작가는 아무나 할 수 없는 직업이라는 말을 들으며 성장했다.
셋째, 노력도 해보지 않은 채 스스로 글을 못 쓴다고 단정 짓는다.

과거 나 역시도 작가의 재능은 타고난다고 생각했다. 그래서 작가들을 보며 천부적인 능력을 가진 사람들이라고 여기곤 했다. 그러나 지금은? 전혀 그렇지 않다. 나를 비롯한 대부분의 작가는 꾸준한 노력과 끊임없는 도전을 통해 필력을 갖출 수 있었기 때문이다.

시인이자 소설가인 나탈리 골드버그는 저서 『뼛속까지 내려가서 써라』에서 "일단, 무조건, 닥치고 써라."라고 조언한다. 그녀는 끊임없이 독자에게 "쓰세요, 거침없이 쓰세요. 쓰세요. 손을 쉬게 하지 마세요. 너무 많이 생각하지 마세요. 편집하려 하지 마세요. 못할 거라는 자기부정에서 벗어나세요."라고 말한다.

"달리기와 마찬가지로 글도 많이 쓰면 쓸수록 실력이 향상된다. 장거리 육상 선수들은 어느 시점부터 달리기가 힘들고 지겨워져서 내딛는 한 발 한 발에 저항심을 가질 수 있다. 하지만 달리는 행위는 결코 멈추지 않는다. 그리고 그 과정에서 원하든 원하지 않든 연습을 하게 된다. 가만히 앉아서 눈부신 영감이 솟아날 때와 계속 달리고 싶게 만드는 깊은 열망이 찾아올 때를 기다리지 않는다. 더구나 열망은 자신이 해야 할 일을 게을리하거나 회피하는 사람에게 절대 저절로 생기지 않는다."

지금 자신의 필력이 부족하다고 해서 좌절할 필요는 없다. 글쓰기 능력은 꾸준히 책을 읽고 글을 쓰면 무조건 늘게 되어 있으니까. 글쓰기 능력은 마치 팔의 근육과 같다. 근육을 키우기 위해 매일 아령을 들었다 놓았다 하면 어느 순간 근육이 우람하게 커지는 것을 볼 수 있듯이 글을 쓰다 보면 글쓰기 능력도 어느새 향상되어 있는 것을 느끼게 된다.

책을 써서 작가, 코치, 강연가가 되라

명작소설 『바람과 함께 사라지다』의 저자인 마거릿 미첼. 미국 최고의 이야기꾼으로 불렸던 그녀 역시 끈질긴 노력과 도전으로 책을 펴낼 수 있었다. 자칫 우리는 그녀의 소설을 만나지 못했을지도 모른다. 작가가 무명이라는 이유로 어느 출판사도 1,037페이지 분량의 작품을 출판하려고 하지 않았기 때문이다.

그녀가 책을 출간하기로 마음먹은 1930년대의 미국은 대공황으로 인한 불황의 만성화로 침체기에 빠져 있던 시기였다. 그래서 작가 지망생의 책을 내는 것은 매우 위험한 모험과 같았다. 그러나 그녀는 출판사가 자신을 외면한다고 해서 힘들게 집필한 원고를 포기하지 않았다.

그녀는 3년 동안 원고 뭉치를 들고 이 출판사, 저 출판사를 전전했다. 이 사람, 저 사람 손을 거친 원고는 닳고 닳아 너덜너덜해질 정도였다. 어느 날, 그녀가 살던 애틀랜타의 지방신문에 이런 단신이 실렸다.

"뉴욕 맥밀란 출판사 사장 레이슨이 애틀랜타에 왔다가 기차를 타고 돌아간다."

기사를 본 그녀는 곧장 기차역으로 달려갔다. 다행히도 레이슨이 탄 기차가 떠나기 전이었고, 기차에 오르던 그를 붙잡고 그녀는 말했다.

"제가 쓴 소설입니다. 한 번만 읽어주세요. 읽어보시고 관심이 있으면 연락 주세요."

레이슨은 피곤에 절어 귀찮은 표정으로 원고를 가방에 집어넣었다. 그동안 일을 보느라 피곤했기에 엄청난 페이지의 원고를 펴볼 엄두가 나지 않았던 것이다. 기차가 출발한 지 2시간가량 지났을 때 레이슨에게 전보 한 장이 전해졌다.

"레이슨 사장님, 원고 읽어보셨어요? 아직 안 읽으셨다면 첫 페이지라도 읽어주세요."

전보를 받아 든 레이슨은 잠시 놀랐지만 원고를 힐긋 쳐다보기만 했을 뿐 관심 밖이었다. 기차가 다시 뉴욕을 향해 달리고 있을 즈음 같은 내용의 전보가 그에게 또다시 전달되었다. 그때도 레이슨은 별 반응이 없었다. 이윽고 또다시 세 번째 전보가 그에게 전해졌다. 그제야 그의 마음이 움직이기 시작했다. 이제는 진짜 호기심이 생긴 것이다. 마침내 레이슨은 원고을 읽어보기 시작했다. 레이슨은 원고에서 눈을 떼지 못하고 이야기 속으로 빠져들었다. 이렇게 해서 불후의 명작 『바람과 함께 사라지다』가 세상에 나올 수 있었다.

평범한 사람일수록 책을 써야 한다

부산의 한 도서관에서 『마흔, 당신의 책을 써라』 특강을 진행했다. 강연을 시작하면서 사람들에게 "책을 쓰고 싶어 하는 욕망을 가지고 있음에도 선뜻 책쓰기에 도전하지 못하는 이유는 무엇인가요?"라고 물었다. 다음과 같은 대답이 많았다.

"저는 그저 평범한 직장인일 뿐인 걸요, 뭐!"
"책은 TV에 나오거나 성공한 사람들만 쓸 자격이 주어지는 것이 아닌가요?"
"저 같은 사람의 글을 출판사에서 책으로 내주기나 할까요!?"

그들은 자신이 성공하거나 유명인이 아니기에 책을 쓸 수 없다는 것이었다. 이는 심각한 자격지심이 아닐 수 없다. 그런데 왜 책쓰기에 대한 특강을 듣기 위해 그 자리에 참석했던 것일까? 그럼에도 내 이름으로 된 책을 펴내는 꿈을 선뜻 버릴 수 없었기 때문이다.

지금 이 순간에도 많은 사람들이 큰 도움이 되지 않는 스펙을 쌓기 위해 시간과 노력, 비용을 들이고 있다. 나는 책을 써보라고 권하고 싶다. 저서는 인생을 놀라울 정도로 변화시키는 힘을 가지고 있다. 내 주위에는 60세가 다 된 연세에도 저서 몇 권을 출간한 뒤 강연 활동과 칼럼 기고 등을 하며 현역으로 뛰는 이들이 있다. 그들은 1시간 30분가량 강연에 적게는 200만 원, 많게는 600만 원을 받는다. 지금 그들은 누구보다 멋진 인생을 살고 있지만 그들 또한 저서를 쓰기 전에는 보통 사람들과 별반 다르지 않았다는 사실을 결코 잊어선 안 된다.

73세에 작가가 된 이순희 씨가 있다. 동대문에서 오랫동안 스카프 도매업으로 자산을 이룬 그녀는 작가가 되고자 하는 꿈이 있었다. 2017년 말경 〈한책협〉에서 진행하는 '책쓰기 특강'에 참석했다. 나의 강의를 들은 그녀는 바로 '책쓰기 과정'에 등록했다. 그리고 4개월 후 『나는 동대문 시장에서 장사의 모든 것을 배웠다』를 출간했다. 책 출간 후 언론에 그녀에 관한 기사가 보도되었다. 이순희 작가는 기사를 보고 오랫동안 연락이 끊긴 지인들에게서 연락이 오고 있다며 감사를 표했다. 그녀는 자신을 작가로 만들어준 것에 대해 내게 감사의 인사로 황금 열쇠 10돈을 선물로 주었다. 나는 나의 제자들이 책을 써서 잘되는 모습을 볼 때마다 내가 정말 잘 살고 있구나, 하는 생각이 든다.

다음은 직장인이 책을 써야 하는 이유 5가지이다.

첫째, 책은 최고의 자기소개서다. 언론 인터뷰보다 더 영향력이 크다.

둘째, 사회적 영향력이 크다. 대중을 대상으로 책을 출간하게 되면 세상에 자신의 존재감을 드러낼 수 있다.

셋째, 전문가의 자격증이다. 책을 출간하는 순간 자신의 분야에서 전문가로 인정받게 된다.

넷째, 미래가 달라진다. 가슴이 뛰기 시작하고 생활에 활력이 생긴다. 다양한 기회들이 생겨난다.

다섯째, 사회에 공헌하는 일이다. 자신의 지식과 경험, 노하우를 책에 담는다면 그 책을 읽은 사람들의 인생이 달라지게 된다.

평범한 사람일수록 책쓰기에 매달려야 한다. 밥벌이를 하는 직장인이라면 반드시 책을 써야 한다. 저서를 통해 퍼스널 브랜딩해야 한다. 지금 꼬박꼬박 월급이 통장에 들어온다고 해서 안심해선 안 된다. 안심하는 순간 다양한 이유로 '퇴출'의 칼바람을 맞게 되기 때문이다. 평범한 나를 비범한 나로 변화시켜줄 도구는 책쓰기밖에 없다. '정말 내가 쓴 글이 책으로 출간될 수 있을까?', '나도 책을 쓸 수 있을까?' 이런 의심과 두려움은 과감하게 쓰레기통에 던져버려야 한다. 당신이 할 수 있다고, 가능하다고 믿고 확신할 때 꿈은 현실이 되게 마련이다.

우리는 가슴이 시키는 일을 하며 살아야 한다

나는 '꿈'이 좋다. 아니, 꿈을 사랑한다

30대의 나는 많은 열등감에 사로잡혀 있었다. 그러나 내가 작가의 꿈을 확고히 꾸고 그것을 실현하기 위해 치열하게 노력하면서 열등감은 사라지기 시작했다. 나는 '내가 바라는 모든 것을 이룰 수 있고, 가질 수 있다'는 믿음을 가지고 최선을 다했다. 그러자 시간이 지나면서 조금씩 성과가 나타나기 시작했다. 성과는 자존감의 회복으로 이어졌다.

보통 열등감은 자존감이 떨어질 때 생겨난다. 따라서 자존감을 회복하게 되면 절로 사라지게 된다. 그래서 열등감을 가진 사람들에게 먼저 자존감을 회복해야 한다고 조언한다. 과거의 나는 아무것도 아닌 존재였지만 시인의 꿈을 꾸기 시작했고 시인이 된 뒤 다시 작가의 꿈을 꾸었다. 나는 다음과 같은 꿈 너머 꿈들로 지금의 인생을 창조했다.

나는 '꿈'이 좋다. 아니, 꿈을 사랑한다. 나는 가장 힘들었던 20대 시절부터 성공한 사람들의 스토리가 담겨 있는 책을 많이 읽었다. 그들의 성공 스토리를 읽으면서 나도 모르게 '저들도 가난 속에서 꿈을 이루었는데 나라고 왜 못 해?'라는 오기가 생겼다. 사실 나는 오기보다 더 강한 동기부여는 없다고 생각한다. 오기는 내가 알고 있는 것보다 더 강한 열정을 분출하게 하는 촉매제였다. 지금도 성공자들의 성공 스토리를 읽으면서 강한 동기부여를 받고 있다.

제임스 다이슨의 『계속해서 실패하라』를 감명 깊게 읽은 적이 있다. 나는 사실 이 책을 읽기 전까지 다이슨이라는 진공청소기에 대해 잘 알지 못했다. 그러나 그의 눈물겨운 성공 스토리를 접하면서 '굉장한 사람이구나, 다이슨을 구입해야지.'라는 생각마저 들었다.

제임스 다이슨은 '영국의 스티브 잡스'라고 불린다. 사실 그가 진공청소기를 만들기 전까지 영국인들은 자전거의 바퀴처럼 먼지 봉투는 진공청소기에 없어서는 안 될 부품이라고 생각했었다. 그런 인식이 팽배해 있던 분위기 속에서 하루는 아내 대신 청소를 하다가 그는 기존의 청소기의 작동이 시원치 않자 자리에 앉아 청소기를 손수 뜯어보게 된다. 그리고 몇 번의 실험을 통해 진공청소기의 성능이 떨어지는 이유가 먼지가 먼지 봉투의 미세한 구멍을 막기 때문이라는 것을 알아낼 수 있었다. 작은 먼지가 구멍에 깊숙이 박혀 있어서 먼지 봉투 속 먼지를 비워낸다 해도 청소기의 성능은 크게 좋아지지 않았던 것이다. 먼지 봉투가 가득 차서 진공청소기의 흡입력이 떨어진다는 제조업자의 주장은 거짓말이었던 것이다.

그는 소비자로서 제조업체들의 상술을 참을 수가 없었다. 그는 생계를 아내에게 맡긴 채 집 뒤에 있는 낡은 마차 창고에서 사이클론 방식을 결합한 신개념의 진공청소기를 개발하는 데 몰두했다. 3년이라는 시간을 계속 실패한 끝에 다이슨 청소기가 완성되었다. 그러나 안타깝게도 완제품을 만들 수가 없었다. 3년간의 개발로 인해 회사가 거덜났기 때문이다. 그럼에도 그는 먼지 봉투 없는 진공청소기 개발을 포기하지 않았다. 그렇게 그는 5,126번의 실패를 경험한 뒤 '한 번 더' 시도해 결국 5,127번째에 성공을 이끌어냈다.

제임스 다이슨이 개발한 다이슨 진공청소기는 영국에 이어 미국 시장에서도 대성공을 거두었다. "비틀즈 이후 가장 큰 성공을 거둔 영국 제품"이라는 찬사를 듣고 있다. 영국의 세 집 가정 가운데 한 집은 다이슨 제품을 보유하고 있을 정도로 대박 상품이 되었다.

나는 비록 제임스 다이슨이 수천 번의 실패를 경험했지만 그가 성공할 수밖에 없는 사람이라는 판단이 들었다. 왜? 그는 처음부터 자신이 원하는 대상을 꿈꾸었을 뿐 아니라 자신의 성공을 확신했기 때문이다. 그는 저서에서 이렇게 고백했다.

"내 발명품 '다이슨 듀얼 사이클론'을 이야기할 때마다 나 스스로 재미

있다고 생각하는 대목이 있다. 그건 바로 처음부터 이만큼 성공할 줄 알았다는 사실이다! 끝이 안 보이는 좌절과 법정 소송, 자금 부족, 지루한 특허출원 과정, 남들의 조롱과 의심, 아이디어 도용 시도에도 나는 처음부터 이 제품이 셰이크 엔 백(Shake 'n' Vac)보다 훨씬 더 성공하리라 확신했다!"

꿈은 내가 가고 싶은 곳으로 나를 데려다준다

사람은 꿈꾸는 것만 얻을 수 있다. 이것이 신이 정해놓은 성공 진리다. 이런 성공 진리를 깨달아 꿈을 이룬 또 다른 사람이 있다. 영화배우 겸 토크쇼 진행자 로지 오도넬이다. 나는 그녀의 성공 스토리를 보며 나 자신을 혹독하게 채찍질했다.

그녀는 미국의 롱아일랜드 코맥의 아일랜드계 집안에서 태어났다. 다섯 형제 중 중간으로 태어난 그녀의 어린 시절은 그리 행복하지는 못했다. 그녀의 어머니는 그녀의 나이 열 살 때 세상을 떠났다. 그래서 자신의 하루 일과 중 거의 24시간을 TV를 보는 데 썼다고 말할 정도로 그녀의 어린 시절은 우울한 기억들로 점철되어 있다.

로지 오도넬은 어려서부터 배우가 되는 것이 꿈이었다. 하지만 그녀는 못생긴 외모로 인해 오디션에서 수없이 퇴짜를 맞아야 했다. 또 "그런 외모로 어떻게 배우를 할 수 있겠느냐?"라는 사람들의 편견에 부딪쳤다. 하지만 그녀는 사람들의 그런 편견에 휘둘리지 않고 자신의 꿈을 향해 나아갔다. 그 결과 그녀는 지금 〈로지 오도넬 쇼〉를 진행하는 등 미국 연예계에서 막강한 파워를 자랑한다. 그녀는 2007년 미국의 〈버라이어티〉지로부터 가장 영향력 있는 50인에 선정되기도 했다. 로지 오도넬은 자신의 성공 비결을 이렇게 말했다.

"사람들은 말했습니다. 너는 뚱뚱하고 거칠고 못생겨서 배우가 될 수 없다고. 하지만 나는 그때마다 이렇게 생각했습니다. '당신들의 판단은 틀렸어!' 여러분도 자신을 믿으세요. 나는 어릴 때부터 배우가 되겠다는 꿈을 꾸었습니다. 꿈은 나를 구해주었고, 나는 성공할 수 있었습니다. 꿈은 내가 가고 싶은 곳으로 나를 데려다줍니다."

그렇다. 우리는 가슴이 시키는 일을 하며 살아야 한다. 그렇지 않고 머리가 시키는 일을 하며 살면 몸은 편할지 모르지만 마음은 고달파진다. 인생은 피폐해지고 머지않아 후회하게 된다. 인생은 단 한 번뿐이다. 한 번뿐인 인생, 후회가 없도록 내가 가진 모든 것을 산화할 수 있는 꿈을 찾아야 한다.

나는 꿈 너머 꿈들을 실현하기 위해 노력하고 있다. 지금 이 순간에도 내 삶은 조금씩 자라고 있다. 그래서 나는 나를 낳아주신 분은 부모님이지만, 나를 키우고 성장시킨 것은 꿈이라고 말한다.

일곱 번째 시크릿 Secret 7

초점을 미래에 맞추며 살아라

평생 더 나은 내일을 위해 살았던 미래학자, 피터 드러커

"10분 뒤와 10년 후를 동시에 생각하라."

현대 경영학의 아버지, 피터 드러커는 평생 매일 더 나은 내일을 목표로 살았다. 한 발자국 더 성장하는 인간을 꿈꾸었다. 그는 '지금껏 당연했던 전제들은 오늘날 쓸모없게 되어버렸다'는 말을 했다. 그는 피드백 분석으로 유명하다. 하루의 목표와 노력, 성과와 강점과 약점을 분석하고 내일의 삶에 그 결과를 반영하라고 말하며 실천하고 있다. 수십 년 동안 피드백을 하고 있으나 매번 그 효과에 놀란다고도 말한다. 과거에 매이는 것이 아니라 과거를 딛고 미래를 향하는 태도는 성공을 부른다.

피터 드러커의 초점은 과거에 맞춰져 있지 않았다. 오로지 미래에 있었다. 피터 드러커는 '내일' 이외에는 모두 버리라고 강조한다.

"미래를 예측하는 가장 좋은 방법은 미래를 창조하는 것이다."

99%가 실천하지 않는 1%의 성공 비결

성공이 그렇게 달콤한 것은
결코 성공하지 못한 사람들이 있기 때문이다.
– 에밀리 디킨스

왜 세상에는 극소수의 사람들만 성공하는 걸까?

어린 시절 우리집은 동네에서 가장 가난했다. 그래서 나도 모르게 잠재의식 속에 가난에 대한 열등감이 자리 잡고 있었다. 집이 부유한 친구들을 보며 자주 '우리집도 잘살면 얼마나 좋을까?', '우리 부모님은 왜 돈이 없을까?' 이런 생각이 들었다. 그럴 때마다 나 자신이 자꾸만 작아졌다.

집이 가난하니 20대 시절을 누구보다 가난하게 살아야 했다. 나는 열아홉 살 때부터 자취 생활을 시작했는데, 자취방에는 그 흔한 TV조차 없었다. 그래서 다른 자취생들이 삼삼오오 모여 TV 드라마나 연예 프로를 보면서 시간을 보낼 때 나는 그저 멍하니 생각에 잠기곤 했다. 군을 제대하고 나서 이어진 자취 생활 때도 크게 나아진 것은 없었다. 다만 TV 대신 조립 컴퓨터가 생겼다는 것뿐이다. 다들 TV를 보거나 친구들과 술자리를 가질 때 나는 키보드를 두드리며 시를 썼다. 하루에 한 편 이상 시를 쓰겠다는 나 자신과의 약속을 지키기 위해 노력했다. 그렇게 시작된 시 쓰기는 지금 나를 베스트셀러 작가, 대한민국 대표 책쓰기 코치, 작가 프로듀서로 만들었다.

지금도 생각난다. 20대 시절 다들 취업을 위해 치열하게 공부하거나 고민할 때 나는 시쓰기, 책쓰기, 성공에 대해 고민하기 시작했다. 그때 내가 가졌던 의문이다.

'왜 세상에서 극소수만 성공하는 걸까? 왜 대부분의 사람은 꿈을 실현하지 못한 채 가난하고 평범하게 살아가는 걸까? 내가 극소수인 성공자의 대열에 속하려면 어떻게 해야 할까?'

이런 의문에 대한 답을 찾기 위해 골몰했다. 그러다 성공학에 대해 이야기하는 자기계발서를 닥치는 대로 읽었다. 이상하게도 시집을 읽으면 나도 모르게 마음이 가라앉고 우울해지는 데 비해 자기계발서들은 읽을

수록 마음이 흥분되면서 내면에서 '그래, 나도 할 수 있다!'라는 자신감이 생겨났다. 그리고 '나도 제대로 살아보고 싶다, 진짜, 정말 잘되고 싶다, 성공하고 싶다!'는 욕구가 분수처럼 솟아났다.

20대 때 돈이 생기면 책을 사보는 데 썼다. 성공자들의 스토리가 담겨 있는 책을 읽는 것이 마냥 좋았다. 그들의 책을 읽고 있으면 비록 현실은 진창길 같지만 나 자신이 이미 성공자가 된 것 같았다. 책에서 성공자들은 한목소리로 확고한 꿈과 지독한 노력, 포기하지 않는 인내 등의 성공 요소를 갖추면 누구나 성공할 수 있다고 주장했다. 나는 누구나 성공할 수 있다는 철학에 열광했다. 그렇다면 가난한 집에서 자란 나도 얼마든지 성공할 수 있다는 뜻이기 때문이다.

당신도 그렇게 될 수 있다, 반드시 그렇게 될 수 있다

내 가슴에 잠들어 있는 거인을 깨워준 것은 성공학의 거장 나폴레온 힐이었다. 나는 그가 쓴 책들을 읽으면서 의식을 100배로 확장시킬 수 있었다. 나폴레온 힐의『나폴레온 힐 성공의 법칙』은 나에게 가장 각별한 책이다. 가끔 '과거에 내가 나폴레온 힐의 책을 읽지 않았다면 지금쯤 내 인생은 어떻게 되었을까?'라는 생각이 들곤 한다. 아마 분명한 것은 지금에 비해 훨씬 힘든 인생을 살고 있으리라는 것이다.

나는 자주 사람들의 꿈을 실현하고, 그들이 더 나은 인생을 살아갈 수 있도록 돕는 성공 아카데미를 설립하면 어떨까 하는 생각을 했다. 성공

아카데미에 성공학을 비롯해 다양한 강좌를 개설한다면 분명 사람들의 마인드를 바꾸고 의식을 확장시켜 그들이 성공하는 인생을 사는 데 도움이 될 것이기 때문이다.

나는 '직장인들을 위한 자기계발 교육 회사를 설립하고 싶다!'라는 소망을 가졌다. 그 바람은 11년 전 현실이 되었다. 〈한책협〉을 설립한 것이다. 여기에서 많은 사람들이 더 나은 삶을 살 수 있도록 살아 있는 자기계발 교육을 제공하고 있다. 그들이 갖고 있는 지식과 경험을 돈으로 바꾸는 기술을 가르치고 있다. 내가 자기계발을 통해 성공의 꽃을 피웠듯이 사람들이 눈부신 미래를 창조할 수 있도록 돕고 있다.

나는 사람들에게 꼭 해주고 싶은 말이 있다. 내 이름으로 된 책을 쓰라는 것이다. 성공한 뒤에 책을 쓰는 것이 아니다. 책부터 써내야 지금 하고 있는 일과 사업이 잘된다. 연애도 마찬가지다. 책부터 써놓고 연애를 하면 상대에게 인정을 받기 때문에 더 잘된다. 나처럼 책쓰기로 운명을 바꾸고 싶다면 내가 더 나은 삶을 살 수 있도록 도와줄 수 있다. 내가 힘든 과거를 뒤로하고 경제적 성공을 일궈냈듯이 당신도 그렇게 될 수 있다. 반드시 그렇게 될 수 있다.

끝에서 시작하기, 단번에 정상에 올라서라

미래는 여기 있다. 아직 널리 퍼지지 않았을 뿐이다.
– 윌리엄 깁슨

우주의 법칙은 '끝에서 시작하라'는 것이다!

나는 그동안 우주의 법칙과 마음의 법칙에 대해 연구해왔다. 그리고 바라는 것이 있으면 우주에 정확하게 요청한 뒤 그것이 나타난다는 믿음으로 기다리면 정말 현현화된다는 진리를 깨닫고 있다. 많은 체험을 통해 나는 누구보다 이러한 믿음이 있다. 바라는 것이 있다면 우주에다 단도직입적으로 요청해야 한다. 그것이 어떻게 실현될지 염려할 필요는 없다. 그것은 우주가 알아서 할 일이다. 대부분의 사람은 인간이 만든 성공 시스템을 따라서 살아간다. 그들은 다음과 같은 과정을 거치게 된다.

초등학교 졸업 – 중학교 졸업 – 고등학교 졸업 – 대학교 졸업 – 취업 – 결혼 – 육아 – 퇴사 – 이직 – 대학원 진학 – 이직 – 퇴사 – 권고사직 – 명예퇴직(정년퇴직)

이런 일련의 과정을 하나씩 다 밟는 것이다. 그러다 어느 정도 인생에 대해 알게 될 쯤 머리에 하얀 서리가 내린다. 살아갈 날이 그다지 많지 않다는 것을 깨닫게 된다. 인간이 만든 성공 시스템에는 유리 천장이 있다. 공부를 잘했던 머리 좋은 인간들이 자신들의 기득권을 지키기 위해 더 이상 올라갈 수 없게 만들어둔 것이다.

나는 그동안 인간이 만든 성공 시스템을 따라 살지 않았다. 인간이 만든 성공 시스템을 따르게 되면 인간의 지배를 받게 된다는 것을 잘 알기 때문이었다. 그래서 성경이 말하는 우주의 시스템에 따라 살았다. 신이 만든 성공 시스템을 따르면 한계가 없다. 성공은 아주 과학적이어서 누구나 성공할 수 있다. 더 이상 인간이 만든 인위적인 성공 시스템을 따라선 안 된다. 신이 만든 성공 시스템, 즉 우주의 성공 원리에 맞추어서 노력해야 한다. 그 원리는 일련의 과정을 모두 밟음으로써 인생을 낭비하는 것이 아닌, 단번에 정상에 도달하는 것이다. 이것이 바로 내가 말하는 '끝에서 시작하기'이다.

자신을 절대 과소평가하지 마라

과거의 나는 지긋지긋한 가난에 시달렸다. 평생 가난에서 벗어날 수 없을 것만 같았던 내가 책을 써서 삶을 바꾸었다. 나는 사람들에게 책쓰는 법, 1인창업하는 방법뿐 아니라 빠르게 돈 버는 법과 의식 성장하는 방법에 대해서도 알려주고 있다. 어떤 사람은 나에게 '성공학'에 대해 강의를 해달라고 요청하기도 한다. 그래서 나는 여러 권의 '성공학'을 집필했다. 이 책을 읽고 꿈을 찾고, 사업이 잘되고, 경제적 자립을 이루는 등 많은 기적들이 일어났다. 내가 말하는 성공학은 '성공해서 책을 쓰는 것이 아니라 책을 써야 성공한다!'를 모토로 한다. 나는 늦게 시작해서 작게 성공하는 것이 아니라 늦게 시작했지만 크게 성공하는 비법에 대해 가르치고 있다.

세상에는 좁은 길보다 넓은 길로 가는 사람들이 꽤 많다. 이들은 모범생들이다. 누군가가 만들어 놓은 쉬운 길을 가는 사람들은 내가 말하는 성공학을 이해하지 못한다. 내가 말하는 성공학은 '끝에서 시작하는 것'이다. 자신이 원하는 결과에서 시작할 때 빠르게 성취할 수 있다.

- 자기계발하지 않는 여자 절대 만나지 마라
- 야망 없는 남자 절대 만나지 마라
- 성공해서 책을 쓰는 것이 아니라 책을 써서 성공하라
- 가격을 보지 말고 가치를 보고 사라

- 4년제 대학을 졸업하는 것보다 4개월 만에 책 한 권을 쓰는 것이 더 낫다
- 성공해서 롤렉스 시계를 차는 것이 아니라 먼저 롤렉스 시계를 사고 그 위치에 맞는 사람이 되라
- 성공해서 멋진 배우자를 만나는 것이 아니라 멋진 배우자를 먼저 만나서 크게 성공하라
- 빈 지갑, 가난한 현실을 탓하기보다 성공의 그릇, 마인드를 키우기 위해 노력하라

사람들은 나에게 180억 자산가가 된 성공 비법을 알려달라고 말한다. 전화를 걸거나 메일을 보내는 사람들이 많다. 심지어 내가 사는 곳으로 무작정 찾아와 만나달라고 떼를 쓰는 분들도 있다. 내가 그분들에게 입버릇처럼 하는 말이 있다.

"하수들은 레드오션에서 개미처럼 피 터지게 살아간다. 하지만 책을 써서 퍼스널 브랜딩한 고수들은 여유롭게 스테이크를 자르며 인생을 즐기는 베짱이처럼 살아간다."

레드오션에서 개미처럼 피 터지게 살지 말라는 것이다. 당신은 어떤 인생을 살고 싶은가? 개미인가? 아니면 베짱이인가? 지금보다 멋지고

위대한 인생을 살고 싶다면 자신을 절대 과소평가해선 안 된다. 과거의 내가 그랬듯이 주위 사람들이 자신을 어떻게 평가하더라도 자기 자신만큼은 스스로를 저평가된 우량주라고 여겨야 한다.

가난한 현실보다 가난한 생각이 더 위험하다

경제적 빈곤은 문제가 아니다.
생각의 빈곤이 문제다.
– 켄 하쿠다

지식과 경험은 다이아몬드보다 더 귀하다

직장 생활을 하면서 미래를 준비해야 한다. 직장인은 '직장'이라는 파이프라인이 끊기면 수입이 제로가 된다. 한순간에 안락한 생활에서 지옥생활로 갈아타게 된다. 각종 공과금, 자녀 교육비, 각종 대출금 등으로 인해 스트레스는 쌓이고 급기야 사소한 말다툼으로 시작된 언쟁이 부부싸움으로까지 확대되기도 한다. 갈수록 이혼율은 높아지고 있다. 다양한 원인이 있지만 가장 큰 원인으로 경제 문제를 꼽을 수 있다. 이런 일을 겪지 않으려면 그나마 안정적인 생활을 하는 지금 미래에 대한 대책을 마련해야 한다.

사람은 누구나 지적 자산을 갖고 있다. 그 지적 자산은 지식과 경험, 삶의 깨달음이다. 지적 자산을 저서와 강연, 코칭, 컨설팅의 형식으로 필요로 하는 사람들에게 제공하고 대가로 돈을 받을 수 있다. 나는 사람들이 지적 자산을 돈으로 바꿀 수 있도록 코칭하는 코치다. 나는 코치라는 직업을 갖기 전까지는 수많은 직업을 전전해야 했다.

"넌 어떻게 한곳에 진득하게 붙어 있지 못하니?"

과거의 나 역시도 사람들에게서 이런 말을 많이 들었다. 하지만 내가 코치가 되면서 그동안 경험한 일들은 모두 풍부한 자산이 되어주었다. 지식과 경험, 노하우를 들려주고 대가를 받는 코치가 되면 그동안 경험했던 모든 것은 귀한 자산이 된다.

1회 강연료가 8억 원에 이르는 세계 최고의 컨설턴트 브라이언 트레이시가 있다. 그는 불우한 가정에서 태어나 문제아로 낙인찍히며 고등학교를 중퇴, 이후 접시닦이로 호텔 주방을 전전하다 목재소, 주유소, 화물선 등 일용직 노동자 신세로 전락했다. 그러나 오랫동안 하루하루 근근이 버티기도 힘든 사회 밑바닥 인생을 살아야 했던 그는 연간 매출이 3,000만 달러가 넘는 인력개발회사의 CEO가 되어 성공 신화의 주인공으로 거듭났다. 매년 25만 명과 세계 500개 이상의 회사를 대상으로 강연회를 실시하며, 연초에 이미 100회 이상에 이르는 세미나와 토론회의 1년 치 스케줄이 마감된다. 그의 강연을 듣기 위해 전 세계 수많은 사람이 구름처럼 모이는 데는 3가지 이유가 있다. 저서와 다양한 인생 경험, 그리고 자신의 분야에서의 최고의 경력 때문이다. 이 3가지가 있기에 사람들은 그의 강연을 들으며 강하게 고무되고 동기부여를 받는 것이다.

베스트셀러 『골든 티켓』의 저자이자 세계에서 가장 영향력이 있는 메신저 브렌든 버처드. 그는 젊은 시절 겪은 자동차 사고에서 운 좋게 목숨을 건지며 자신의 소명을 찾았다. 그때부터 다른 사람들이 내면의 소리를 찾고 더 충만한 삶을 살 수 있도록 돕고 있다. 그는 '엑스퍼트아카데미'를 설립해 사람들이 자신의 가치를 발견하고 꿈이 시키는 일을 하며 살 수 있도록 가르치고 있다. 그를 만나는 사람들은 자신의 메시지를 세상에 알리면서 평생 성장해가고 있다. 매년 200만 명 이상이 그의 책, 뉴스레터, 상품 및 이벤트에서 영감을 얻고 있다. 그는 달라이 라마, 리처드 브랜슨, 스티브 코비, 토니 로빈스, 디팩 초프라, 존 그레이, 키이스 페라지, T. 하브 에커, 토니 셰이, 데이비드 바크, 잭 캔필드 등의 세계적인 메신저들과 함께 무대에 섰다. 현재 그는 1년에 수백억 원의 수입을 올리며 신이 허락한 최고의 인생을 살고 있다.

나는 사람들에게 지식과 경험, 삶의 깨달음을 가볍게 여겨선 안 된다고 말한다. 그러한 것들을 책에 담으면 강연과 코칭, 컨설팅의 기회로 이어진다. 사람들에게 내가 가진 스토리를 들려주면 그들은 시행착오를 줄일 수 있다. 나 또한 수익을 창출할 수 있다. 코치, 1인기업이라는 직업이야말로 하느님이 주신 최고의 직업이라고 생각한다.

가난한 현실보다 가난한 생각이 더 위험하다

푼돈 모아 부자가 된다는 말에 속지 말자. 푼돈 모아선 절대 부자가 되지 못한다. "내가 이 피 같은 돈을 어떻게 모았는데…." 이런 자린고비가 될 뿐이다. 부자가 되기 위해선 단기간에 기하급수적으로 벌어들여야 한다. 지금부터 가난한 부모와 가난한 선배, 가난한 학자들이 말하는 부자가 되는 방법에서 벗어나야 한다.

가난한 현실보다 더 위험한 것은 가난한 생각이다. 자신은 앞으로도 계속 가난하게 살 거라는 근거 없는 불안한 생각이 인생을 좀먹는다. 마음을 움츠러들게 해서 현실에 안주하게 만든다.

원하는 인생 2막을 원한다면 지금부터 준비해야 한다. 대학을 졸업했다고 해서 교육이 끝났다고 착각해선 안 된다. 진짜 교육은 대학을 졸업한 뒤에 시작되기 때문이다. 나는 인생 2막을 위한 준비로 '책쓰기'를 권한다. 생계를 유지할 수 있는 직장에 다니는 지금 내 이름으로 된 책을 펴내보자. 여기에 지식과 경험, 자신만의 노하우를 돈으로 바꿀 수 있는 시스템까지 구축한다면 남은 삶은 축제가 될 것이다.

누구도 대체할 수 없는 존재가 되라

오직 한 가지 성공이 있을 뿐이다.
바로 자기 자신만의 방식으로 삶을 살아갈 수 있느냐이다.
– 크리스토퍼 몰리

지능지수가 아니라 마인드가 미래를 결정한다

평범했던 내가 지금처럼 비범하게 살 수 있게 된 데는 결심이 있었기 때문이다. 나는 스무 살 시절부터 '절대로 가난하게 살지 않겠노라!'라고 결심했다. 그 이유는 사람들에게 무시당하는 부모님처럼 살기 싫었다. 부모가 가난하면 아이들 역시 사람들에게 무시당하는 삶을 살게 된다는 것을 잘 알고 있었다.

어린 시절부터 부모님이 돈 때문에 고통스럽게 사는 것을 보며 자랐다. 나 역시 그런 부모가 된다는 것이 죽기보다 싫었다. 아무런 스펙이 없던 내가 기댈 곳은 단 한 가지밖에 없었다. 내 이름으로 된 책을 쓰는 일이었다. 아무리 힘들어도 이를 악물고 책을 썼다. 그사이 그 많던 친구들은 하나둘 떠났지만 내가 써낸 책들은 나를 배신하지 않고 나를 브랜딩시켜주었고 내 인생을 구원했다. 내가 사람들에게 자주 하는 말이다.

"부자가 되는 데 IQ는 그다지 중요치 않습니다. 물론 회사와 같은 조직에 몸담기 위해선 IQ가 중요합니다. 그러나 조직생활을 해선 절대로 부자가 될 수 없습니다. 조직생활을 한다는 자체가 평생 가난하게 살겠다는 의지의 표현이라고 할 수 있습니다. 한 달 벌어 한 달 먹고살기도 빠듯한 월급으로는 절대 부자가 될 수 없습니다. 아이러니한 것은 지능지수가 높고 학교에서 공부를 잘했던 우등생들이 대기업이나 공무원 등 남의 밑에서 자신의 능력을 사장시키고 있다는 것입니다. 그들이 바라는 것은 자신의 잠재력이나 능력을 발휘할 수 있는 사업을 하는 것이 아닌, 지금 몸담고 있는 회사에서 좀 더 높은 직급으로 승진해 좀 더 나은 연봉을 받는 것입니다."

나는 성공하거나 부자가 되는 데 오히려 높은 지능지수가 걸림돌이 된다고 생각한다. 지능지수가 높은 사람들은 대부분 현실주의자이다. 이들은 자신이 목표하고 계획하는 일들의 결과가 마치 수학공식처럼 딱 맞아떨어져야만 실행하는 사람들이다. 조금이라도 실패할 확률이 있다면 시도하지 않거나 포기한다. 그 대신 누군가가 만들어놓은 조직에서 자신의 능력을 발휘하는 쪽을 택하는 것이다.

지금 바로 당신이 천재임을 깨달아라

모든 사람은 천재로 태어난다. 다만 누구나 자신이 천재인지를 깨닫는 것이 중요하다. 천재성을 깨닫는 사람들만 천재로 살아가게 된다. 천재들에게 지능지수는 중요하지 않다. 천재들은 '영감'과 '실행력', '꾸준함'으로 자신의 능력과 잠재력을 나타낸다. 노벨, 에디슨, 아인슈타인 등과 같은 천재들을 보라. 그들의 역사적인 성과들이 어떻게 해서 탄생하게 되었는지 알 수 있다. 그들은 남들의 눈치를 보지 않았다. 자신이 좋아하는 일을 우직하게 했던 사람들이다. 실패를 겪더라도 그것을 실패라고 여기지 않았다. '과정'으로 여겼다. 실패의 과정을 거듭할수록 그들은 해결책과 가까워질 수 있었다.

모든 사람은 원하는 삶을 살 수 있는 능력을 가지고 있다. 자신의 능력을 발휘하기 위해선 자신이 우주에서 가장 강력한 자석이라는 것을 자각해야 한다. 내가 하는 생각과 말이 내가 원하는 것을 끌어온다는 것을 알아야 한다. 그래야 생각과 말을 선택해서 하게 된다. 지금 당장 큰 소리로 외쳐보자.

"나는 완벽한 사람이다!"

"나는 하느님의 아들(딸)이다!"

"나는 매일 조금씩 모든 면에서 성공하고 있다!"

"내가 소망하는 것들이 하나씩 실현되고 있다!"

"나에게는 내가 꿈꾸는 인생을 창조할 능력이 있다!"

당신이 외치는 소망은 우주에 선포된다. 우주는 당신이 소망하는 것을 실현시켜주기 위해 밤낮없이 움직인다. 어느 날 우연처럼 느껴지는 일들은 모두 당신이 과거에 자기암시를 통해 끌어당겼던 것들이다. 다만 시간이 흘러 그때의 기억들을 떠올리지 못할 뿐이다. 은하계에서 일어나는 모든 일은 정확한 우주의 법칙에 의해 일어난다.

지능지수가 높은 사람들은 눈에 보이는 세계, 즉 현실만 본다. 현실만 보기에 보이지 않는, 눈에 보이지 않는 것들은 믿지 않는다. 그래서 이들은 한계라는 감옥에 갇혀 살아가게 된다. 세상을 바꾸는 사람들은 이상주의자이다. 보이지 않는 세계, 즉 비전을 볼 줄 안다. 이상은 미래에 대한 예언이자 내가 실현할 것에 대한 설계도이다. 완벽한 설계도가 있기에 그들은 해내는 것이다.

퍼스트 펭귄이 될 수 있는 절호의 기회를 잡아라!

사람들은 '오르지 못할 나무는 쳐다보지도 말라'고 경고한다. 그러나 나는 오르지 못할 나무에 오를 때 가장 통쾌하다. 남들이 주저할 때 성취해내는 기쁨이야말로 최고이다. 수십만 마리의 펭귄들이 바다 속의 천적인 물개가 무서워 뛰어들지 못하고 우왕좌왕할 때 퍼스트 펭귄(First penguin)이 되어야 한다. 이때가 기회다. 퍼스트 펭귄이 될 수 있는 절호의 기회, 리더가 될 수 있다. 물론 그만큼 두려울 것이다. 그래도 해내야 한다. 내가 먼저 뛰어들면 주춤하던 수십만 마리의 펭귄들이 바닷속으로 뛰어들게 된다. 그러면 물개들도 기가 질리고 펭귄들이 승리하는 것이다. 기회는 이런 방식으로 다가오고 세상이 달라지는 것이다.

직장에 열심히 다닌다고 해서 부자가 될 수 있는 것은 아니다. 오히려 그 반대다. 부자가 될 수 있는 기회를 놓치게 된다. 그래서 나는 직장에만 올인하는 사람들을 게으르다고 말한다. 어떻게 해서든 시간을 만들어서 더 나은 환경을 창조하는 데 투자해야 한다. 주어진 일만 하기보다, 미래를 기다리기보다 스스로 운을 개척해야 한다.

평범하게 살 때는 주위 사람들의 저항이 거의 없다. 그러나 주위 사람들과 다르게 꿈을 향해 나아갈 때 저항이 생기기 시작한다. 그들은 스스로 꿈을 실현한 경험도 없다. 그래서 무조건 안 될 이유만 들어서 반대한다. 그들이 반대하는 이유 중 하나는 실제로 그가 꿈을 실현할까 봐 두려워하기 때문이다. 절대 주변 사람들의 부정적인 소리에 꿈을 포기해선 안 된다. 그들의 먹잇감이 되어선 안 된다. 나의 꿈을 향해 나아가야 한다. 결국 성공은 행동하는 사람이 차지하게 되어 있다.

우리가 지구별에 온 진짜 이유가 있다. 하기 싫은 일을 억지로 하거나 가기 싫은 곳을 억지로 가기 위해서가 아니다. 당신이 해낼 수 있는 최선의 일, 경험을 하기 위해서 왔다. 아무런 제약도 없이 상상을 현실로 표현해내는 놀이를 하기 위해 지구별에 왔음을 기억해야 한다.

남은 인생을 평범한 사람, 한 달 벌어 한 달 먹고사는 빈자로 살아선 안 된다. 많은 사람들에게 자극을 주고 선한 영향을 끼치는 성공자, 부자로 살아야 한다. 갖고 싶은 것, 하고 싶은 것, 되고 싶은 것들을 체험하면서 즐겁게 살아야 한다. 이게 바로 충만한 인생, 행복한 인생이다. 이런 인생을 살 때 능력이 계발되고 잠재력이 폭발하게 된다. 당신의 미래를 결정하는 것은 지능지수가 아닌 꿈과 꾸준한 노력, 성공자의 마인드라는 것을 명심해야 한다.

파이널 포인트 Final Point

인생의 절정은 이제부터 시작된다

비참한 과거를 견디고
인생 최고의 순간을 맞은 베스트셀러 작가,
조앤 K. 롤링

"세상을 바꾸는 데 마법은 필요 없습니다. 그 힘은 이미 우리 안에 있으니까요."

전 세계를 마법의 세계에 초대한 '해리포터' 시리즈의 작가, 조앤 K. 롤링은 정착하지 못하고 비서직과 교사 일을 전전했었다. 남편의 폭력 때문에 임신한 몸으로 이혼한 후에는 10만 원 남짓의 정부보조금으로 딸과 근근히 살아가며 우울증과 자살 충동에 시달리면서도, 커피 한잔으로 추위를 견디면서도 그녀는 펜을 놓지 않았다.

이후 출판사로부터 12번이나 거절당한 끝에 드디어 출간된 '해리포터' 시리즈는 현재 200개국 이상 80개 언어로 번역되어 팔리고 있다. 마지막 '죽음의 성물'은 발매 뒤 24시간 동안 전 세계에서 1,100만 부가 넘게 팔렸다. 완결된 지 10년이 지났지만 여전히 아마존에서 가장 많이 팔린 소설 중 하나이기도 하다.

조앤 K. 롤링은 이혼, 가난, 우울증 등 참담한 상황에서도 꿈을 놓지 않았다. 이 악물고 견뎌야 했던 시간들도 있었지만, 그녀는 지금 위대한 베스트셀러 작가라는 인생 최고의 순간을 누리고 있다.

하루에 10만 원이 아니라 1,000만 원을 벌어라

부를 견딜 수 없다는 것은 의지박약의 증거이다.
— 세네카

수익에는 한계가 없다

"하루에 꼭 10만 원만 벌어야 합니까?"
"하루에 1,000만 원, 1억 원을 벌면 안 됩니까?"

나는 강연에 앞서 사람들에게 위의 질문을 던진다. 그러면 사람들은 자신의 몸값에 대한 관점이 바뀐다. 그동안 그들은 직장 생활을 하면서 하루 10만 원 정도의 수입만 올렸다. 하루에 1,000만 원, 1억 원을 벌 수 있다는 생각 자체를 해보지 않았다. 그래서 부자가 되지 못하는 것이다.

세상에는 하루에 수천만 원, 수억 원, 수백억 원의 수입을 올리는 사람들이 헤아릴 수 없이 많다. 그들에게 수입의 한계란 존재하지 않는다. 세상에 있는 돈이 모두 자신의 것이라고 생각한다. 그런데 대부분의 평범한 사람들은 직장 생활을 하며 '돈, 돈, 돈!' 하며 살아간다. 먹고 싶은 것, 입고 싶은 것, 가고 싶은 곳을 꾹꾹 참아가며 인내한다. 주위에 연봉을 조금이라도 더 주는 곳은 없는지 곁눈질로 살피며 피곤하게 살고 있다.

지식과 경험을 돈으로 바꾸는 기술을 배워라

대한민국 대표 책쓰기, 강사 양성 및 교육 회사인 〈한책협〉의 2022년 매출 목표는 100억이다. 올해의 매출을 본다면 무난히 달성할 수 있으리라고 생각한다. 지금 코로나 감염증 사태로 대부분의 기업들의 매출이 감소하거나 폐업하는 자영업자들이 속출하고 있다. 그럼에도 우리 회사는 나날이 성장하고 있다. 나와 함께하는 직원들이 열심히 해주고 있기 때문이다. 모두 한 마음 한 뜻이 된다면 기업은 빠르게 성장해나갈 수밖에 없다.

그동안 나에게 책쓰는 방법과 1인창업에 대해 코칭 받거나 컨설팅 받은 사람들은 너무나 많다. 이들 중에 대다수가 작가, 강연가, 코치, 컨설턴트, 유튜버, 사업가로 활동하고 있다. 대표적인 예로, 유튜브 '단희TV'와 저서 『마흔의 돈 공부』의 단희쌤(이의상)과 '안대장TV'와 『더 보스』의 안대장(안규호), '이지영의뉴리치 부자학TV'와 『엄마의 돈 공부』의 이지

영, '주이슬TV'와 『나는 잠자는 동안에도 해외주식으로 돈 번다』의 주이슬, '엄신TV'와 『엄마의 주식 공부』의 엄지언, '조경애TV'와 『내 삶을 바꾸는 책쓰기』의 조경애, 『언포자가 알려주는 세상에서 가장 쉬운 책쓰기』의 조혜영, '백작가의 시그널TV'와 『하루 1시간, 책쓰기의 힘』의 이혁백(백작가), '김우창 작가TV'와 『생초보도 TM 영업으로 10억 버는 비법』의 김우창, 『나는 SNS 마케팅으로 월 3,000만 원 번다』의 이채희, '김새해TV'와 『내가 상상하면 꿈이 현실이 된다』의 김새해, 『똑똑한 아이보다 단단한 아이로 키워라』의 이종우 작가 등이 있다. 한 달에 수천만 원, 수억 원의 수입을 올리는 이들도 적지 않다. 돈 버는 시스템을 알면 누구나 쉽게 큰돈을 벌 수 있다.

자본주의 사회에서는 반드시 '돈 버는 시스템'을 배워야 한다. 돈 버는 시스템이라고 해서 어렵거나 복잡한 건 아니다. 그 반대다. 너무나 쉽고 간단하다. 지금은 '브랜드 시대'다. 브랜딩을 하는 가장 저렴하고 효과적인 방법은 바로 책을 쓰는 것이다.

나를 알리고 포장하는 데 책쓰기만큼 좋은 것은 없다. 자신이 평범하다고 생각된다면 '무조건' 책을 써야 한다. 평범하다는 것은 다른 사람들보다 뛰어나지 않고 그저 그런 실력을 갖추고 있다는 뜻이다. 조직에서 언제든 다른 사람으로 대체될 수 있다. 그러니 책을 써야 한다. 책을 써서 다른 사람들에게는 없는 경쟁력을 갖추어야 한다.

책을 펴내면 사람들에게 그 분야의 전문가로 인정받게 된다. 내 책을 읽은 독자들 중에 나를 추종하는 마니아들이 생겨난다. 이렇게 해서 팬덤이 만들어진다. 그들에게서 자신이 갖고 있는 지식과 정보, 경험, 노하우를 알려주고 그 대가로 돈을 받으면 된다.

그동안 나는 180억가량의 자산을 이루었다. 온전히 책을 써 작가, 코치, 강연, 1인창업 시스템으로 자산을 이루었다. 다음은 내가 말하는 한 달에 1억의 수입을 올리는 비법이다. 이대로만 한다면 누구나 경제적 자유를 누릴 수 있다고 생각한다.

첫째, 내 이름으로 된 책을 쓴다.
둘째, 온라인 카페를 개설하여 1인기업 홈페이지로 활용한다.
셋째, 파워블로거가 되어 블로그 마케팅을 한다.
넷째, SNS나 유튜브를 활용해 홍보 마케팅을 한다.
다섯째, 성공자의 모습으로 이미지 메이킹을 한다.
여섯째, 책 제목을 주제로 강연을 한다.
일곱째, 온라인 카페에서 자체적으로 교육 과정을 만든다.
여덟째, 필요로 하는 사람들을 대상으로 코칭하고 컨설팅한다.
아홉째, 사람들에게 판매할 다양한 상품을 만든다.
열째, 1년에 2권 이상의 책을 써서 세상에 대한 나의 영향력을 더욱 크게 만든다.

이 10가지 원리를 그대로 꾸준히 실행해보자. 수입은 기하급수적으로 늘어나게 된다. 나 역시 위의 방법으로 수많은 사람의 인생을 변화시켜주고 있다. 그 과정에서 1년에 수십억 원의 수입을 올리고 있다. 언뜻 보면 너무나 쉽고 간단해서 '이게 무슨 비결인가?' 하는 의구심마저 생길 것이다. 하지만 세상의 모든 진리와 비법은 놀라울 만큼 쉽고 간단하다.

꿈 실현과 성공을 다 잡는 최고의 도구는 책쓰기다

평범할수록 책을 써야 한다고 말하는 또 다른 이유가 있다. 사람은 저마다 누구도 넘볼 수 없는 한 가지 정도의 콘셉트를 가지고 있다. 따라서 그 콘셉트를 잘 살려서 책으로 펴낼 수 있다. 그렇다고 해서 무작정 책을 써선 안 된다. 저서에는 2가지 종류가 있다.

첫째, 나를 브랜딩시켜 격을 올려주는 저서
둘째, 나의 이미지를 훼손시켜 격을 떨어뜨리는 저서

원고를 대충 써서 자신의 돈을 들여 펴내는 자비출판 책은 절대 내선 안 된다. 이런 책은 제목과 표지, 내용, 편집 상태, 홍보와 마케팅이 한마디로 최악이다. 책을 펴내는 목적은 나를 브랜딩시키기 위함인데 거꾸로 나의 이미지를 망치게 된다.

책을 쓰기 전에 5가지 전략을 기억하자.

첫째, 대필은 피한다. 글쓰기 실력이 부족하더라도 절대 대필을 해선 안 된다. 책쓰기는 내 미래를 바꾸는 자기혁명이다. 다른 사람의 손을 빌려서 책을 쓴다면 아무런 성취감도 못 느낄뿐더러 책을 낸 이후 강연을 할 때 열정과 진정성이 묻어나지 않는다. 죽은 강연이 되고 만다. 칼럼 요청을 받았을 때 "글쓰기 실력이 부족해 칼럼 요청은 사양하겠습니다." 라고 말할 수는 없지 않은가. 조금 시간이 걸리더라도 글쓰기 훈련을 한다는 생각으로 직접 써야 한다.

둘째, 자신을 나타낼 수 있는 주제의 책을 쓴다. 5년 후, 10년 후 자신이 원하는 자신의 모습을 고려한 책쓰기를 해야 한다. 이를 위해선 자신을 나타낼 수 있는 주제의 책을 써야 한다.

셋째, 첫 책은 대중성을 고려해서 쓴다. 첫 책일수록 대중에게 어필할 수 있는 주제의 책이 좋다. 그래야 많은 사람들에게 나를 홍보할 수 있어 퍼스널 브랜딩에 도움이 된다. 자신의 전문 분야에 관한 책을 쓰더라도 영역을 넓히고 대중이 이해하기 쉽도록 재미있게 써야 한다.

넷째, 출간 후 책을 알리기 위해 노력한다. 집필만큼이나 책 출간 후의 과정도 중요하다. 저자들 가운데 책 출간 후 책 홍보는 출판사에 모두 맡겨놓고 아무런 노력도 기울이지 않는 사람도 있다. 책은 독자들로부터 외면당하는 순간 사장되고 만다. 무엇보다 책이 많은 사람들에게 노출

되고 홍보가 될 때 퍼스널 브랜딩에 성공할 수 있다. 따라서 모든 홍보와 마케팅을 출판사에 맡기기보다 저자 자신도 책을 알릴 수 있는 방법을 찾아내 책을 알려야 한다.

다섯째, 외모에도 신경 쓴다. 책 출간과 함께 당신의 브랜드는 세상에 알려지게 된다. 이때 대중은 당신의 책 다음으로 당신의 외모를 보게 된다. 물론 외모보다 내면이 더 중요하다고 생각하는 사람도 있겠지만 그렇게 생각하지 않는 사람들도 많다. 따라서 사람들에게 보여지는 외모에도 신경을 써야 한다. 사람들은 당신의 외모를 보고 당신 내면의 콘텐츠를 판단하기 때문이다.

꿈 실현에서 가장 효율적인 도구는 책쓰기다. 지금보다 더 나은 인생을 살고자 한다면 책을 써서 세상이 나를 찾게 해야 한다. 세상이 나를 알아줄 때 자연스레 돈과 명예는 따라온다. 그러면서 앞에서 열거한, 기하급수적으로 수입을 올리는 10가지 원리를 지속적으로 실행해보라. 운명은 당신의 편이 된다.

진정한 멘토를 찾으면
운명은 당신의 편이 된다

최고의 스승은 무엇을 봐야 할지가 아닌
어디를 봐야 할지를 가르쳐주는 사람이다.
– 알렉산드라 K. 트렌퍼

돈을 아끼기보다 세월을 아껴라

직장은 당신의 과거이고, 버킷리스트는 당신의 미래다. 당신은 어떤 미래를 가지고 있는가? 대부분의 사람은 초·중·고·대학교를 졸업한 뒤 직장 생활을 하다가 삶을 마감한다. 그들이 지구별에 와서 한 것이라곤 단 2가지뿐이다. 재미없는 직장 생활을 하면서 자녀를 양육한 것밖에는 없다. 물론 그들은 지금보다 더 재미있고 행복하게 살 수도 있었지만, 안타깝게도 그 반대의 삶을 살기로 선택한 것이다.

『부의 추월차선』의 저자 엠제이 드마코는 10대 시절에 람보르기니를 탄 젊은 백만장자를 만난 이후 '부+젊음'의 공식을 찾기 위해 수많은 시행착오를 겪었다. 그는 결국 '추월차선 법칙'을 발견했고, 자신만의 방법으로 31세에 첫 100만 달러를 벌었고 37세에 은퇴해 인생을 천국처럼 즐기며 살고 있다.

나 역시 과거에는 누구보다 힘든 삶을 살았다. 그러나 지금은 작가, 강연가, 코치, 컨설턴트, 사업가로 활동하며 경제적 자유를 이루었다. 보통 직장인들은 상상도 할 수 없는 행복한 하루하루를 보내고 있다. 나는 매일 습관적으로 스타벅스에서 책을 읽는다. 하루는 문득 이런 질문이 떠올랐다.

'스타벅스에서 영어 공부, 자격증 공부를 하는 사람과 성공학 도서를 읽는 사람 중에 누가 더 크게 성공할까?'

당연히 성공학 도서를 읽는 사람이다. 스펙을 쌓는 사람은 조직 속에서 부품으로 살아갈 뿐이다. 반면에 성공학 도서를 읽는 사람은 자신이 가진 소명을 깨닫고 그것을 실현하기 위해 고군분투하게 된다. 크게 성공한 사람들은 조직이 필요로 하는 공부가 아닌, 성공에 대해 공부한 사람들이다. 나는 사람들에게 말한다.

"꿈과 비전이 있는 사람들에겐 시간이 황금보다 더 귀하다. 시간, 즉 세월을 아껴야 한다. 세월 속에 나의 강점을 강화시키고 약점은 보완하고 운명을 바꿀 수 있는 비법이 숨어 있다. 앞으로 살아갈 수 있는 세월이 얼마 남지 않은 것보다 더 슬픈 말은 없다. 돈을 아끼기보다 세월을 아껴라. 최고의 비용을 주고 최고의 전문가에게 배워야 하는 이유다."

최고가 된 사람에게 멘토링을 받아라

인생은 시간으로 이루어져 있다. 무조건 시간, 세월을 아껴야 한다. 아무리 거창한 꿈이 있더라도 곧 죽음을 앞둔 팔순 노인이라면 어떨까? '왜 10년 전에, 5년 전에 도전하지 않았는가?'라는 회한을 가지게 될 것이다. 시간을 아낄 수 있는 비결이 있다. 최고의 전문가에게 배우면 된다. 전문가에게 조언을 듣는다면 시행착오를 줄이면서 원하는 결과에 도달할 수 있다.

역사적으로 큰 성취를 이룬 사람들 대부분은 천재 코치로부터 멘토링을 받았다. 소크라테스는 어린 플라톤에게, 플라톤은 아리스토텔레스에게, 아리스토텔레스는 어린 알렉산더에게 멘토링을 해주었다. 그 결과 알렉산더는 성장해 세계의 절반을 정복하는 알렉산더 대왕이 되었다. 처음에 어떤 일을 하거나 사업을 시작할 때 천재 코치에게 멘토링을 받느냐, 그냥 혼자서 하느냐에 따라 그 결과는 하늘과 땅 차이다. 크게 성취를 이룰 수도, 고생만 하다가 실패자로 전락할 수도 있기 때문이다.

단기간에 성공하고자 한다면 비용이 얼마가 들더라도 최고가 된 사람에게 멘토링을 받아야 한다. 그것이 시간을 아끼는 비결이다. 그렇게 번 세월 속에서 천 배, 만 배의 수익을 올리며 부유하게 누리며 된다. 그동안 나는 늦게 시작한 사람이 크게 성공하는 비결에 대해 연구했다. 그 결과 다음의 5가지 원리를 정립할 수 있었다.

첫째, 확고한 꿈을 정할 것
둘째, 우주의 법칙을 이해할 것
셋째, 꿈을 향해 나아가되 우주의 법칙을 활용해 성공할 수밖에 없는 환경을 만들 것
넷째, 우주에서 현실에 나타나기까지의 버퍼링 시간을 견딜 것
다섯째, 눈앞만 보는 간사한 마음이 아닌, 신의 드넓은 마음으로 꿈 너머 꿈을 향해 나아갈 것

나는 사람들에게 책쓰기 코칭뿐 아니라 성공학 강의를 하고 있다. 나의 강의를 듣는 사람들은 직장인의 마인드에서 CEO의 마인드로 바뀐다. 자신의 내면에 가라앉아 있는 거대한 잠재력과 엄청난 가능성을 발견한다. 나를 만나기 전 그들은 평생직장 생활을 하면서 자식들을 키우고 정년퇴직 후 편안하게 사는 것이 목표였다. 하지만 나를 만난 후에는 직장 생활을 하면서 자기 이름으로 된 책을 펴내 강연가, 코치, 컨설턴트, 1인

창업가로 살겠다는 목표로 살고 있다.

한 권의 저서는 박사 학위보다 더 가치가 있다. 사실 박사 학위를 따서 인생 역전을 하거나 꿈을 이룬 사람은 보지 못했다. 그러나 책을 써서 비참한 인생을 눈부신 인생으로 만들고 꿈을 실현한 사람은 수두룩하다.

나에게 책쓰는 법과 1인창업 방법, 온라인 마케팅 방법을 배워 한 달에 수억 원의 수입을 올리는 서른 중반의 이종우 작가가 있다. 그는 55기 책쓰기 과정을 수강했다. 그가 처음에 〈한책협〉을 알게 된 데는 경기도 부천에서 유치원을 운영하는 어머니 이미화 작가 덕분이다. 유치원 원장인 이미화 작가는 '4기 책쓰기 과정'을 수강 후 『기적의 부모수업』과 『당신이 살아온 기적이 누군가에겐 살아갈 기적이 된다』라는 책을 펴냈다. 그녀는 책을 쓴 후 사람들에게 상담을 해주고 외부 강연을 하는 등 자신의 삶이 달라진 모습을 보고, 아들 이종우 작가에게도 책을 쓸 것을 권유했다. 그렇게 해서 이 작가는 나의 책쓰기 교육에 참여하게 되었다.

당시 그는 동네에서 자그마하게 스포츠센터를 운영하고 있었다. 한 달 수입이 500만 원 정도였는데 두 아이를 키우는 가장으로서 그에게는 어떻게 하면 수입을 더 늘릴 수 있을까가 화두였다. 그는 〈한책협〉에서 진행하는 다양한 교육 과정을 수강하면서 단 몇 개월 만에 억대의 수익 창출을 하는 노하우를 터득하게 되었다.

그는 나에게 도움을 받아 네이버 카페를 홈페이지 형태로 개설했다. 당시 나는 이종우 작가에게 빠르게 억대의 수익을 창출할 것이라고 말했다. 그런데 내가 예측한 것보다 몇 배나 빠르게 억대 수입을 달성했다. 2018년 하반기에만 월 매출 5,000만 원에 코칭과 컨설팅 등을 통해 얻는 수익까지 기하급수적으로 늘어났다. 지금은 프랜차이즈 시스템을 구축했다. 수도권과 지방에서 가맹을 원하는 사람들의 연락이 쇄도하고 있다. 그는 2019년 상반기 프랜차이징 로열티로만 2억 2,000만 원을 벌어들였다고 했다. 이종우 작가는 2019년 1월 3일 〈한책협〉 게시판에 다음과 같은 글을 남겼다.

"처음에는 비싼 과정에 들어가는 돈을 감당하기 벅차기도 했습니다. 와이프 몰래 현금 서비스를 받은 적도 있었죠. 2018년 하반기, 정확히 매출은 3배로 늘어났습니다. 월 매출 5,000만 원+개인적인 부가수입(1인 창업을 통해 컨설팅 표준 계약을 통해 얻는 수익) 그리고 2019년 상반기 프랜차이징 로열티만 2억 2,000만 원이 들어올 예정입니다. 제가 열심히 만든 콘텐츠의 우수성이 절반은 차지하더라도 책과 마케팅이 없었더라면 알려지지 않았을 겁니다. 저는 〈한책협〉을 만나 동력을 얻었습니다. 정말 열심히 살았는데 왜 길이 안 보이는 것일까 하고 생각하는 자영업자들이 주위에 있다면 〈한책협〉을 추천해주세요."

2021년 11월 현재 이종우 작가의 수입은 더욱 늘어났을 것이다. 나는 몇 년 후 이 작가의 1년 매출이 수십억 원이 될 거라고 생각한다.

〈한책협〉 출신 이해원 작가도 있다. 그녀는 300만 원을 들고 남편과 함께 무작정 서울에서 제주로 내려가 8평짜리 꽃집을 차렸다. 그 뒤 점차 규모를 확장해 전국 단위로 운영하는 플라워몰을 세우고 10년 만에 플라워몰 빌딩을 지었다. 그녀의 성공 스토리는 『300만 원으로 꽃집 창업, 10년 만에 빌딩을 짓다』에 담겨 있다. 이해원 작가는 제주도에서 단 한 번의 결석도 하지 않고 '책쓰기 과정'에 참석했다. 그 결과 지금과 같은 사업가, 작가, 강연가, 코치로서 행복한 삶을 살게 된 것이다. 현재 제주도에서 블로그 마케팅 코치로 활동하고 있는 그녀의 한 달 수입은 보통 직장인들의 연봉 가까이 된다.

부의 추월차선으로 갈아타라

나는 결코 휠체어를 탄 백만장자, 팔순 노인 부자는 부러워하지 않는다. 한 살이라도 젊은 나이에, 머리카락이 한 올이라도 더 남아 있을 때 돈을 기하급수적으로 벌어야 한다. 그리하여 일과 동시에 돈에서 해방되어 인생을 즐겨야 한다.

부자들의 수입에는 한계가 없지만 지출에는 한계가 있다. 그래서 시간이 갈수록 부가 쌓이게 된다. 반면에 가난한 사람들의 수입에는 한계가 있지만 지출에는 한계가 없다. 그래서 시간이 갈수록 더욱 궁핍해진다.

성경에 "너희가 기도하면서 구하는 것은 무엇이든지, 이미 그것을 받은 줄로 믿어라. 그리하면 너희에게 그대로 이루어질 것이다."라는 구절이 있다. 나는 내가 바라는 것들을 생생하게 꿈꾸면서 우주로부터 끌어당겼다. 그 순간부터 우주는 내가 바라는 꿈을 실현하기 위해 움직이기 시작했다. 꿈의 버퍼링이 시작된 것이다.

지금 당장 부의 서행차선에서 부의 추월차선으로 갈아타야 한다. 세월은 쏜살같이 빠르게 지나간다. 젊은 나이에 은퇴해 남은 인생을 더없이 행복하고 풍요롭게 누리며 살아야 한다.

부자가 되고자 한다면
부자의 마인드를 가져라

성공하는 사람들은 믿기 때문에 보인다.
일반 사람들은 보이기 때문에 믿는다.
실패하는 사람들은 보고도 믿지 않는다.
– 마윈

나의 애장품 요제프 2세 4810 리미티드 에디션

과거의 나는 사람들에게 볼펜으로 사인을 해주었다. 그다지 불편함을 느끼지 못했기 때문이다. 하루는 책에다 볼펜으로 사인을 하면서 내가 지향하는 럭셔리한 삶과는 다른 행동을 하고 있다는 것을 알게 되었다.

'럭셔리한 삶을 지향하면서 싸구려 볼펜으로 사인을 해주다니… 내가 지금 무슨 짓을 하고 있는 거지?'

당장 백화점으로 향했다. 몽블랑 매장으로 가서 만년필로 종이에 메모를 해보았다. 그때 알았다. 만년필은 볼펜과 다르다는 것을. 손가락에 힘을 주지 않아도 마치 눈 위를 매끄럽게 달려가는 스키처럼 글자들이 춤을 추듯 적혔다. 사인을 했는데 볼펜으로 하는 사인이랑 퀄리티가 달랐다. 역시 "몽블랑, 몽블랑!" 하는 데는 다 이유가 있었다. 그때부터 몽블랑 만년필은 나의 애장품 가운데 하나가 되었다.

몽블랑을 갖고 다니면서 나의 마인드가 확장되기 시작했다. 강연이 끝난 뒤 몽블랑 만년필로 사람들에게 사인을 해주었다. 나를 바라보는 사람들의 시선이 확연히 달랐다. 심지어 울산의 한 중학교에선 학생들이 "우와! 작가 선생님, 이거 몽블랑 만년필 아니에요?"라며 우르르 몰려와 구경하기도 했다. 그때 사인용으로 준비된 책은 50권이었지만 100여 명의 학생들의 연습장에 사인을 해줘야 했다. 너도나도 할 것 없이 몽블랑 만년필로 사인을 받겠다고 아우성이었기 때문이다.

한번은 대구 동부경찰서에서 강연을 한 적이 있다. 이상탁 서장을 포함한 수백 명의 경찰관이 나의 강연을 들었다. 사람들에게 사인을 해주고 있는데 순간 몽블랑 만년필을 에디션으로 하나 더 구입하고 싶다는 생각이 들었다. 그래서 강연장을 나오자마자 바로 근처에 있는 백화점으로 향했다. 마침 오전 시간이었던 터라 백화점 안은 한산했다. 덕분에 마음껏 만년필을 구경할 수 있었다.

"이것도 볼 수 있을까요?"

"저것도 보여주세요."

"이 만년필에는 어떤 스토리가 담겨 있나요?"

"이 매장에서 가장 고가의 만년필은 어디에 있나요?"

그때 내 눈길을 끄는 에디션을 발견했다. 아니, 그 에디션이 나를 발견한 것이다. 펜의 캡과 보디는 황제의 십자가 문양들과 타원형의 방울들로 장식되어 있었다. 문득 모차르트의 지휘봉이 떠올랐다. 그 만년필은 '요제프 2세 4810 리미티드 에디션'이었다.

가슴 뛰는 꿈이 가슴 뛰는 현실을 만든다

'요제프 2세 4810 리미티드 에디션'에는 어떤 스토리가 담겨 있을까? 다음 〈세계일보〉의 기사를 읽어보자.

몽블랑은 1992년부터 매년, 한 시대의 문화예술을 발전시키고 알리기 위해 큰 노력과 후원을 아끼지 않은 역사적인 문화예술 후원자들을 기리는 리미티드 에디션 펜을 선보이고 있다. 각각의 에디션은 모두 최고의 장인들이 최상의 소재들을 사용해 수작업으로 제작한다. 하나의 펜촉이 완성되기까지 무려 6주 이상의 시간이 소요된다고 한다. 제작 틀은 제작 후 파기되어 같은 제품은 더 이상 생산되지 않는다.

2012년의 '몽블랑 문화예술 후원자 상펜'은 오스트리아의 황제 '요제프 2세(1741-1790년)'의 문화적 업적을 기리기 위해 제작되었다. 계몽주의적 개혁군주이자 음악의 후원자로 알려져 있는 요제프 2세는 모차르트, 안토니오 살리에리와 같은 훌륭한 음악가들을 전폭적으로 지원해 그들의 음악적 성공의 길을 열어주었다. 또, 비엔나의 문화부흥을 이끄는 등 유럽 전역에 걸쳐 문화예술 발전에 지대한 영향력을 미친 인물로 평가되고 있다. 요제프 2세가 후원했던 오페라 〈돈 조반니(Don Giovanni)〉와 〈피가로의 결혼(Le nozze di Figaro)〉은 비엔나에서 큰 센세이션을 일으키며 많은 이들의 사랑을 받았다.

　'요제프 2세 4810 리미티드 에디션'은 몽블랑 산의 높이인 4,810m와 같은 숫자로 한정 생산된다. 펜은 후원자로서의 요제프 2세의 모습과 그의 궁전의 아름다움을 고스란히 담고 있다. 펜의 캡과 보디에는 황제의 십자가 문양들과 타원형의 방울들로 장식된 고급 래커 소재를 사용했으며, 펜의 컬러는 오스트리아를 상징하는 레드와 화이트를 반영하고 있다. 여기에 오스트리안 궁정의 화려함을 연상시키는 샴페인 골드 도금 장식들이 더해져 있다.

　몽블랑 아뜰리에 장인의 손에서 탄생한 이 에디션의 펜촉은 18K 샴페인 골드로 제작되었다. 요제프 2세 왕실의 문장이 정교하게 새겨져 있어 영원성을 부여했다. 펜의 상단 부분은 통치자로서의 요제프 2세를 상기시키는 왕관의 형태를 띠고 있다. 캡의 링 부분은 높은 명성을 지닌 오스트리아의 훈장인 '골든 플리스 콜롱(Golden Fleece Kollone)'을 본떠 정교하게 각인되어 있다.

– "몽블랑, 요제프 2세 리미티드 에디션 공개", 〈세계일보〉, 2012년 09월 26일

그 만년필은 내 가슴을 세차게 뛰게 했다. 가격은 평범한 직장인들의 2개월치 월급에 해당하는 액수였다. 하지만 나는 고가인 그 액수마저 마음에 들었다. 고가인 만큼 이 에디션을 가지고 있는 사람은 우리나라에 극소수에 불과할 것이기 때문이다.

나는 희소성이 있는 물건을 좋아한다. 그래서 고민할 것도 없이 과감하게 구입했다. '요제프 2세 4810 리미티드 에디션'이 든 쇼핑백을 들고 매장을 나오는 내내 가슴이 마구 뛰었다. 너무나 갖고 싶었던 장난감을 갖게 된 어린아이의 심정 같았다. 이루 말로 표현할 수 없을 만큼 행복했다.

현재 나는 5개의 몽블랑 만년필을 갖고 있다. 그날의 기분에 따라 선택해 사용하지만 요제프 2세 4810 리미티드 에디션에 마음과 손길이 더 간다. 나는 이 만년필을 보면서 수천 명의 청중 앞에서 강연하는 모습과 그들에게 일일이 사인해주는 모습을 생생하게 상상한다. 그리고 100억 원짜리 수표에 사인하는 모습도 상상한다.

성공해서 책을 쓰는 것이 아니라 책을 써야 성공한다

실패하는 길은 여럿이나 성공하는 길은 오직 하나다.
– 아리스토텔레스

좌절과 절망이었던 과거, 하지만 나는 성공하고 싶었다

나는 24년차 작가로서 1,355권의 책을 기획·집필했다. 11년 동안 1,100명의 평범한 사람들을 단 몇 주 만에 작가가 되도록 도와주었다. 평범한 사람들이 책 출간 후 상담, 컨설팅, 강연, 1인창업 등으로 한 달에 수천만 원에서 수억 원의 수입을 벌고 있다. 지금의 나는 수많은 사람들의 삶을 변화시켜주는 코치, 동기부여가, 사업가, 투자가로 활동하고 있지만 과거의 나는 그렇지 못했다. 집이 찢어지게 가난했던 탓에 중학교 때부터 신문 배달, 주유원, 막노동, 전단지 돌리기, 공장 생활을 전전해야 했다. 공부와는 담을 쌓은 탓에 성적은 늘 바닥이었다. 많은 사람들이 네이버 카페 〈한책협〉에다 공개한 나의 중·고교 시절 생활기록부를 보고 화들짝 놀라곤 한다. '학습 태도가 다소 산만하며, 학습 성취 욕구가 부족함', '기초학력이 부족해 성적이 저조함'이라는 문구가 적혀 있을 만큼 둔재였기 때문이다.

나는 스물세 살 때 작가가 되고 싶다는 일념 하나로 50만 원을 들고 무작정 대구에서 서울로 상경했다. 친구와 친척 하나 없는 서울에서의 고시원 생활은 녹록치 않았다. 월급 60만 원을 받으며 잡지사 기자 생활을 했는데 시간이 갈수록 직업에 대한 회의감이 들었다. 당시에 나는 내가 쓰고 싶은 글이 있었다. 하지만 잡지사의 성격에 맞는 기사를 써야 했다. 또한 60만 원의 월급은 나를 우울하다 못해 비참하게 만들었다. 당시 나는 결코 성공할 수 없을 거라는 부정적인 사고에 빠져 있었다.

하루하루가 좌절과 절망의 연속이었다. 그러던 중 우연히 알게 된 성공학의 대가 나폴레온 힐의 책을 접하게 되었다. 그 책을 읽으며 긍정적인 사고를 가질 수 있었다. 비록 가진 것이라곤 태양보다 더 뜨거운 열정과 고래심줄보다 더 질긴 인내로 나 또한 성공할 수 있다는 믿음을 가지게 되었다.

시인이 되기 위해 3년 반, 다시 작가가 되기 위해 3년 반을 고군분투해야 했다. 나는 첫 책 『마음이 담긴 몽당연필』을 출간하기까지 7년이 걸렸다. 그동안 출판사로부터 무려 500번 가량 거절을 당했다. 나의 스토리를 들은 사람들은 어떻게 그런 상황에서도 작가의 꿈을 포기하지 않을 수 있었느냐고 반문한다. 물론 나 역시 사람이기에 출판사로부터 거듭 퇴짜를 맞을 때마다 좌절하고 절망했다. 특히 거절 횟수가 200회가 넘어가면서 죽고 싶을 만큼 괴로웠다. 당시 나를 가장 힘들게 한 것은 에디터들의 독설이었다.

"제 짧은 소견이지만 선생님의 글 솜씨로 작가가 되기는 힘들 것 같습니다. 다른 일을 찾아보시는 것이 더 나을 듯합니다."
"선생님, 저희 출판사에 더 이상 원고를 보내주시지 않았으면 합니다. 선생님의 원고에 관심이 없음을 알려드립니다."

어떤 출판사들은 내가 너무 자주 원고를 투고하자 나의 이메일 주소를 아예 차단하기까지 했다. 3년 전쯤 내 이메일 주소를 수신 차단한 그 출판사의 편집자 한 분이 전화를 주셨다. 제자들의 원고가 너무 좋다며 내가 쓴 원고도 있으면 보내달라는 요청을 하셨다. 그때 나는 내 이메일 주소가 차단된 것 같다고 말했고, 그분은 확인해주겠다고 말했다. 체크해보니 실제로 수신 차단되어 있었는데 거듭 죄송하다고 말씀하셨던 기억이 난다.
과거 출판사 에디터들의 말들은 내 가슴을 난도질했다. 하지만 나는 이내 툭툭 털고 일어났다. 언제까지 좌절하면서 시간을 낭비할 수 없기 때문이다. 다시 쓴 원고를 출판사에 투고하기 시작했다. 결국 한 출판사와 인연이 되어 작가가 될 수 있었다.

그동안 기회들은 모두 내가 쓴 책들을 통해서 왔다

나는 살아오면서 정말 힘들었던 일들이 많았다. 보통 사람들은 절대 상상도 할 수 없는 그런 시련과 역경을 겪었다. 그 시절, 오로지 내가 이루고 싶은 꿈에 기댔다. 또래들이 대기업에 들어가기 위해 노력할 때 나는 꿈을 이루기 위해 노력했다. 그리고 남들이 먹고 마시고 취하며 즐길 때 꿈을 생생하게 상상하면서 치열하게 살았다. 나는 머지않아 나의 꿈이 반드시 실현될 것이라고 믿었다.

매일 새벽 5시에 일어났다. 일어나자마자 대충 세수를 하고 꿈을 생생하게 상상했다. 그리고 컴퓨터 키보드를 두드리며 원고를 썼다. 새벽 시간에 원고를 쓰기 시작하면서 인생에 빛이 보이기 시작했다. 글을 쓰기 시작한 지 7년 만에 첫 책을 내고, 9년 만에 중국과 대만, 태국에 저작권이 수출되어 해외에서 책이 출간되었다. 16권의 초·중·고등학교 교과서에 글이 수록되었다. 2011년 경기도교육청에서 추천하는 '청소년에게 영향력 있는 작가'에 선정되었고, 35세의 젊은 나이에 100권의 책을 펴내 제1회 〈대한민국기록문화대상〉 최단기간 최다 집필 부문에서 수상했다.

그동안 나는 1,355권의 책을 기획·집필했다. 펴낸 책의 장르도 다양하다. 시(詩), 소설, 어린이 창작동화, 어린이 자기계발서, 청소년 에세이, 청소년 자기계발서, 어른을 위한 에세이, 자기계발서, 건강서, 종교서까지 두루 집필했다. 최연소, 최단기간에 100권을 집필한 공적으로 한국기록원(KRI)으로부터 〈대한민국기록문화대상〉을 수상했다. 2020년에는 24년 동안 책을 쓰면서 알게 된 책쓰기와 출판하는 법에 대한 노하우가 담긴 〈출판 가이드 시스템〉 특허권까지 취득했다.

이외에도 2012년 〈대한민국 신창조인 대상〉, 2013년 〈도전한국인 대상〉, 2016년 〈대한민국 최고기록 인증〉, 2017년 〈대한민국 공감브랜드 혁신경영 대상〉, 〈대한민국 미래경영대상〉, 〈젊은이들이 선호하는 대한민국 소비자 신뢰브랜드대상〉, 〈코리아 혁신 대상〉, 〈한국을 빛낸 자랑스런 한국인 대상〉, 2018년 〈코리아 베스트 의정&미래를 여는 산업 대상〉, 〈대한민국 혁신대상 책쓰기 코칭 부문 대상〉, 〈한국브랜드만족지수 교육(책쓰기 코칭) 부문 1위〉, 〈대한민국 브랜드 파워 대상 책쓰기코칭 부문 대상〉, 2019년 〈대한민국 브랜드 파워 대상 책쓰기코칭부문 대상〉, 2020년 〈올해의 우수 브랜드 책쓰기 코칭부문 대상〉을 수상한 바 있다. 나는 책쓰기 코치들 가운데 유일하게 연령과 장르의 구분을 넘어서 전방위적으로 코칭과 첨삭, 윤문이 가능하다.

나는 서른 초반까지 말더듬이 심했다. 언어 장애로 인한 열등감이 컸다. 나는 언어 장애를 극복하기 위해 일부러 'TV에 출연해 강의하기'라는 꿈을 가졌다. 만약에 내가 '말더듬 극복하기'라고 목표를 설정했다면 절대 말더듬을 고치지 못했을 것이다. 마음속으로 말더듬 고쳐야지, 라고 생각하는 순간 계속 나 자신에게 상처가 되었을 테니까.

나는 꿈을 종이에 적어서 집안 곳곳에 붙여 두었다. 수시로 TV에 나가서 강의하는 모습을 생생하게 그렸다. 그 꿈을 생각한 지 2개월 만인 2012년 8월, 9월에 실현되었다. JTBC TV 특강 〈행복플러스〉와 KBS1 〈아침마당〉에 출연해 책쓰는 방법에 대해 강의했다. 내 인생은 책쓰기와 상상을 통해서 바뀌었다고 해도 과언이 아니다. 그래서 사람들에게 자신 있게, 단호하게 말한다. 목숨을 걸고서라도 꼭 성취하고 싶은 꿈을 정해서 자주 상상한다면 이루어진다고.

책은 석·박사 학위보다 더 위대하다. 온갖 고생과 수천만 원의 돈을 들여가면서 석·박사 학위를 받더라도 인생 2막에는 크게 도움이 되지 않는다. 또 그런 학위를 받은 것에 대해 크게 감격하는 사람도 거의 없다.

이 책을 쓰고 있는 나도 전주대학교 경영학 석사 학위를 마쳤다. 석사 과정에 있을 때는 석사 학위를 가지게 되면 많은 기회들이 찾아 올 거라는 기대감도 있었다. 기대는 기대로 끝났다. 그동안 나에게 다가온 기회들은 모두 내가 쓴 책들을 통해서였다. 내 책을 읽은 독자들이 나에게 코칭과 컨설팅 요청을 했고, 독자들 가운데 회사의 중역이나 관리자가 강연 요청을 해왔다. 내 책을 읽은 방송국 작가나 PD가 TV와 라디오 방송 출연 요청을 해왔다. 그동안 내가 가진 석사 학위를 보고 강의나 방송 요청이 온 적은 단 한 번도 없었다.

4년제 대학을 나오려면 수천만 원의 비용과 4년이라는 시간이 소요된다. 나에게 책쓰기를 배우러 오는 사람들 가운데 거의가 대학을 나온 사람들이다. 심지어 석사, 박사 학위를 가진 사람들도 수두룩하다. 그들은 책을 쓰기 전에는 사람들에게 인정도 받지 못했다. 자신이 하기 싫은 일을 억지로 하며 쥐꼬리만 한 월급을 받으며 살았다. 그러나 책을 쓴 후 가족과 친척, 주변 사람들에게 인정을 받음은 물론 상담, 강연, 컨설팅 등을 하면서 자신의 지식과 경험, 깨달음을 전하는 사람이 되었다.

4년제 대학을 나오는 것보다 4개월 만에 책 한 권 펴내는 것이 훨씬 낫다. 그런데도 수많은 청춘이 답이 없는 대학에서 돈과 시간, 에너지를 낭비하고 있다. 그들은 공무원, 대기업에 들어가는 것을 목표로 하고 있다. 그러나 그 세계가 현대판 노예라는 것을 알게 되면 다른 쪽으로 눈을 돌리게 될 것이다. 책을 쓰고, 코칭하고, 강연하고, 1인창업하는 것이 4차 산업혁명 시대의 답이라는 것을 깨닫게 될 것이다.

당신도 한 달에 1억을 벌 수 있다!

　책쓰기 과정 출신 손종우 작가의 이야기이다. 그는 현재 전북대학교 심리학 박사 과정에 있으면서 나에게 책쓰는 법을 배워 1개월 만에 원고를 완성하여 『인생에서 나만의 기준을 만드는 방법』을 펴냈다. 책이 출간되자 어머니가 감격해서 우셨다고 한다. 손종우 작가는 현재 작가, 코치, 1인창업가로 활동하고 있다.

　이채희 작가는 2016년 9월 〈한책협〉을 알게 되었다. 당시 심각한 경제적 어려움에 처해 있었다. 그녀는 같은 달 '책쓰기 특강'에 참석했다. 특강 시작되기 몇십 분 전에 강의실 옆 나의 사무실로 찾아와서 자신의 9가지 버킷리스트가 적혀 있는 노트를 선물했다. 그녀는 꼭 이루고 싶은 버킷리스트라며 내가 이뤄줄 수 있겠다는 확신이 들었다고 말했다. 그녀는 정규 책쓰기 수업 때 이렇게 말했다.

　"20대부터 아버지의 사업 실패로 진 빚 수억 원에 대한 이자만 내고 있다. SNS 마케팅 회사를 운영하고 있고, 월 수입이 500만 원 정도가 되는데 직원 2명 월급을 주고 임대료 주고 나면 남는 것이 없다. 최근에는 제가 거주하는 원룸에 부모님을 계시게 하고 저는 친구 집에서 지내기로 했다고 거짓말을 하고 고시원에서 지내고 있다."

　나는 책쓰기 수업 시간에 공개적으로 그녀에게 SNS 마케팅으로 수익을 극대화할 수 있는 비법을 알려주었다. 그때 그녀의 눈빛에서 빛이 반짝이는 것을 보았다. 그리고 당시 책쓰기 수업을 수료하기도 전에 3,000만 원의 수익을 올렸다. 얼마 후 그녀는 〈한책협〉 게시판에다 1억 이상의 수익을 올리고 있으며 부모님이 진 수억 원의 빚을 모두 갚았다는 글을 올렸다. 그녀는 나를 만난 지 1년도 채 지나지 않아 9가지 버킷리스트를 모두 이루었다. 3개월 후 『나는 SNS 마케팅으로 월 3,000만 원 번다』를 출간했다. 내가 알려준 1인창업 비법을 활용하여 현재 보통 사람들은 상상할 수 없는 억대의 수익을 올리고 있다. 이채희 작가도 여느 작가들과 마찬가지로 처음에는 책 한 권 쓰기 위해 나를 찾아왔다. 하지만 책을 써서 1인창업을 통해 단기간에 고수익을 올리는 법을 배우고 삶이 달라졌다.

무조건 책을 써야 한다. 지금 하고 있는 업무나 취미생활, 자신의 관심분야에 대해 저서를 펴내는 순간 전문가로 인정받게 된다. "작가님", "선생님", "코치님"으로 불리게 된다. 지금 내게 책쓰기 코칭을 받는 사람들은 대부분 3주일 정도 만에 원고를 쓰고 있다. 출판 계약을 할 때도 출판사로부터 인정받으며 계약금 100만 원을 받으며 계약하고 있다.

더 이상 직장이라는 감옥에 갇혀 소중한 시간을 낭비하지 마라. 책을 써서 당신이 가진 지식과 경험, 노하우를 세상에 알려야 한다. 책쓰기를 통해 당신이 가진 잠재력을 깨워야 한다. 책을 통해 세상에 나를 마케팅

해야 한다. 직장에서 받는 월급 이외에 상담, 컨설팅, 코칭, 강연 등의 파이프라인을 만들어야 한다.

혼자 책을 쓰기가 막막하게 느껴진다면 나를 찾아오면 된다. 내가 이채희 작가처럼 당신도 경제적인 자유를 누릴 수 있도록 기꺼이 도울 것이다. 지금 당신에게 가장 중요한 것은 책을 쓰는 일이다. 지금 당장 책을 써서 퍼스널 브랜딩 해야 한다.